连接未来

互联网普及对城乡收入差距的影响研究

张家平 著

同济大学 出版社
TONGJI UNIVERSITY PRESS
·上海·

内容提要

本书在刻画互联网发展水平和城乡收入差距演变轨迹的基础上，从劳动力转移视角就互联网普及对城乡收入差距的影响展开理论分析，并在此基础上构建数理模型和开展实证检验，以及探讨由此带来的政策优化问题。本书成果能够为缩小城乡收入差距、推动城乡融合发展和共同富裕的公共政策的制定提供一定的决策参考，适合高等院校经济学、管理学和人口学相关专业的教师、研究生和政府相关部门人员阅读。

图书在版编目（CIP）数据

连接未来：互联网普及对城乡收入差距的影响研究／
张家平著. --上海：同济大学出版社，2024.8
ISBN 978-7-5765-1291-5

Ⅰ.F126.2

中国国家版本馆 CIP 数据核字第 2024NW0295 号

连接未来：互联网普及对城乡收入差距的影响研究
LIANJIE WEILAI: HULIANWANG PUJI DUI CHENGXIANG SHOURU CHAJU DE YINGXIANG YANJIU

张家平　著

责任编辑　孙铭蔚　　**责任校对**　徐逢乔　　**封面设计**　张　微

出版发行	同济大学出版社　www.tongjipress.com.cn
	（地址：上海市四平路1239号　邮编：200092　电话：021-65985622）
经　销	全国各地新华书店
印　刷	苏州市古得堡数码印刷有限公司
开　本	710mm×960mm　1/16
印　张	15.5
字　数	245 000
版　次	2024年8月第1版
印　次	2024年8月第1次印刷
书　号	ISBN 978-7-5765-1291-5
定　价	88.00元

本书若有印装质量问题，请向本社发行部调换　　版权所有　侵权必究

序

共同富裕是社会主义的本质要求,是中国式现代化的重要特征。党的十八大以来,中国政府高度重视发展不平衡问题,习近平总书记多次强调,"坚持以人民为中心""让发展成果更多更公平惠及全体人民"。党的十九大报告指出,"中国特色社会主义进入新时代,我国社会主要矛盾已经转化为人民日益增长的美好生活需要和不平衡不充分的发展之间的矛盾",而党的二十大报告进一步指出,中国式现代化是全体人民共同富裕的现代化,表明切实有效处理效率和公平问题已是新时代下中国经济高质量发展、构建和谐社会所面临的突出难题。作为世界最大的发展中国家和农业大国,"三农"问题始终是中国经济社会发展的根本性问题,而城乡差距已成为中国发展不平衡问题最主要的构成和表现形式之一,是推动共同富裕目标实现亟待解决的现实难题,成为党和人民关注的民生焦点。与此同时,随着科技的进步,数字经济已与诸多领域全面融合,正在重塑经济形态,为各行各业带来深刻变革,成为影响要素分配和经济结构的重要力量。在这样的背景下,系统探讨以互联网为代表的新技术发展与应用对城乡收入差距的影响具有即时的战略价值和现实意义。

本书尝试在数字经济快速发展和城乡"二元"经济结构背景下,回答互联网发展给城乡收入分配带来"数字鸿沟"还是"数字红利"的问题。作者张家平博士从2014年开始一直关注数字经济领域,重点研究以互联网为代表的信息与通信技术发展对城乡收入分配的影响,书中研究成果是其多年来对这一问题的思考及积累的阶段性成果。本书以"连接未来:互联网普及对城乡收入差距的影响研究"为题,其中"连接未来"有两层寓意。一是强调互联网技术正在颠覆人类的生产、生活方式,也决定着人类未来的发展方向。正如美国联邦通信委员会(Federal Communications Commission,FCC)前主席汤姆·惠勒(Tom Wheeler)的著作《连接未来:从古登堡到谷歌的网络革命》(*The History of Our Future: From Gutenberg to Google*)所言,从活字印刷术的发明到铁路和电报出现,再到由互联网技术所引发的网络革命,每一次变革都会使人类社会朝着更高效和便捷的方向迈进,并重新定义人类活动的时间和空间,决定着人类发展的未来。二是城乡发展鸿沟是中国当前社会面临的重大挑战,推动乡村振兴和城乡融合发展是促进共同富裕目标实现的重要举措,而这也同样决定着中国未来的经济发展质量和人民幸福生活程度。我认为本书具有以下三个特点:

第一,本书按照"事实特征—理论分析—实证证据—政策选择"的分析框架,采用理论模型和计量经济学方法综合剖析互联网普及对城乡收入差距的影响效果,为读者理解新兴技术因素对城乡收入分配和区域发展不平衡的影响提供了一定的理论分析视角、经验证据和决策参考。第二,本书从宏观和微观两个层面检验互联网普及对城乡收入差距的作用效果,并关注二者间关系的结构异质性特点,有助于更深层次地把握互联网普及对城乡收入差距的作用路径。第三,本书的分析视角比较全面,作者不仅从客观收入差距角度把握互联网普及对城乡发展的影响,还关注互联网普及对城乡居民消费差距及农村居民主观收入差距感知的作用效果,这有助于从更综合的视角审视互联网普及对城乡收入分配的多重影响,更客观评价互联网普及与城乡收入分配问题。

正如每枚硬币都有两面,任何技术的发展都可能是一把"双刃剑"。人类在利用技术的同时也应保持警觉性,以防范技术扩散可能产生的潜在负面影响。本书指出,互联网普及有助于缩小城乡收入差距,成为赋能乡村振兴和促进共同富裕的有力助手,然而政府及其有关部门也应重视城乡数字鸿沟及中国各区域间的数字鸿沟问题,从而制定有针对性的干预政策以减小互联网普及对城乡收入差距可能产生的负面影响、扩大其积极影响。此外,政府及其有关部门还应关注互联网普及所引发的与收入相关的社会风险问题。例如,互联网使用可能会通过负面偏见和社会比较效应来扩大公众对收入差距的消极认知,这为社会治理带来了重大挑战。

  当然，解决好"三农"问题是一项复杂的工程。本书作为张家平博士的第一本著作，难免会存在一些不足。例如，在研究深度和理论构建的严谨性方面都可进一步完善和改进。衷心地希望张家平博士能以此为起点，在今后的科研生涯中在数字治理和城乡融合发展领域取得更多高质量的成果。

同济大学经济与管理学院教授、博士生导师
同济大学经济与管理学院副院长
同济大学经济与管理学院学术委员会主席

2023 年 10 月 13 日

前　　言

改革开放以来,中国经济历经40多年的高速增长,取得了举世瞩目的成绩。然而,中国正面临着严峻的收入分配和区域发展不平衡问题,正如党的十九大报告指出:"我国社会主要矛盾已经转化为人民日益增长的美好生活需要和不平衡不充分的发展之间的矛盾。"城乡收入差距作为中国收入差距最主要的构成之一,一直是中国政府和人民关心的焦点。20世纪70年代末以来,中国农村改革使农村经济社会发生了深刻变革,农民收入持续稳定增长。不过,与城市居民相比,农村居民收入增长速度仍然缓慢。中国国家统计局数据显示,2023年中国城市居民和农村居民人均可支配收入分别为51 821元和21 691元,城乡居民收入比为2.39∶1,而在20世纪80年代中期这一比值还不超过2∶1,表明当前中国城乡发展不平衡问题较为突出。在此背景下,寻求缩小城乡收入差距、破解城乡发展鸿沟的新途径对缓解中国社会主要矛盾具有重要的现实意义,也直接关系到未来中国经济高质量发展目标的实现。另外,21世纪以来,以互联网为代表的信息与通信技术发展带来了全球生产、管理和营销模式及产业链、供应链和价值链的深刻变革。截至2022年,中国已拥有超过10亿的网民(中国国家统计局数据),成为全球第一大互联网市场,使用互联网已是当代中国人日常生活最主要的活动之一。互联网也推动人们生产、收入和消费模式发生深刻变革,这必将影响或决定中国未来城乡收入分配的新格局。那么,互联网普及对中国城乡收入差距到底产生了怎样的影响?更进一步,其影响机制又是什么?回答这一问题正是本书的初衷,深入剖析这一问题对促进"十四五"期间"数字中国"建设和城乡融合发展,进而实现中国经济高质量增长都具有重要的现实意义。

本书考察互联网普及对城乡收入差距的影响及作用机制,主要包括以下四部分内容:

第一部分是第1章和第2章,分别为导论和文献及理论回顾。该部分首先就研究背景、理论意义和现实意义进行介绍,并阐述了本书的主要贡献和创新点。其次,该部分针对互联网普及和城乡收入差距的相关文献、理论进行了系统的回顾,并对现有研究工作进行了简要的述评。

第二部分为第3章,是理论分析。该部分基于城乡"二元"经济结构理论,首先从农业生产率、农村发展观念、农村劳动力非农就业、转移劳动力的心理成本及城市管理效率和供给能力等方面论述了互联网普及对城乡间劳动力转移的影响。其次,通过构建考虑互联网普及因素的城乡"二元"经济结构理论模型,从理论上证实互联网普及能够缩小中国城乡收入差距,并且互联网普及能够通过促进劳动力转移来调节城乡收入分配。

第三部分包括第4章至第9章,是实证分析模块。第4章在分析中国城乡收入差距和互联网发展变化趋势的基础上,利用2001—2018年省级面板数据,采用广义矩估计(Generalized Method of Moment,GMM)分析了互联网普及对城乡收入差距的影响,并基于中国社会状况综合调查(Chinese Social Survey,CSS)数据从微观视角探析了互联网普及缩小城乡收入差距的直接原因。在第4章的基础上,第5章进一步从劳动力转移视角验证互联网普及对中国城乡收入差距的作用机制。首先,利用2001—2018年省级面板数据,采用中介效应模型和系统GMM就互联网普及、劳动力转移和城乡收入差距之间的关系进行了实证分析。其次,利用中国家庭追踪调查(China Family Panel Studies,CFPS)数据从微观层面考察了互联网使用对农村劳动力非农就业的影响。第6章至第9章旨在为改善城乡收入分配的针对性信息化干预政策的制定提供实证证据。具体地,第6章内容主要包括两方面:一是考察互联网发展对城乡收入差距的贡献,并比较宏观层面的互联网普及、微观层面的个体互联网使用的收入回报率差异以及城乡数字鸿沟对城乡收入差距的贡献;二是考察城乡收入差距的收敛情况,以及互联网普及对城乡收入差距收敛性的影响。考虑到消费是收入的最终目的,第7章进一步从消费视角分析了互联网普及和城乡发展差距间的关系。第8章的目的是从主观视角揭示互联网使用对农村居民收入差距感知的影响,以期从多角度评价互联网普及对中国城乡收入差距的作用效果。第9章主要从微观视角刻画中国城乡数字鸿沟的现状、特征及其影响因素,为"数字中国"建设、最大化发挥数字红利和缩小城乡数字鸿沟等公共政策的制定提供决策参考。

第四部分是第 10 章,包括研究结论、相关政策建议和研究展望。这部分对本书的主要发现进行了总结,并基于研究结论针对加快建设"信息高速公路"、重视城乡数字鸿沟及中国区域内的数字鸿沟问题、加强数字时代人力资本投资、做好老龄化社会下的信息化战略工作、利用数字平台强化政府的回应性及健全网络舆情治理体系等方面提出了一系列政策建议。同时,基于研究不足,进一步指出了未来的研究方向和问题。

本书的主要发现包括:第一,从影响效果来看,互联网普及有助于缩小中国城乡收入差距,且这一缩减效应在中国东部地区、中部地区和西部地区依次递增。同时,互联网普及还可进一步缩小城乡居民消费差距和区域间城乡收入差距的发散性。第二,从作用机制来看,互联网普及能够通过促进农村劳动力转移来缩小城乡收入差距。第三,贡献度分析的结果表明,如何弥合城乡数字鸿沟仍是缩小中国城乡收入差距所须面临的重大挑战。第四,互联网扩散可能会扩大农村居民对收入差距的负面感知。第五,在考察阶段,虽然中国城乡数字鸿沟呈下降趋势,但在不同人群间城乡数字鸿沟仍然明显。同时,本书还证实城乡数字鸿沟是经济、社会和制度等因素的共同作用结果。

本书的创新性在于:为科学评价互联网普及对中国城乡收入差距的作用效果贡献了一定的理论和实证经验,为回答"数字鸿沟"还是"数字红利"问题提供了几点思路。本书证实,互联网普及有利于缩小中国城乡收入差距,并引导中国内部城乡收入差距趋于收敛,但重视数字鸿沟问题仍然对新时期下改善城乡收入分配状况和推动经济高质量发展具有重要的现实意义。此外,本书从微观和宏观、客观和主观的综合视角展开研究,强调应从多个视角评价互联网普及对城乡收入分配的影响,以制定更加完善的公共政策,如认识到互联网使用可能对公众主观城乡收入差距感知造成的负面影响,并做好数字时代社会风险管理工作。

张家平
2024 年 6 月

目 录

序
前言

第1章 导论 ··· 001
1.1 问题缘起 ··· 002
1.2 理论和现实意义 ··· 004
  - 1.2.1 理论意义 ··· 004
  - 1.2.2 现实意义 ··· 005
1.3 核心概念界定 ··· 006
  - 1.3.1 互联网普及 ··· 006
  - 1.3.2 城乡收入差距 ··· 006
1.4 研究目的、思路和技术路线 ··· 007
  - 1.4.1 研究目的和思路 ··· 007
  - 1.4.2 技术路线 ··· 008
1.5 拟解决的关键科学问题和研究方法 ··· 010
  - 1.5.1 拟解决的关键科学问题 ··· 010
  - 1.5.2 研究方法 ··· 011
1.6 研究特色和创新点 ··· 012
  - 1.6.1 研究特色 ··· 012
  - 1.6.2 创新点 ··· 013

第2章 国内外研究动态 ··· 015
2.1 关于互联网普及的相关研究 ··· 016

  2.1.1 互联网普及的特征研究 ················ 016
  2.1.2 互联网普及的经济效应研究 ············ 018
  2.1.3 互联网普及对非经济方面的影响 ········ 020
 2.2 城乡收入差距的相关文献梳理 ················ 022
  2.2.1 城乡收入差距成因的理论研究 ·········· 022
  2.2.2 中国城乡收入差距的影响因素研究 ······ 026
 2.3 互联网普及对城乡收入差距影响的相关研究 ···· 029
 2.4 文献述评 ································ 030

第3章 互联网普及对城乡收入差距影响的理论分析 ········ 033
 3.1 互联网普及对劳动力转移的影响 ·············· 034
  3.1.1 互联网普及、农业生产率和农业剩余 ···· 034
  3.1.2 互联网普及和农村、农民发展观念 ······ 035
  3.1.3 互联网普及和农村劳动力非农就业 ······ 036
  3.1.4 互联网普及和转移劳动力的心理成本 ···· 041
  3.1.5 互联网普及与城市管理效率和供给能力 ·· 042
 3.2 互联网普及、劳动力转移和城乡收入差距:理论模型构建 ·· 043
 3.3 本章小结 ································ 047

第4章 互联网普及对城乡收入差距影响的实证研究 ········ 049
 4.1 中国城乡收入差距和互联网发展:特征事实 ······ 050
  4.1.1 中国城乡收入差距的历史变化轨迹 ······ 050
  4.1.2 中国互联网的发展状况 ················ 057
 4.2 基准模型构建 ···························· 062
 4.3 变量设置与测算方法 ······················ 062
 4.4 数据来源及说明 ·························· 063
 4.5 估计方法 ································ 064
 4.6 估计结果及分析 ·························· 065
  4.6.1 全域性估计结果 ······················ 065
  4.6.2 分区域的估计结果 ···················· 068

4.7 内生性讨论与稳健性检验 ………………………………………… 070
　　4.7.1 内生性讨论 ……………………………………………… 070
　　4.7.2 稳健性检验 ……………………………………………… 072
4.8 互联网普及影响城乡收入差距的直接原因：微观视角 ………… 075
　　4.8.1 数据说明 ………………………………………………… 076
　　4.8.2 模型设定和变量描述 …………………………………… 076
　　4.8.3 实证结果及分析 ………………………………………… 078
　　4.8.4 分位数回归 ……………………………………………… 079
　　4.8.5 PSM 分析 ………………………………………………… 079
4.9 本章小结 …………………………………………………………… 081

第 5 章　互联网普及、劳动力转移和城乡收入差距 ……………… 083

5.1 宏观视角 …………………………………………………………… 084
　　5.1.1 模型构建与变量选取 …………………………………… 084
　　5.1.2 数据来源和估计方法 …………………………………… 086
　　5.1.3 实证结果及分析 ………………………………………… 086
　　5.1.4 稳健性讨论 ……………………………………………… 091
　　5.1.5 长期效应分析 …………………………………………… 098
5.2 微观视角 …………………………………………………………… 099
　　5.2.1 数据来源 ………………………………………………… 100
　　5.2.2 模型设定 ………………………………………………… 100
　　5.2.3 基准模型的估计结果 …………………………………… 103
　　5.2.4 稳健性分析 ……………………………………………… 106
　　5.2.5 内生性讨论 ……………………………………………… 109
　　5.2.6 异质性分析 ……………………………………………… 110
5.3 本章小结 …………………………………………………………… 113

第 6 章　互联网发展对城乡收入差距的贡献度及收敛性影响 …… 115

6.1 引言 ………………………………………………………………… 116
6.2 研究方法介绍 ……………………………………………………… 117

		6.2.1 收入差距分解	117
		6.2.2 收敛模型	119
	6.3	模型构建、数据来源及变量设定	120
	6.4	结果分析	122
		6.4.1 贡献度分析	122
		6.4.2 收敛性分析	127
	6.5	本章小结	131

第7章 消费视角下的互联网普及和城乡发展差距 … 133

7.1	引言		134
7.2	互联网普及和城乡居民消费差距:统计性描述		135
	7.2.1	城乡居民消费支出及其结构演变(2001—2016年)	135
	7.2.2	城乡居民消费差距及其演变趋势(2001—2016年)	137
	7.2.3	互联网普及率与城乡居民消费差距关系的统计性描述(2001—2016年)	139
7.3	模型和数据		140
	7.3.1	模型及变量选择	140
	7.3.2	数据来源及说明	142
7.4	估计结果及分析		143
	7.4.1	总体性估计结果及分析	143
	7.4.2	结构性回归结果及分析	146
	7.4.3	分时间段的进一步讨论	148
	7.4.4	稳健性检验与内生性讨论	150
7.5	微观机理分析		154
	7.5.1	数据来源与统计性描述	154
	7.5.2	模型设立与变量选取	155
	7.5.3	实证结果及分析	155
7.6	本章小结		159

第8章 互联网使用和农村居民收入差距感知 ………… 161
8.1 理论机制和研究假设 ………… 162
8.1.1 负面偏见理论 ………… 163
8.1.2 社会比较理论 ………… 164
8.2 数据来源、变量设定和描述性分析 ………… 166
8.3 实证结果及分析 ………… 169
8.3.1 基准模型 ………… 169
8.3.2 稳健性和内生性讨论 ………… 172
8.4 机制检验 ………… 175
8.5 本章小结 ………… 179

第9章 城乡数字鸿沟的特征、现状及影响因素研究 ………… 181
9.1 数据来源 ………… 182
9.2 城乡数字鸿沟的特征分析 ………… 185
9.2.1 互联网使用层面的城乡数字鸿沟 ………… 185
9.2.2 互联网使用内容层面的城乡数字鸿沟 ………… 192
9.3 城乡居民互联网使用的影响因素研究 ………… 193
9.3.1 变量选择 ………… 194
9.3.2 估计结果 ………… 194
9.4 本章小结 ………… 197

第10章 总结 ………… 199
10.1 主要研究结论 ………… 200
10.2 政策启示 ………… 202
10.3 未来展望 ………… 204

参考文献 ………… 206

后记 ………… 225

第 1 章 导　论

1.1 问题缘起

财富积累是人类社会发展的持续追求,改革开放以来,中国经济历经 40 多年的高速增长(图 1-1),年均增速超过 8%,被誉为人类发展史上的一个增长奇迹[1-3]。与此同时,中国在金融、外贸、科技和制造等诸多领域都取得了令人瞩目的成就,已成为全球第二大经济体和货物贸易第一大国,人均 GDP 由 1978 年的 156 美元增长至 2023 年的 12 614 美元①,居民物质生活水平显著提高。然而,在中国经济这块"蛋糕"做大的同时,收入分配问题也日益凸显,成为影响中国经济高质量发展、社会和谐和人民幸福的一个重要因素。根据中国国家统计局资料,2016 年中国基尼系数达到 0.465,超过了国际公认的贫富差距警戒线,这表明中国社会已经出现了较大的贫富分化②,收入差距现状不容乐观。中国共产党第十九次全国代表大会报告指出:"我国社会主要矛盾已经转化为人民日益增长的美好生活需要和不平衡不充分的发展之间的矛盾。"[4]该论断表明,如何有效解决收入分配问题已经成为中国社会发展面临的重要议题。

研究表明,区域收入差距和城乡收入差距是中国收入差距的主要构成[5-6],尤其是城乡收入差距,其对中国总收入差距的贡献甚至高达 50% 以上[7-9]。20 世纪 70 年代末以来,中国农村改革使农村经济社会发生了深刻变革,农民收入持续增长。然而,与城市居民相比,中国农村居民收入水平仍然普遍较低,城乡发展不平衡问题较为突出。中国国家统计局数据显示,2023 年中国城市居民和农村居民人均可支配收入分别为 51 821 元和 21 691 元,城乡居民收入比为 2.39∶1,中国已经成为世界上城乡收入差距最大的国家之一[10]③。在这样的背景下,探寻有效增加农民收入、缩小城乡收入差距的解决措施对新时期下中国经

---

① 资料来自世界银行,参见:https://data.worldbank.org/indicator/NY.GDP.PCAP.CD?view=chart。
② 按照联合国相关机构规定,基尼系数小于 0.2 代表居民收入分配绝对平均,在 0.2 和 0.3 之间代表比较平均,在 0.3 和 0.4 之间代表相对合理,在 0.4 和 0.5 之间代表收入差距较大,在 0.5 以上代表贫富分化非常严重,因此研究中通常将 0.4 作为一个国家收入分配的基尼系数警戒线。
③ 国际劳工组织(International Labour Organization)曾对世界上众多国家的城乡收入差距进行了调查,发现被调查的大多数国家的城乡居民收入差距不超过 1.6∶1。

济社会健康发展具有重要的现实意义。

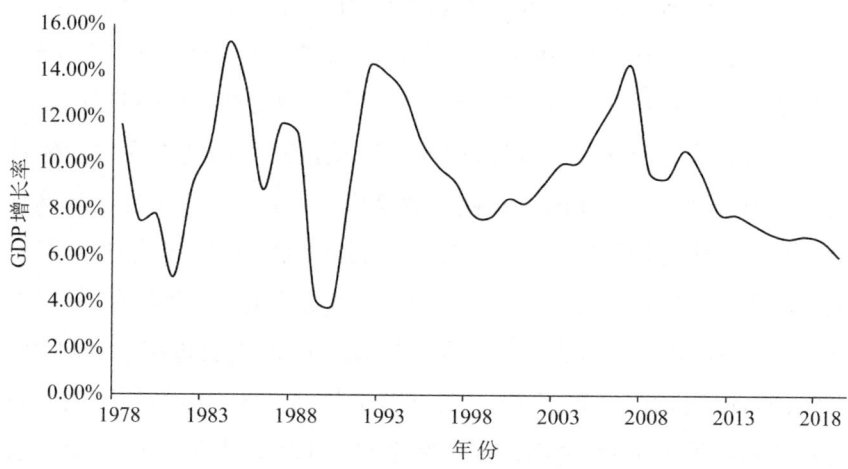

图 1-1　1978—2018 年中国 GDP 增长率

数据来源：根据中国国家统计局资料整理。

进入 21 世纪以来，科学技术的进步推动了以互联网为代表的信息与通信技术（Information and Communication Technology，ICT）的快速发展与应用，带来世界范围内生产、流通和消费方面的深刻变革，互联网成为推动社会经济发展的新动力。当前，世界各国都在加快建设"信息高速公路"，以期通过深入推进信息技术的普及与应用来实现经济繁荣和社会发展。国际电信联盟（International Telecommunication Union，ITU）的数据显示，截至 2023 年全球 67％ 的人口（约 54 亿人）使用互联网，这表明"网民"已经成为全球一半以上总人口的"第二身份"，互联网几乎渗透到公民日常生活的各个环节，正在重塑经济形态，改变着个人、家庭、企业和政府的活动范围和社会角色。美国联邦通信委员会前主席汤姆·惠勒在《连接未来：从古登堡到谷歌的网络革命》一书中指出，当前的互联网革命是继活字印刷技术、铁路和电报技术后的新一轮网络变革，正在重新定义当今世界的发展格局，颠覆人类的生活方式，而这必将影响人类未来的发展方向。

尽管中国 20 世纪 90 年代才引入互联网，但是互联网在中国的发展速度是惊人的。中国国家统计局数据显示，截至 2022 年年底，中国互联网上网人数已超过10亿人,互联网普及率达75.6%,成为全球网民规模第一大国。在移动支付、大数据、共享经济和智慧城市等互联网应用方面,中国已经处于世界领先水平。如今,互联网已与中国居民生活的方方面面紧密地交织,使人们在收入、消费、生产、旅游、社会参与和发展观念等方面发生深刻变革,从而对居民收入分配状况产生深远影响。而在涉农领域,政府高度重视互联网技术在农业领域和扶农方面的应用,提出了"互联网+农业""智慧农业"等一系列通过互联网技术促进农业农村现代化的发展战略。近年来,政府持续加大对农村信息化建设、农村电商发展的投资和扶持力度。2019年,中共中央办公厅、国务院在《数字乡村发展战略纲要》中指出:"到2025年,数字乡村建设取得重要进展。乡村4G深化普及、5G创新应用,城乡'数字鸿沟'明显缩小""到2035年,数字乡村建设取得长足进展""到本世纪中叶,全面建成数字乡村,助力乡村全面振兴,全面实现农业强、农村美、农民富"。与此同时,以淘宝、拼多多和京东为代表的互联网平台正在不断加强同农业、农村和农民的合作,带动了成千上万的新型农村创业者,为脱贫攻坚和乡村振兴带来了显著成效。此外,以互联网技术为依托的电子政府、远程医疗和普惠金融等不断改善着城乡分割局面,实现城乡互联互通,降低农村金融抑制状况,促进农村基本医疗和基础设施服务水平提升,而这些都必将对中国城乡收入分配产生重要影响。本书以此为契机,讨论在中国特殊的城乡"二元"经济结构背景下互联网普及和城乡收入差距之间的关系,试图就互联网普及对中国城乡收入差距的作用机制给出理论解释,并为"十四五"期间缩小城乡收入差距、乡村振兴、城乡融合发展和"数字中国"建设相关公共政策的制定提供一定的科学依据。

1.2 理论和现实意义

1.2.1 理论意义

1. 有助于揭示中国城乡收入差距演变的新特征及内在机理

现有研究中关于城乡收入差距的理论较多,考察其影响因素的文献也浩如烟海,然而这些理论或研究主要分析了传统的经济因素(如贸易、产业结构和金融)和非经济因素(如制度)对城乡收入差距的影响,较少考虑以互联网为代表的

ICT 对城乡收入差距的影响。本书有助于拓展城乡收入差距决定因素的相关研究，能够为读者理解数字时代下城乡收入差距的演变规律提供新思路，有利于丰富数字时代下的中国城乡融合发展理论。

2. 有助于丰富互联网经济学的量化研究

本书立足中国城乡"二元"结构背景，基于劳动力转移视角考察互联网普及下的城乡收入分配效应。同时，从宏微观双重视角评估互联网普及对城乡收入差距的影响和作用路径，进一步丰富了互联网经济学的相关研究，为科学评估信息技术发展的经济社会影响提供了一定的研究视角。

3. 有助于拓展数字鸿沟的相关研究

基于中国现实国情，本书试图回答互联网发展给城乡收入分配带来"数字鸿沟"还是"数字红利"的问题，是在中国情境下对数字鸿沟理论的检验，为数字鸿沟相关理论贡献了来自中国的经验证据。

1.2.2 现实意义

（1）缩小城乡收入差距是缓解中国当前社会主要矛盾的重要举措，城乡收入差距扩大是中国经济健康发展及社会和谐稳定的重大障碍，而厘清互联网普及对城乡收入差距的作用效果及影响机制，有利于进一步通过合理的信息化干预政策寻求缩小城乡发展差距的新路径，可为破解"二元"经济结构导致的城乡分割问题提供更多的解决思路。

（2）促进农民增收一直是中国"三农"问题的关注重点，本书深入讨论了互联网普及对农村居民收入、非农就业方面的影响，这为进一步通过数字乡村战略实现农村经济发展提供了一定的科学依据。此外，本书深入分析了城乡数字鸿沟的现状、变化趋势和影响因素，可为科学制定缩小城乡居民数字鸿沟，实现乡村信息技术"最后一公里"的信息化公共政策提供参考。

（3）中国正处于社会主义现代化建设的关键时期，深入推进工业化、信息化、城镇化和农业现代化（简称"四化"）协调发展是实现新时代中国经济社会转型升级的关键措施，而促进劳动力转移和农业现代化建设又是提高城市化质量的重要保障。因此，基于劳动力转移视角，分析互联网普及下的城乡收入分配效应，对更好实现"四化"融合发展和高质量推动城镇化进程都具有重要的现实意义。

（4）当前，中国网民数量已占中国人口总数的绝大部分，网民的意识形态变化已是影响公共政策和社会风险管理工作的关键因素之一。特别是在中国严峻的收入分配现状背景下，收入差距相关话题已成为网络世界中网民关注的焦点，网络意识形态会直接影响公众集体行为和社会活动。本书从微观视角就互联网使用对农村居民主观收入差距的影响进行分析，对做好数字时代下社会风险管控工作和引导公众树立正确的财富观具有一定的指导意义。

1.3 核心概念界定

1.3.1 互联网普及

互联网，又称国际网络，也被音译为因特网（Internet）。互联网源于1969年美国国防部高级研究计划署组建的阿帕网（Advanced Research Projects Agency Network，ARPANET），一般指由相互串联的计算机网络构成的覆盖全世界的庞大国际网络。普及一词泛指普遍传播、广泛覆盖，因而互联网普及一般指计算机网络的覆盖范围广。在研究或报告中，互联网普及率通常以每百人中网民人口所占比例来衡量，而网民通常泛指通过计算机和互联网开展社会经济活动（如商业、学习和社交）的人群。根据中国互联网络信息中心（China Internet Network Information Center，CNNIC）对网民的相关定义，中国网民通常指中国公民中每周使用互联网不少于1个小时的人群。

1.3.2 城乡收入差距

收入差距是与收入分配不平等相类似的概念，与收入分配均等概念相对，反映了高低收入人群收入水平或收入比重的差距。收入差距有绝对收入差距和相对收入差距之分，其中绝对收入差距反映的是高低收入群体之间以货币或实物表示的绝对收入差距数值，而相对收入差距反映的是高低收入群体之间收入水平的相对情况。本书主要关注的是城乡收入差距，将其定义为城镇居民家庭人均可支配收入和农村家庭人均纯收入之间的差距。城乡收入差距测量方法有以下四种：

(1) 差值法,即城镇居民和农村居民的收入水平之差。

(2) 比值法,以城镇居民的收入水平比上农村居民的收入水平来衡量。

上述第一种测算方法采用的是绝对收入差距的概念,难以反映城乡居民在收入水平上的相对差距。例如,如果城乡居民收入水平在一段时间内在相同方向上变化同等的数量,该方法就不能对收入差距水平做出客观的评价。上述第二种方法是相对收入差距的概念。总体上看,上述两类计算方法的优点在于计算简单、容易理解,但这两类计算方法都无法反映城乡人口结构的变化或城乡内部收入的分布状况[11-13]。针对上述两种方法的缺陷,现有研究主要采用以下两类方法衡量城乡收入差距。

(3) 泰尔指数(Theil Index)[14],计算方法如下:

$$Theil_t = \sum_{i=1}^{2}\left(\frac{I_{it}}{I_t}\right)\ln\frac{I_{it}/P_{it}}{I_t/P_t} = \left(\frac{I_{1t}}{I_t}\right)\ln\frac{I_{1t}/P_{1t}}{I_t/P_t} + \left(\frac{I_{2t}}{I_t}\right)\ln\frac{I_{2t}/P_{2t}}{I_t/P_t} \quad (1-1)$$

式(1-1)中,$Theil_t$ 为城乡收入差距,I_{1t} 和 I_{2t} 分别代表 t 时期城市和农村居民的总收入(人口总数乘以人均收入水平),I_t 代表 t 时期的总收入,P_{1t} 和 P_{2t} 分别代表 t 时期城市和农村的人口数,P_t 代表 t 时期总人口数。

(4) 基尼系数(Gini Index)。基尼系数是意大利学者科拉多·基尼(Corrado Gini)提出的用于衡量某一国家或地区收入分配不平等情况的指标,也被许多学者改进和创新用以测量城乡收入差距,如迟诚《政府间转移支付对城乡收入差距影响的实证研究》[15]。不过,也有学者指出,基尼系数更适合测量总体收入分配状况,并不能准确反映"二元"经济结构下的城乡居民收入差距[16]。

1.4 研究目的、思路和技术路线

1.4.1 研究目的和思路

本书的主要研究目的有二:一是考察在中国"二元"经济结构背景下互联网普及和城乡收入差距之间的关系,即回答互联网普及给中国城乡居民收入分配和城乡融合发展带来"数字鸿沟"还是"数字红利"的问题。同时,尝试从劳动力转移视角来解释互联网普及对中国城乡收入差距的作用机制。二是基于对中国互联网普及和城乡收入差距的关系和内在作用机制的把握,为我国有针对性的信息化干预和城乡收入分配调节政策的制定提供实证证据。为达成上述目标,本书立足中国现实背景和制度环境,试图基于主流经济学分析框架和实证工具,遵从"事实特征—理论分析—实证证据—政策选择"的思路,深入分析数字经济时代互联网普及对中国城乡收入差距的影响效果、作用机制及由此带来的政策优化问题。

1. 事实特征

在"二元"经济结构背景下,城乡发展鸿沟是中国社会长期存在的一个事实特征,也随着经济社会背景的转变处于动态变化中。本书以客观事实为导向,深入分析互联网和中国城乡收入差距的演变轨迹特征,为理论和实证分析奠定基础。

2. 理论分析

构建互联网普及影响中国城乡收入差距的理论分析视角和数理模型是开展实证研究的前提。这要求本书既要立足经典城乡收入差距理论的分析框架,又要考虑中国具体的制度环境,探索符合中国实际国情的理论分析思路,并构建相应的数理模型。同时,兼顾互联网和传统因素对中国城乡收入差距的影响是本书结论符合当前经济社会发展形势的重要前提。

3. 实证证据

在理论分析的基础上,本书试图利用宏观和微观数据,基于劳动力转移视角,从全域和局域等多个视角实证分析互联网普及和城乡收入差距之间的关系。同时,就互联网发展对城乡收入差距的贡献度及收敛性影响、互联网普及对城乡居民消费差距的影响、互联网使用对农村居民主观收入差距的影响及城乡数字鸿沟特征等方面进行深入的实证分析,从而为我国"十四五"期间通过"数字中国"建设来缩小城乡收入差距贡献一定的经验证据。

4. 政策选择

基于理论分析和实证研究,进一步提炼通过信息化缩小城乡收入鸿沟的实施路径、制度优化和策略选择方式,为新时代下乡村振兴和城乡融合发展提供一定的决策参考,助力共同富裕目标的实现。

1.4.2 技术路线

按照以上研究思路,本书的技术路线如图1-2所示。

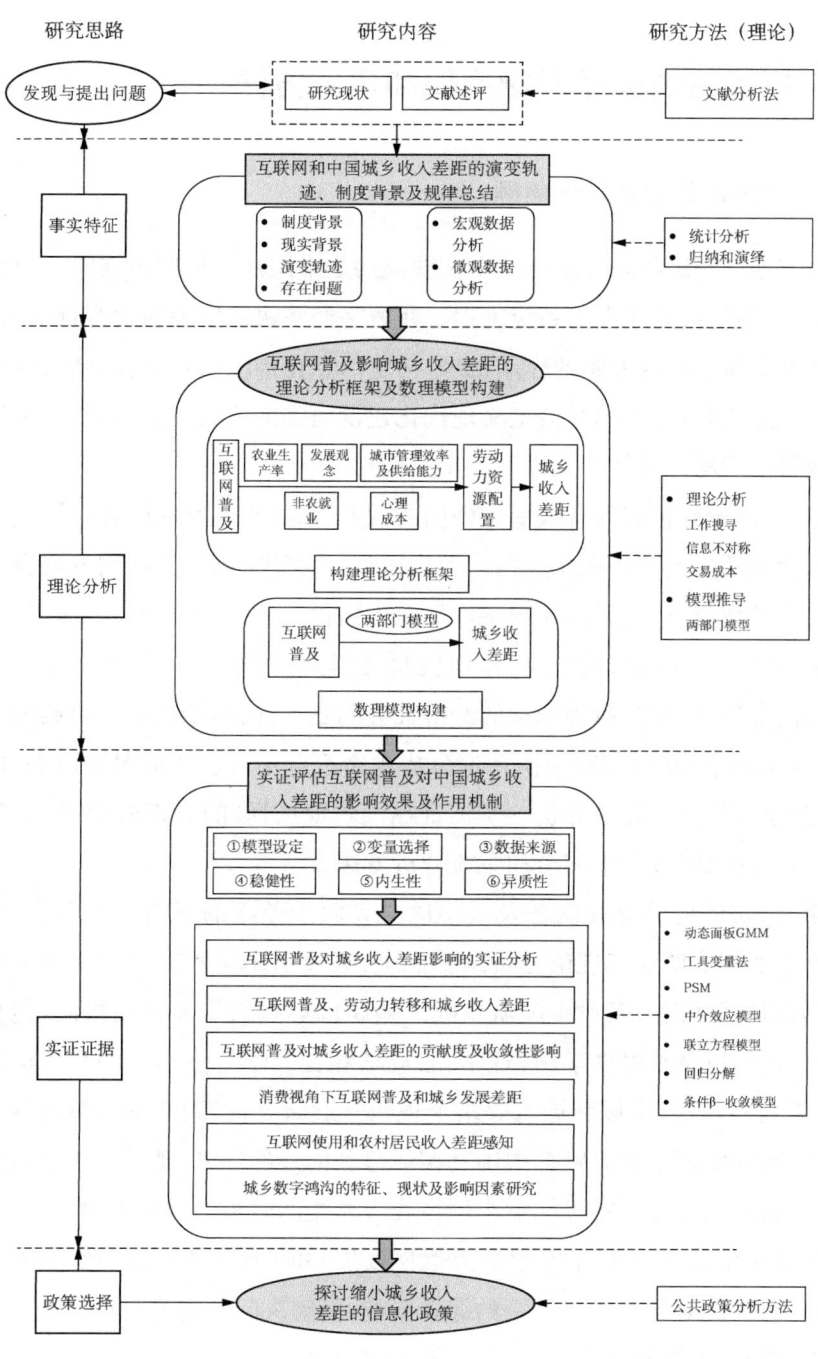

图1-2 本书技术路线图

1.5 拟解决的关键科学问题和研究方法

1.5.1 拟解决的关键科学问题

切实增加农民收入和缩小城乡发展鸿沟是中国社会长期面临的一个重要难题,也是一项复杂而庞大的系统工程。在数字经济快速发展的大背景下,探索互联网普及对城乡收入差距的作用机理,构建信息化推动城乡融合发展、乡村振兴的政策保障体系,是中国社会主义现代化建设面临的重大挑战,亦是本书拟解决的主要科学问题。具体涉及以下三个方面:

第一,理论分析如何有效衔接中国的现实背景,提炼互联网普及影响中国城乡收入差距的理论分析视角并构建数理模型。尽管中国在互联网发展方面已取得了突出的成就,但互联网和数字经济在中国仍属于新兴事物。因而,互联网发展对城乡收入差距的影响效果、作用机制及相关政策优化问题仍属于一个比较前沿的研究领域,也是亟待探索的经济社会问题。并且,中国是一个典型的经济大国,现实国情错综复杂,为使理论分析逻辑符合中国现实情况和发展规律,本书采用"事实特征—理论分析—实证证据—政策选择"的分析框架,做到理论联系实际,同时又兼顾学术前沿和主流分析方法。

第二,实证检验互联网普及对中国城乡收入差距的影响效果及作用机制。本书在事实特征阐述和理论分析的基础上,通过引用学术前沿和主流分析方法来科学评估互联网普及对中国城乡收入差距的影响效果及作用机制,包括计量经济学方法,以及对经济学、管理学、心理学和社会学等多学科的交叉应用。同时,从微观和宏观、全域和局域等多个视角开展研究,做到实证分析与现实国情紧密结合,使实证结论更贴合中国真实形势和内外部环境,既是一项具有挑战性的工作,也是制定更加精准的缩小城乡收入差距的政策的现实需要。此外,本书在实证分析中还兼顾了新兴因素(互联网发展)和传统因素(如产业结构、进出口和人口因素等)对城乡收入差距的综合影响,使解决问题的过程符合经典研究框架又兼顾时代发展特征。

第三,基于理论和实证分析,提炼符合中国国情、兼顾效率和公平的信息化缩小城乡收入差距的政策优化策略。促进城乡融合发展既是当今中国社会的时代特征，也是一项复杂且艰巨的任务和历史使命。因此，需要兼顾各方利益，从城乡联动、"以人民为中心"的发展观念以及激发城乡融合发展和乡村振兴的内生动力等方面进行制度创新和政策优化，为进一步通过信息化战略和数字经济促进城乡融合发展提供一定的理论和经验参考，为决策部门提供科学可靠的研究成果和对策建议，真正"把论文写在祖国大地上"。

1.5.2 研究方法

1. 综合运用规范分析和实证分析方法

本书第 2 章采用规范分析法就互联网普及、城乡收入差距成因、中国城乡收入差距的影响因素及互联网普及对城乡收入差距影响的相关文献进行系统的回顾，并总结现有文献的研究不足。第 3 章从提高农业劳动生产率、转变农村发展观念、促进农村劳动力非农就业、降低转移劳动力心理成本及提升城市管理效率和供给能力五个方面论述互联网普及对农村、农业劳动力转移的影响，并构建考虑互联网普及因素的城乡"二元"经济结构模型，从理论上剖析互联网普及对城乡收入差距的影响效果及作用机理。第 4 章至第 9 章通过实证方法详细分析互联网普及和城乡收入差距之间的关系，以及考察中国城乡数字鸿沟的影响因素，总结相关经验。

2. 计量经济学方法

计量经济学方法是本书实证部分(第 4 章至第 9 章)的主要分析工具。第 4 章和第 5 章利用动态面板系统 GMM 及中介效应模型考察互联网普及、劳动力转移和城乡收入差距之间的复杂关系，并构建计量经济学模型探讨微观层面上个体互联网使用对其收入和非农就业的影响。第 6 章通过构建并使用联立方程模型考察互联网普及和城乡居民消费差距之间的关系，第 7 章至第 9 章同样以计量经济学方法为主要的分析工具。同时，所有实证章节也都按照计量经济学范式对模型估计结果进行稳健性、内生性和异质性等方面的讨论，从而使研究结果更加可靠，研究结论更加丰富。

3. 统计分析方法

在对城乡收入差距、互联网发展情况、城乡居民消费差距及城乡数字鸿沟状况进行描述时，本书采用图表相结合的统计学分析方法对相关变量进行了系统性的描述和刻画,从而总结研究对象的变化规律,为进一步的计量经济学分析提供数据支撑。

4. 宏观和微观相结合的分析视角

本书的实证分析模块不但从宏观层面总体把握互联网普及对劳动力转移和城乡发展差距(收入或消费)的影响,更进一步从微观层面考察互联网使用对个体收入、非农就业和消费的影响,采用宏观和微观相结合的分析方法有利于充分、全面识别互联网普及和城乡收入差距之间的内在联系。

5. 主观和客观相结合的分析方法

本书不仅考察了互联网普及对客观城乡收入差距的影响,还在微观层面实证分析了网络使用对农村居民主观收入差距感知的作用,主观和客观相结合的分析方法有利于综合识别互联网普及对城乡收入差距的多重效应,从而提炼更加科学的公共政策建议。

1.6 研究特色和创新点

1.6.1 研究特色

1. 紧贴时代特征,着眼现实发展问题

党的十八大以来,党中央把握发展阶段新变化,把逐步实现全体人民共同富裕摆在更加重要的位置上,着力推动区域协调发展。如今,扎实推动共同富裕已经进入历史新阶段。一方面,千百年来,城乡鸿沟问题是中国社会面临的主要发展难题之一,也是实现共同富裕目标需要面对的重大挑战。另一方面,数字化已成为当今中国社会的时代特征。以互联网为代表的信息技术被应用于经济社会活动各领域,正深刻改变着公众的生产和生活方式。在这样的背景下,探索互联网普及和中国城乡收入差距之间的内在联系机制及相关政策优化问题,既是当今时代的需要,也是当下推动城乡融合发展、实现经济高质量发展的内在要求,具有鲜明的问题导向和时代特色。

2. 理论研究、实证检验和政策分析的有机结合

按照"事实特征—理论分析—实证证据—政策选择"的分析框架,本书采用

理论模型、计量经济学等主流研究方法,深入分析互联网普及对中国城乡收入差距的作用效果及影响机制。研究结构环环相扣、循序渐进,既注重对经典理论的继承,也结合中国现实国情对理论进行有益拓展。同时,综合考虑微观和宏观因素、传统和新兴因素的影响,注重全域和局域特征差异,能够有效保障研究设计的科学性。并且,实证数据不仅囊括全国省级层面的宏观面板数据,还包括由权威机构发布的大型微观调查数据,能够从全面且细致的视角把握互联网普及对城乡收入差距的影响这一科学问题,保障研究结论及政策建议具有较强的代表性和推广性,增强政策实施的"精准性"。

1.6.2 创新点

1. 研究视角创新

以往研究(特别是国外文献)更多关注互联网对整体收入分配或者不同人群、行业间收入差距的影响,而本书立足评价中国特殊的城乡"二元"经济结构背景下互联网普及的城乡收入分配调节效应,并从劳动力转移视角来探讨这一内在作用机制。同时,本书构建了互联网普及影响城乡收入差距的"二元"经济结构数理模型,为读者理解数字时代互联网普及对城乡收入分配的内在作用机理提供了一定的理论基础。

2. 分析视角创新

在实证分析部分,本书始终从宏观和微观两个视角把握互联网普及对城乡收入分配的影响及作用机制,区别于以往部分研究仅从宏观视角或某一微观视角考察二者间的关系,本书不仅从宏观层面就互联网普及对城乡收入差距的影响效果做出评价,也从微观层面识别网络使用对个人收入、消费和认知行为的影响,能够从一个综合的视角认识数字鸿沟或数字红利问题。在具体问题上,"不患寡而患不均"思想一直贯穿实证章节,这不仅体现在本书从区域差异、结构性差异等多方面分析互联网普及和城乡收入差距间关系的异质性,还体现在本书同时关注主观和客观收入差距,有利于读者更深层次理解互联网普及对城乡收入差距的作用路径。

3. 经济学和心理学交叉学科的应用

本书引入社会心理学中的负面偏见理论和社会比较理论来分析互联网使用

对农村居民主观收入差距感知的影响,为理解数字时代公众城乡收入差距感知及社会贫富分化容忍度变化提供了一定的心理学理论基础,对数字时代社会风险管理工作具有一定的指导价值。

第 2 章　国内外研究动态[①]

---

① 本章节部分内容已发表于学术期刊,参见:
程名望,张家平.互联网普及与城乡收入差距:理论与实证[J].中国农村经济,2019(2):19-41.
程名望,张家平.ICT 服务业资本存量及其产出弹性估算研究[J].中国管理科学,2019,27(11):189-199.
程名望,张家平,李礼连.互联网发展、劳动力转移和劳动生产率提升[J].世界经济文汇,2020(5):1-17.
张家平,程名望,龚小梅.中国城乡数字鸿沟特征及影响因素研究[J].统计与信息论坛,2021,36(12):92-102.

2.1 关于互联网普及的相关研究

2.1.1 互联网普及的特征研究

当今时代，人类社会的诸多领域都和互联网技术紧密交织，然而互联网技术的发展和扩散状况在不同国家之间及一国内部通常是不均衡的。20世纪90年代中期以来，数字鸿沟便一直备受学术界的广泛关注，成为公共政策制定时需要考虑的一个重要因素[17]。关于数字鸿沟，学者们主要围绕着以下两方面开展研究：

第一方面的研究主要聚焦数字鸿沟的概念阐释及现状分析。ITU将数字鸿沟定义为能够获取现代信息技术的人口和地区与不能接触现代信息技术或者与现代信息技术的接触受限的人口和地区之间的差距①。经济合作与发展组织（Organization for Economic Cooperation and Development，OECD）指出，数字鸿沟为个人、家庭、企业及不同经济发展水平地区间在ICT接入及使用ICT开展各类活动方面的差距②。早期，数字鸿沟相关文献主要关注ICT的接入鸿沟，即第一类数字鸿沟。因此，这一时期的相关研究主要强调通过增加ICT的接入来缩小数字鸿沟。随着ICT的进一步发展和应用，学者们发现仅考虑ICT的接入已难以全面反映数字鸿沟的真实现状，因为ICT不仅包括计算机技术或互联网技术，也包括其他各式各样的信息技术及其应用，而不同群体使用ICT产品和服务的方式及利用ICT从事各类活动的目的和效果也是有差异的。换言之，即使拥有同样的ICT设备，人们也不一定能完全按照相同的方式和程度来使用ICT，而使用者自身的状况（如健康、教育水平和年龄等）及外在环境（如外在激励和上网环境）也会使人们利用ICT的水平呈现差异，即第二类数字鸿沟。第一类数字鸿沟难以全面考察信息技术扩散对经济社会的影响，而第二类数字鸿沟试图从多维角度全面评价数字鸿沟及信息技术扩散所产生的经济社会影响[18]。

---

① 参见ITU于2022年发布的第37号决议"弥合数字鸿沟"（Bridging the Digital Divide）。
② 参见OECD发布的"理解数字鸿沟"（Understanding the Digital Divide）报告。

关于数字鸿沟的现状分析，相关研究又可以被总结为三类：一是全球范围内的数字鸿沟情况，即国家间的数字发展水平不平衡情况。例如，Park、Choi 和 Hong[19]分析了全球 108 个国家数字鸿沟的俱乐部收敛特征。Vicente 和 López[20]考察了欧洲 27 个国家的数字鸿沟状况，发现荷兰在数字化水平方面排名前十，而希腊和保加利亚垫底，认为区域间的数字鸿沟在某种程度上反映了区域间的收入差距状况。类似地，Cruz-Jesus、Oliveira 和 Bacao[21]，Kyriakidou、Michalakelis 和 Sphicopoulos[22]，James[23]以及 Cuervo 和 Menéndez[24]等学者都对不同国家间的数字鸿沟问题展开了研究。二是国家内部的数字鸿沟问题。例如，Song、Wang 和 Bergmann[25]分析了中国地级市间的数字鸿沟问题，发现中国城市间存在较大的数字鸿沟。Grishchenko[26]基于俄罗斯的一项纵向调查数据，分析该国 2008—2018 年数字鸿沟的变化趋势，发现尽管俄罗斯的数字鸿沟呈缩小趋势，但仍然较为明显。三是个体、家庭或企业层面的数字鸿沟问题，如 Shakina、Parshakov 和 Alsufiev[27]，Millán 等[28]，Goncalves、Oliveira 和 Cruz-Jesus[29]以及 Chipeva 等[30]的研究。

第二方面的研究主要是从多角度考察影响数字鸿沟的因素。在宏观层面上，学者们试图解释国家间或地区内部数字化差异产生的根源，其中部分研究强调经济增长、教育水平及 R&D 投入都是国家间和地区内部数字鸿沟的决定因素[31]。胡鞍钢和周绍杰[32]指出，国家治理和政策在缩小数字鸿沟方面具有重要作用，认为发展中国家应该加快向知识社会和信息社会转变，以缩小与发达国家之间的数字化差距。此外，文化和制度因素也被认为是导致国家或地区间数字鸿沟的重要因素[20-21]。在微观层面上，大量的研究从不同视角考察了个体间的数字鸿沟问题，这些研究试图从心理学、社会学、人口学和经济学等多重视角对个体间 ICT 使用的差异性作出解释。

总结起来，导致数字鸿沟的主要因素大致包括以下几类：①收入状况。收入作为个体财富状况的重要指标，与个人数字设备获取和使用具有密切的联系，研究广泛证实收入水平和个体 ICT 使用情况有显著的正相关关系，低收入者使用数字产品的概率相对较低[33-37]。此外，收入不平等也被证实与数字鸿沟有密切联系[38-40]。②健康水平。健康状况是影响个体间数字鸿沟的一个重要因素，身体上和心理上健康状况不佳的人群在数字社会可能面临众多障碍[26]。Wu

等[41]分析了有学习障碍和没有学习障碍的中国台湾省小学适龄儿童间的数字鸿沟状况,发现二者之间并不存在明显的 ICT 接入差距,但是存在明显的 ICT 使用能力差距。③受教育水平。与教育相关的数字鸿沟问题也引起了学者们的广泛关注[42-46],教育不平等被认为是造成数字鸿沟的最重要因素之一[43,47]。根据美国学者埃弗雷特·罗杰斯(Everett M. Rogers)提出的创新扩散理论(Diffusion of Innovations Theory, DOI),复杂性是技术采纳者的一个主要障碍[48],而高受教育水平人群不仅在接触复杂的信息技术时会面临更小的困难,也更有可能在工作和生活中使用复杂的信息技术[43]。在"摩尔定律"(Moore's Law)的作用下,信息技术更新换代的速度日新月异,而高受教育水平人群能够快速适应信息技术的发展。此外,高受教育水平人群使用 ICT 的收入回报率也可能高于低受教育水平人群[49],且高受教育水平人群在处理和鉴别网络信息方面的能力与低受教育水平人群同样有所差异[50]。④年龄因素。当前,全球许多国家已经步入或即将步入老龄化社会,而老龄人口比例的增加可能会成为一个国家或地区信息化发展战略面临的一个重要挑战。例如,研究已经表明,与老年人口相比,年轻人口更有可能使用互联网或具有更高的 ICT 普及率[36,51-52]。⑤性别。学者未就性别对数字鸿沟的影响形成一致的结论,例如 Mumporeze 和 Prieler[53]发现卢旺达存在明显的性别数字鸿沟,认为这一现象出现的主要原因在于卢旺达妇女受到社会、文化和经济等因素影响而缺乏自我价值感,自信心不足,受教育水平低并承担着沉重的家庭责任。然而,Hilbert[54]针对拉丁美洲和非洲开展的一项研究却表明,在控制就业、教育和收入因素后,女性使用数字工具比男性更加积极。⑥其他一些经济学、社会学和人口学因素,如就业状况[55]、种族[56]等。

2.1.2 互联网普及的经济效应研究

近几十年来,以互联网为代表的信息技术在全球范围内得到了快速的发展与应用,为世界范围内生产、营销、消费和管理等方面带来了深刻变革[57-58]。在这样的背景下,众多学者围绕着互联网是否促进了经济增长或生产效率提高等方面进行了广泛的研究。20 世纪 80 年代末,Strassmann[59]等学者的研究难以证实 ICT 资本对经济增长具有直接效应,学术界称之为"生产率悖论"

(Productivity Paradox)①。此后,Willcocks 和 Lester[60]、Amendola、Gaffard 和 Saraceno[61]及 Martínez、Rodríguez 和 Torres[62]等众多学者的研究证实,ICT 作为典型的通用目的技术(General Purpose Technology,GPT),通常需要在一个很长的时间段内表现其经济潜力②。20 世纪 90 年代末开始,ICT 资本对各国经济增长和生产效率提升方面的作用才逐渐在研究中得到证实。例如,程名望和张家平[63]基于中国省级面板数据的研究证实,2003—2016 年 ICT 服务业资本对中国经济增长的产出弹性为 0.160 5~0.170 5。

与上述宏观视角的研究相对应,学者们也从微观视角考察了互联网使用对个体经济活动的影响及作用机理。相关的研究可归纳为三个方面:一是分析互联网等 ICT 的使用是否对劳动者工资溢价或劳动生产率产生影响。Krueger[64]利用美国 1984 年和 1989 年居民普查数据开展研究,发现个人电脑使用能够带来 10%~15% 的额外收入。Zoghi 和 Pabilonia[65]、Pabilonia 和 Zoghi[66]以及 Dimaggio 和 Bonikowski[67]随后的研究结果也都支持互联网使用能够对劳动者工资提高产生积极作用。国内方面,陈玉宇和吴玉立[68]基于 2005 年中国家庭普查数据发现个人电脑使用对工资的回报率超过 20%。然而,部分学者的研究却指出互联网使用对工资的影响较小,如 Entorf、Gollac 和 Kramarz[69]发现即使考虑到可能存在的测量偏差,个人电脑使用对工资增长的贡献也仅为 2%。Oosterbeek 和 Ponce[70]对发展中国家的研究也未发现互联网使用对工资溢价的影响。二是互联网等 ICT 使用对劳动生产率和工资影响的差异。Hargittai 和 Hinnant[71]的研究发现,相较于女性,男性更能高速和高效地在互联网上搜索信息。庄家炽、刘爱玉和孙超[72]利用中国第三期妇女地位调查数据的研究也发现,互联网使用对妇女工资溢价的影响为对男性工资溢价的影响的 90.6%。李雅楠和谢倩芸[49]的研究则发现,互联网使用对高学历人群的工资提升效应最为明显。三是互联网等 ICT 如何影响劳动生产率或个体劳动者的经济活动表现。

---

① 生产率悖论又称"索洛悖论",由诺贝尔经济学奖获得者罗伯特·索洛(Robert Solow)提出,反映出这样一种现象:虽然企业在 IT 方面投资巨大,但是这一行为对企业投资回报率的提高产生的作用很小。
② GPT 指满足以下 4 个条件的技术:改进的空间很大;用途多种多样;经济体的大部分领域都可以采用;与其他技术具有很强的互补性。GPT 通常并不能为特定问题提供最终的完美解决方案,而是作为一种基础性的技术支持,为其他领域的创新和发展创造条件。

作为重要的学习工具和信息获取平台[73-74],互联网是数字时代个体知识人力资本积累的重要渠道。此外,网络医疗信息还会影响劳动力的健康人力资本[75],而这些都会直接或间接地影响个体的工作绩效和工作满意度[76-77]。Dimaggio 和 Bonikowski[67]、Pénard 和 Poussing[78]强调互联网使用能够成为拓展个体社会资本的重要方式。Seo、Chae 和 Lee[79]的研究证实信息技术支持能够促进个体的创造力提升,而李飚[80]的研究也发现拥有数字人力资本会使创业者的月收入提高 32.95%。

21 世纪以来,互联网日益成为劳动力市场参与者的重要工具[81]。互联网使用对劳动力市场的影响也引起了众多学者的广泛关注,这些学者的研究主要围绕着两个问题展开。一是互联网使用是否促进了劳动力就业。大多数研究认为互联网使用有助于促进劳动力就业。例如,Dimaggio 和 Bonikowski[67]的研究证实劳动者可以利用互联网获得多条就业渠道,从而提高就业率。Crandall、Lehr 和 Litan[82]利用美国相关数据的研究发现,使用宽带互联网能够显著促进劳动力就业。Fabritz[83]的研究证实,德国地区层面的宽带普及程度和就业率之间有显著的正向关系,并且这种关系在农村地区更加明显。周冬[84]的研究指出,互联网和移动互联网的应用有助于打破城乡之间的阻隔,促使农业和非农业产生联系,有利于农村人口流向城镇就业。毛宇飞和曾湘泉[85]基于中国综合社会调查数据的研究发现,互联网使用能够显著促进女性就业,特别是非自雇性就业。马俊龙和宁光杰[86]利用 2014 年中国家庭追踪调查数据的研究发现,互联网使用显著促进了农村劳动力非农就业,而周洋和华语音[87]的研究证实,互联网使用能够促进农村家庭的创业意愿和创业收入提升。二是互联网使用如何促进劳动力就业。主要存在几方面的观点:①互联网使用能够降低劳动者找工作的搜索成本,减弱劳动力市场的信息不对称性,并且加强与潜在雇主的沟通,增强更换工作的可能性及提升工作匹配的质量[88-90]。②互联网使用通过影响社会资本和社会交往来促进劳动力就业与创业[87]。③应将互联网作为繁荣经济的催化剂,从而创造更多的就业岗位[91]。

2.1.3 互联网普及对非经济方面的影响

尽管已有大量文献探讨了互联网发展和经济增长之间的关系,但关于互联网对非经济方面的影响的相关研究仍比较缺乏[76,92]。作为典型的GPT,互联网自2010年以来几乎融入人类社会活动的方方面面,并与公众生产、生活紧密交织。从某种意义上来讲,互联网已成为当代公民融入现代社会的一种基本工具和权利。在这样的背景下,学术界也逐渐开始关注互联网扩散对社会发展非经济方面的影响,试图揭示互联网使用如何改变个体行为、家庭决策和社会认知,以及对公众福利等方面的影响,从而为制定更加科学和有针对性的公共政策提供一定的决策参考,并对数字时代公众幸福和认知变化作出一定的解释。相关研究可总结为以下三方面:

一是互联网对公众福利、行为和认知的影响。其中,最具代表性的一个研究领域就是探讨互联网使用对个体幸福感的影响。国外方面,相关文献未就互联网使用对个体幸福感的影响形成一致的结论。一方面,互联网使用对个体幸福感的影响依赖多个因素的共同作用,包括具体领域的幸福感(如工作领域、生活领域)、个体特征(如年龄、性别、受教育程度和婚姻状况等)及互联网使用的目的[76,93-94]。例如,Castellacci 和 Viñas-Bardolet[77],Sims、Reed 和 Carr[95]以及 Ganju、Pavlou 和 Banker[96]的研究均证实互联网使用对个体幸福感有显著的正向影响,但 Asam、Samara 和 Terry[97],Longstreet、Brooks 和 Gonzalez[98],Mei 等[99]以及 Chen[100]的研究发现,不合理的互联网使用(如网瘾)对个体的身体和心理都会造成负面影响。另一方面,Castellacci 和 Tveito[76]指出,互联网使用能够通过多种渠道(如提高时间的灵活性、创造新的活动以及促进信息获取和沟通)影响个体的幸福感,而每种渠道对个体幸福感的影响也可能具有显著的差异。国内相关文献主要集中在考察互联网使用对个体主观幸福感(Subjective Well-being,SWB)的影响,这些研究普遍发现互联网使用有利于促进居民的SWB提升,例如张京京和刘同山[101],鲁元平和王军鹏[102],彭希哲、吕明阳和陆蒙华[103],祝仲坤和冷晨昕[104]以及冷凤彩和曹锦清[105]的研究。此外,互联网使用对其他方面公众福利及公众行为和认知的影响也受到越来越多学者的关注,如工作满意度[77]、家庭婚姻观念和性容忍度[106-109]、医疗信息获取情况[110-113]等。

二是互联网对公共治理方面的影响。互联网被誉为"人类解放技术(Liberation Technology)"[114],其在促进现代民主、提高公共治理效率和质量方面的作用也受到了研究者的重视。在这一领域,学术界主要探讨了两方面主题:

一是互联网在改善政府工作效率、推动数字化治理方面的作用,其中电子政务是学者研究的重点[115-118];二是互联网普及是否可以预防腐败、促进民主政治以及提高公众政治信任度。目前来看,已有文献普遍证实网络普及有利于降低腐败率,提高政治透明度[119-122],而未就网络对公众政治信任的影响形成一致性的结论。

三是互联网对环境可持续方面的影响。尽管学界已就互联网对经济增长有正向促进作用达成了共识,但未就互联网发展及应用对环境质量和可持续发展的影响形成一致的结论[123]。一方面,互联网被广泛证实在提高能源利用效率方面具有较大的潜力,有利于环境质量提升[124-125]。并且,互联网也被认为能为应对气候和环境变化提供新的解决途径[126-128]。例如,通过促进智慧城市建设,发展能源互联网和智能交通系统,互联网的应用为减少全球碳排放提供了可能[129-132]。另一方面,与互联网相关的设备(特别是大型数据中心)的使用也可能会增加总电力消费,而当前电能来源中化石能源仍占据很大比例(特别是对于发展中国家而言),这又可能会给全球环境质量和可持续发展带来挑战[133-135]。

2.2 城乡收入差距的相关文献梳理

收入分配结构是一个国家或地区经济体制的重要组成部分[15],关系国计民生,收入分配结构不合理或收入差距扩大会直接影响社会和谐与经济可持续发展。作为国民收入差距的重要体现,城乡收入差距一直是学术界和政府部门关注的焦点问题,本书主要从以下几方面回顾城乡收入差距的相关研究。

2.2.1 城乡收入差距成因的理论研究

1. "二元"经济结构理论

现代经济学鼻祖亚当·斯密(Adam Smith)在其著作《国富论》(*An Inquiry into the Nature and Causes of the Wealth of Nations*)中详细论述了社会分工对促进生产率提高和国民财富增加的作用。在他看来,城市部门分工程度要优于农村部门,导致城市部门生产率要高于农村部门,所以城市部门收入要高于农村部门。20世纪中期,经济学家威廉·阿瑟·刘易斯(William Arthur Lewis)对

"二元"经济结构进行了系统的论述。刘易斯在其著作《劳动无限供给条件下的经济发展》(*Economic Development with Unlimited Supplies of Labour*)中阐述了"两个部门"的发展理论,即发展中国家经济体系中同时存在着以农业生产为主的传统部门(农业部门)与以制造业生产和服务业为主的现代部门(城市部门、工业部门或非农业部门)[136-137]。刘易斯认为,传统的农业部门具有"劳动力资源充裕,存在大量的过剩劳动力,而技术和资本资源比较缺乏"的特点,因而农业部门的劳动生产率低下,劳动边际产出接近零,导致工资收入水平偏低。相反,现代工业部门存在密集的资本,拥有先进的技术,因而其劳动生产率高,工资水平较高。刘易斯认为,农业部门和现代工业部门的工资差距会促使农业部门的大量剩余劳动力向现代工业部门转移,直至两部门工资差距消失,形成一元经济结构。在刘易斯看来,破解"二元"经济结构问题的关键在于现代工业部门的发展,通过促进现代工业部门发展来带动农村部门发展,最终成功实现"二元"经济结构向一元经济结构的转型。尽管刘易斯的"二元"经济结构理论具有一定的局限性,如该理论没有重视农业部门自身对经济发展的贡献,假设传统农业部门剩余劳动力存在无限供给,因而农村劳动边际产出接近零甚至为负,工业部门拥有不变的工资率,这都和现实情况有所差异。不过,刘易斯的"二元"经济结构理论仍为发展中国家实现工业化和现代化发展提供了重要的理论指导[138]。

20世纪60年代,经济学家费景汉和古斯塔夫·拉尼斯(Gustav Ranis)在《经济发展的一种理论》(*A Theory of Economic Development*)一文中对刘易斯"二元"经济结构理论进行了改进,形成经济学界有名的刘易斯-费景汉-拉尼斯模型(Lewis-Fei-Ranis model)[139]。费景汉和拉尼斯认为,农业自身发展对工业化进程也是非常重要的,并强调促进农业生产率提高以增加农业剩余是实现农业剩余劳动力向城市部门转移的基础条件。刘易斯-费景汉-拉尼斯模型指出,农业部门不仅能够为城市部门提供剩余劳动力,还能够为城市部门提供农业产品和资源(如粮食)。因此,只有同样重视农业的发展,促进农业生产率的提高,才能保证农业部门为非农部门提供过剩农业资源,最终实现由"二元"经济结构向一元经济结构的转型。总的来说,刘易斯及费景汉和拉尼斯的"二元"经济结构理论均基于古典主义分析方法,而1967年美国著名经济学家戴尔·乔根森(Dale W. Jorgenson)在其论文《过剩农业劳动力和两重经济发展》(*Agricultural Surplus and Development of Dualism*）中基于新古典主义分析方法对工农业发展问题进行了探讨，形成了乔根森模型（Jorgenson Model）[140]。乔根森模型摒弃了刘易斯-费景汉-拉尼斯模型中关于工资率保持不变的假设，强调农业剩余对于经济发展的决定性作用，认为只有保证有足够的农业剩余，才能使农业部门向现代工业部门不断输入剩余劳动力。因此，乔根森模型认为工业部门的增长规模和农业剩余劳动力转移规模取决于农业剩余。1969年，发展经济学家迈克尔·P. 托达罗（Michael P. Todaro）在其论文《发展中国家的劳动力迁移模型和城市失业》（*A Model for Labor Migration and Urban Unemployment in Less Developed Countries*）中将城市失业和预期城乡收入差距引入"二元"经济结构理论，认为预期城乡收入差距决定了农业部门劳动力向现代工业部门转移的程度。同时，托达罗强调重视预期城乡收入差距、城市失业率和劳动力转移三者之间的相互作用关系，认为应该通过发展农村经济，增加农村就业机会，以缩小城乡收入差距和降低城市失业率[141]。

2. 城市偏向型政策

城市偏向型政策（Theory of Urban Bias Policies），又称城市导向性政策，最早由英国著名发展经济学家迈克尔·利普顿（Michael Lipton）在其著作《缘何始终贫困：城市偏向和城市发展》（*Why Poor People Stay Poor: Urban Bias in World Development*）中提出，阐述了发展中国家在工业化和城市化进程中如何通过强制性政策将农村和农业资源转移到城市和工业部门。利普顿认为，这种针对农村居民的系统性偏见是造成世界大多数穷人贫困的重要原因[142]。城市偏向理论的支持者认为，发展中国家政府所采取的有利于城市部门的发展政策（例如压低农产品价格和差异化的城乡公共品供给政策）会造成城乡居民在收入、消费和社会福利等多方面的巨大差异[143-144]。Bates[145]对非洲农业歧视做了细致的研究，认为城乡居民的政治话语权失衡是发展中国家实施城市偏向政策的重要原因。Bezemer 和 Headey[146]详细分析了城市偏见政策的产生原因与表现，发现城市偏向政策仍然是欠发达国家经济可持续发展和消除贫困的一个长期存在的巨大障碍。

城市偏向理论为分析发展中国家的贫困问题提供了有效分析工具，大量学者基于该理论对亚洲、非洲和拉丁美洲的发展中国家的发展政策进行了分析[147-148]。越来越多的实证研究已经证实，城市偏向型政策或重工业发展政策是城乡收入差距扩大的一个重要原因，例如 Wang 等[149]利用中国湖北省的地级市 2010—2016 年的面板数据考察了城市偏向型的土地政策对城乡收入差距的影响，发现征收农村土地的补偿价格偏离市场价值的幅度每增加 1% 会导致城乡居民收入差距扩大 0.46%。张杰[150]、迟诚[151]、刘吕吉和李桥[152]以及陆铭和陈钊[153]等学者的研究也都得出了类似的结论。

3. 户籍制度

户籍制度是导致城乡收入差距的另一个重要原因。陈斌开、陆铭和钟宁桦[154]指出，户籍制度造成了城市内部的社会分割，使城市内部户籍人群和非户籍人群之间出现了"新二元结构"。户籍制度不仅会造成户籍人口和非户籍人口在公共服务（如住房、教育、养老和医疗）供给方面的不平等[155-157]，还会使户籍人口和非户籍人口、城镇职工和农民工在劳动力市场中的工资收入出现"同工不同酬"情况，即"户籍歧视"。Song[158]发现，拥有不同户口身份的劳动者在中国城市的生活成本及获得政府提供的公共服务和福利是不同的，农村户口或非本地户口的农民工在城市享有的当地政府提供的公共福利是非常有限的。同时，城市劳动力市场中存在着对农村户口持有者的歧视，特别是在高收入部门。Wang 等[159]考察了中国家庭成员户口因为土地被征收而农转非对其劳动力市场表现的影响，发现获得城市户口的人群在劳动力市场的表现要明显优于农村留守人口或流动人口，并且获得城市户口有利于通过正规渠道在公共部门获得稳定工作。孟凡强、万海远和吴珊珊[160]基于中国流动人口动态监测调查数据研究发现，新生代农民工遭受的户籍歧视比老一代农民工更严重，而这一差异也是导致代际城乡工资差异的重要原因。

严格的户籍管理制度无疑对劳动力流动造成了巨大障碍，Bosker、Deichmann 和 Roberts[161]基于新经济地理学的方法对中国高速公路网建设和户籍制度两大空间发展政策进行了分析，发现没有连接高速公路的落后地区从高速公路网建设政策中受益有限，而放宽落户限制有助于在更大范围内增加社会福利，甚至能够通过刺激劳动力转移来推进内陆落后地区的城市化进程。此外，户籍制度还会影响城乡流动人口的心理成本和社会融合。Luo 和 Wang[162]发现中国人的户口身份认知自童年就被根植，户口身份会影响个人在社会融合过程中的信任度水平。因此,推动户籍制度改革对实现城乡融合发展和缩小城乡收入差距都具有重要的现实意义[163-164]。

4. 其他成因

除上述"二元"经济结构理论、城市偏向理论和户籍制度外,学者界还试图从其他视角解释城乡收入差距的成因。

(1) 金融发展

这一理论强调金融抑制是造成农村贫困和城乡收入差距的重要因素,该理论认为金融具有"嫌贫爱富"的特征,而农村居民由于初始财富水平较低,金融知识缺乏,难以通过抵押等方式在正规金融市场上获得金融服务。并且,由于农村地区资本投资回报率较低,在利润最大化的驱动下,金融机构也会更加偏向为工业或城市部门提供金融贷款等服务。因此,城乡"二元"金融结构可能会导致城乡收入差距扩大,同时这一理论还指出了农村资本外流对城乡收入差距造成的潜在负面影响[165-168]。

(2) 人力资本

在现代经济增长理论中,健康和教育等人力资本是促进经济增长和个人收入增加的重要因素,人力资本相关理论主要从城乡人力资本差距、城乡人力资本回报率差异及人力资本的代际传递等视角解释人力资本对城乡收入差距的影响[169]。

(3) 财政分权

这一方面的相关理论主要从公共品供给(如社会保障)、政府行为和官员晋升机制等角度解释财政分权对城乡收入差距的影响[169-171]。

2.2.2 中国城乡收入差距的影响因素研究

"不患寡而患不均",城乡收入差距问题一直是中国社会各界普遍关注的热点话题,学术界对中国城乡收入差距的影响因素开展了丰富的研究。根据分析视角的不同,这些研究可以被总结为如下几类。

1. 城市化

关于城市化对中国城乡收入差距影响的文献比较丰富,其中武小龙和刘祖云[172]、陈斌开和林毅夫[173]的研究发现,城市化有利于缩小中国城乡收入差距,但 Su 等[174]、陶源[175]以及余菊和邓昂[176]等的研究证实,城市化扩大了中国城乡收入差距。也有学者认为城市化和中国城乡收入差距之间的关系是非线性的,例如李子叶、韩先锋和冯根福[177]发现,2003—2013年城市化对中国城乡收入差距有显著的影响,但影响效果呈现先增大后减小的"倒U"形变化趋势。欧阳金琼和王雅鹏[178]指出,城市化对中国城乡收入差距的影响与城市化所处阶段及农业劳动力充裕程度有密切的关系。张东阳和彭志远[179]的研究发现,城镇化在短期内对中国城乡收入差距产生缩减效应,但长期会对城乡收入差距产生微弱的正向影响。此外,Yuan 等[180]还发现,当使用不同指标(如比值法或指数法)衡量城乡收入差距时,城市化对中国城乡收入差距的影响有所差异。

2. 经济增长

大量研究表明,收入差距和经济发展有密切的联系[181-184],但学界未就经济增长和中国城乡收入差距之间的关系形成一致性的结论。例如,陈斌开和林毅夫[173]的研究证实,城乡收入差距和经济发展存在"U"形曲线关系,而邵红伟和靳涛[185]的研究却发现城乡收入差距和经济发展存在"倒U"形曲线关系。

3. 经济开放程度

改革开放以来,中国积极参与国际贸易分工,不断增强经济开放水平,市场化水平得到了较大提高,在这样的背景下,大量学者就经济开放程度和中国城乡收入差距的关系进行了广泛的研究。其中,一部分文献考察了对外贸易和中国城乡收入差距之间的关系。例如,魏浩和赵春明[186]发现在不同发展阶段对外贸易对中国城乡收入差距的影响是有差异的,并认为这种影响的效果取决于对外贸易的就业数量扩大效应和就业质量偏向效应的相对大小。另外一些研究主要分析了外商直接投资对城乡收入差距的影响,何枫和徐桂林[187]认为,外商直接投资有利于吸引中国大量农村剩余劳动力非农就业,从而缩小城乡收入差距。但是,外商直接投资主要集中在城市的第二、第三产业,而这又可能扩大城乡收入差距。此外,阚大学和罗良文[188]通过对1990—2010年中国省级面板数据的研究发现,外商直接投资对城乡收入差距的影响还受到人力资本水平的调节。

4. 产业结构

产业结构对中国城乡收入差距的影响是现有文献的一个重要议题,由于视角不同,相关研究并未得出一致的结论。例如,武小龙和刘祖云[172]认为,第一产业(农业)所占比重越高,城乡收入差距越小,而第三产业属于劳动密集型产业,会吸收大量农村剩余劳动力,增加农村居民收入,从而缩小城乡收入差距。董洪梅、章磷和董大朋[189]认为,以重工业为导向的产业政策或以资本和技术为导向的产业结构升级政策会扩大城乡收入差距。

5. 政府财政支出或政府干预

政府财政支出也是影响中国城乡收入差距的一个重要因素,现有研究表明,财政支出的类型对城乡收入差距的影响有所差异。例如,陈安平和杜金沛[190]认为,只有注重增加农业投资或科教文卫投资的财政支出结构才有助于缩小城乡收入差距。董黎明和满清龙[191]基于省级面板数据的研究发现,增加保障性财政支出有利于缩小中国城乡收入差距,而增加投资性财政支出会对中国城乡收入差距产生负面影响。余菊和邓昂[176]指出,政府财政支出可以配合市场经济调节资源的配置状况,维护社会公平,从而有助于缩小城乡收入差距。然而,政府财政支出往往具有城市导向性,在城乡公共品投入方面具有偏向性,这可能又会扩大城乡收入差距。

6. 金融

从现有文献来看,已有研究主要考察传统金融因素(特别是金融发展规模)和中国城乡收入差距的关系,但并未得出一致结论。例如,支持金融发展有利于缩小城乡收入差距这一观点的学者有张应良和徐亚东[5]、冯涛、吴茂光和张美莎[192]以及吕诚伦和王学凯[193],而邓创和徐曼[194]、叶志强、陈习定和张顺明[195]发现,金融规模扩大不利于缩小中国城乡收入差距。此外,刘晓光、张勋和方文全[196]、姚耀军[197]的研究还发现金融效率提升有利于缩小城乡收入差距。2013年以来,越来越多文献关注普惠金融发展对城乡收入差距的影响①。在这方面,多数研究均认为普惠金融发展有利于缩小中国城乡收入差距,如周利、冯大威和易行健[198]、王业斌[199]以及宋晓玲[200]的研究。

7. 人口结构和人力资本

人口因素对中国城乡收入差距的影响也是学术界关注的一个热点问题,围绕这一问题,现有研究主要探讨了两方面话题:一是人口结构变化和城乡收入差

---

① 2013年,党的十八届三中全会提出"发展普惠金融",标志着普惠金融成为中国的国家战略。

距的关系,例如王筱旭、王淑娟和冯波[201],季晓旭[202]均发现人口老龄化会扩大城乡收入差距;二是人力资本对城乡收入差距的影响,研究普遍认为城乡教育投资差距和人力资本差距扩大是中国城乡收入差距扩大的重要原因[203-204]。

8. 其他因素

学者们还从其他视角对中国城乡收入差距的决定因素进行了分析,包括:基础设施(如高铁和公路)[196,205-206]、产业集聚[207]、环境污染[208]、要素配置[209-210]、工业智能化[211]等。

2.3 互联网普及对城乡收入差距影响的相关研究

在数字洪流背景下,经济学家和社会学家一方面考察互联网和经济增长的关系及内在作用机理,另一方面也开始关注互联网发展与应用可能对收入分配产生的影响。国外方面,早期的相关研究主要集中在发达国家,但由于发达国家大多较早完成了城市化进程,相关研究也很少关注互联网使用或扩散对城乡收入差距的影响,主要试图考察互联网对个体收入影响的差异及对收入不平等的影响。其中,数字鸿沟也常被用作分析互联网和收入分配关系的一个重要视角,例如 Clark 和 Gorski[212]、Chen 和 Wellman[213]等认为高收入、受教育程度高的家庭使用互联网的比例和电脑持有率显著地高于低收入和受教育程度较低的家庭,从而可能对收入分配产生更强的"马太效应"。Clark 和 Gorski[214]还发现在诸多领域中,ICT 更多的是对经济富裕阶层有利。Forman、Goldfarb 和 Greenstein[215]分析了 1995—2000 年美国互联网投资与县级工资增长之间的关系,发现在仅占全部考察县 6% 的富裕县中,互联网投资与工资水平及就业率的提升呈现显著的正相关关系,且互联网投资能够解释这些富裕县与其他县在工资增长方面超过一半的差异,认为互联网投资可能会扩大地区间的收入差距。Bauer[216]则认为互联网扩散并不是导致收入不平等的单一原因,互联网与其他技术层面、经济层面和政治层面因素的相互作用程度会对收入不平等产生不同程度的影响。Canh 等[217]基于全球 87 个国家的一项实证研究发现,无论从短期还是长期来看,互联网普及都有利于降低收入不平等程度。

中国自 20 世纪 90 年代引入互联网技术以来,信息化程度得到了迅速的提高,特别是2012年以来,政府相继提出"互联网+""智慧城市"与"数字中国"等一系列信息化发展战略,旨在通过互联网技术扩散与应用促进中国经济社会的全面发展。2000年前后,国内学者逐渐开始关注互联网扩散或应用对收入分配方面的影响。一方面,部分研究认为互联网扩散会扩大收入差距。邱泽奇等[218]指出,互联网红利更多地惠及东南沿海等经济发达地区。毛宇飞、曾湘泉和胡文馨[219]的研究发现,互联网使用对男性工资的溢价水平高于女性。另一方面,李雅楠和谢倩芸[49]基于2004—2011年的中国营养与健康调查数据研究发现,互联网扩散显著地缩小了整体工资收入差距。具体到城乡收入分配方面,一些学者指出,互联网等信息技术在增强社会"二元"结构主体公共服务公平性和减弱城乡信息不对称性方面发挥着重要作用,认为ICT的快速发展为缩小城乡鸿沟带来了机遇[200,220]。谭燕芝、李云仲和胡万俊[221]考察了信息化对城乡居民收入回报率的问题,发现信息化对个体收入的回报率为14%,而对城市居民收入的回报率为20%。从目前来看,仅有贺娅萍和徐康宁[222]、韩长根和张力[223]等部分文献直接通过实证方法研究了互联网对中国城乡收入差距的影响。不过遗憾的是,这些研究并没有得出一致的结论,也没有深入探讨互联网对中国城乡收入差距的作用机制。

2.4 文献述评

本章就互联网普及、城乡收入差距的成因、中国城乡收入差距的影响因素以及互联网对城乡收入差距影响的相关文献进行了系统回顾,可以发现:首先,现有文献关于城乡收入差距成因的理论研究已比较完善,这为本书研究提供了良好的理论基础。其次,从互联网普及的相关文献来看,20世纪后期的研究更多关注数字鸿沟及互联网发展的经济效应。尽管部分文献已经开始关注互联网对收入分配的影响,但是国外文献较少分析互联网对城乡收入差距的影响,而国内部分直接考察互联网对城乡收入差距的影响的研究并没有形成一致的结论,也没有进一步识别互联网对城乡收入差距的作用机制。

就中国的现实情况来看:一方面,2012年以来,农村电商、"互联网+农业"及互联网技术在精准扶贫工作中的应用,在推动农村发展、农民增收和农户非农就业等方面发挥着重要的作用,并且互联网还可以促进城乡之间资源的优化配置,已成为缩小城乡收入差距的一大"利器"[224]。在劳动力资源配置方面,互联网普及为改善城乡分割局面、促进劳动力资源要素流动、推动农村剩余劳动力非农就业和自主创业以及带动农村乡镇企业发展从而创造更多就业岗位等方面带来了重要机遇。另一方面,中国特殊的城乡"二元"结构导致城乡之间在经济发展水平、居民教育水平、信息化基础设施和文化等方面存在很大差异,也出现了特殊的"城乡互联网普及二元结构"。根据中国互联网信息中心发布的第43次《中国互联网络发展状况统计报告》,截至2018年年底,中国农村互联网用户达2.22亿人,而城镇互联网用户达6.07亿人,农村网民占比仅为26.7%,表明中国城乡居民互联网普及程度差距较大。在此背景下,中国互联网技术的发展和普及,是在城乡之间形成了一道难以逾越的"互联网鸿沟",还是会为中国城乡各个群体带来更加便捷的信息交流机会,从而共同分享"互联网机遇与红利"呢?

总之,现有文献对于互联网普及和城乡收入差距关系的研究不足,而对这一问题的深入探讨具有重要的理论和现实价值,这也正是本书的初衷。

第 3 章　互联网普及对城乡收入差距影响的理论分析[①]

---

① 本章节部分观点和内容已发表于学术期刊,参见:程名望.数字乡村建设助力乡村振兴的机遇和挑战[J].国家治理,2021(20):16-20.

按照经典的城乡"二元"经济理论构想,城乡收入差距能够通过农村剩余劳动力的转移而缩小,最终完成由"二元"经济结构向一元经济结构的转型,实现城乡融合和均衡发展。在某种意义上,无论是城市偏向政策还是户籍制度,都可被认为是农村劳动力转移或城乡劳动力资源优化配置的障碍。从已有文献来看,众多研究从劳动力资源配置这一视角来解释基础设施(如公路和高铁)和技术进步对城乡收入差距的影响机理,如刘晓光、张勋和方文全[196],陈丰龙、徐康宁和王美昌[206]以及刘欢[211]的研究。因此,本书也试图从劳动力资源配置(劳动力转移)的视角来构建互联网普及对城乡收入差距影响的理论机制。

3.1 互联网普及对劳动力转移的影响

3.1.1 互联网普及、农业生产率和农业剩余

按照刘易斯-费景汉-拉尼斯模型的思想,只有重视农业自身经济发展和提高农业生产率才能够为工业部门(城市部门)提供更多的农业剩余,从而实现由"二元"经济结构向一元经济结构的转型。当前,中国进入了社会主义现代化建设的关键时期,深入推进工业化、信息化、城镇化和农业现代化协调发展是推动新时代中国经济社会转型的关键措施,而农业信息化作为中国信息化进程的重要组成部分,对农业自身发展和繁荣乡村经济具有重要的意义(图3-1)。

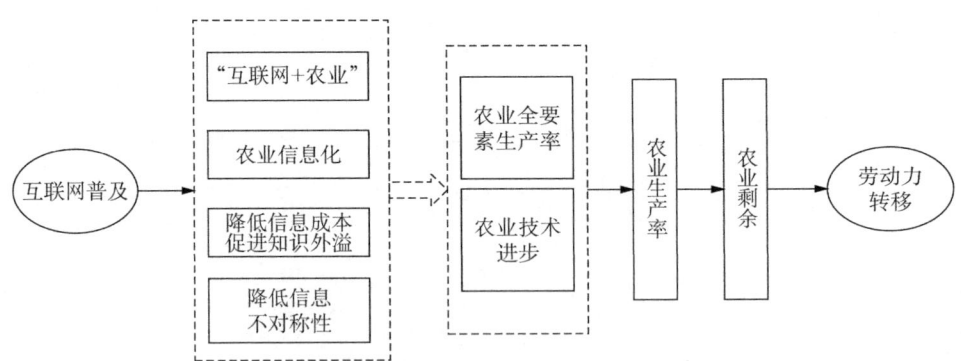

图3-1 互联网普及、农业生产率和农业剩余的关系

首先,内生经济增长理论强调,基础设施发展有利于促进经济运行效率提升,而农业信息化作为重要的基础设施建设,有助于提高农业的全要素生产率。作为一种GPT,互联网可以深入渗透到农业生产、销售的各个环节,能够降低农业资源运行的交易成本,使农业生产过程中的劳动、土地和农业资本得到更有效的配置,提高农业资源的配置效率。

其次,互联网普及大大降低了信息传输成本,有利于农业技术进步和效率提升。新经济增长理论强调,知识(特别是知识溢出)是技术进步的主要源泉,互联网的普及有助于降低农业科学知识传播成本,促进现代农业知识的传播速度加快和传播范围扩大,推动农业管理和生产方式的深刻变革,为农业生产率提升带来重要发展机遇。例如,通过在线教育平台、农业技术网站以及农业相关公众号等渠道,农民可以直接学习国内外的先进农业技术,这加速了农业技术的普及和应用,提高了农业生产的技术水平。

最后,根据农业的弱质性理论,农业天生就是一个弱质性产业,面临巨大的自然风险和极强的市场风险[225-226]。"互联网+农业""智慧农业""物联网"等技术的应用为农业发展带来了新的生产方式,为突破农业技术瓶颈提供了新的思路。与此同时,由数字技术所推动的大数据和云计算的应用,能够将农业生产、农产品流通、消费者和市场深入融合,减弱市场参与主体间的信息不对称性,强化农业的抗风险能力。最后,类似于京东、淘宝和拼多多等互联网电商平台的出现,有利于拓展农业销售市场,有效解决农产品流通和过剩问题,促进农村经济的发展。

3.1.2 互联网普及和农村、农民发展观念

长期以来,中国城乡"二元"经济结构的存在极大阻碍了城乡之间、区域之间要素的有效流通和交流,导致城镇化进程发展缓慢,例如陆铭认为,与日本和韩国处于同等发展阶段时相比,中国的城市化率偏低 $10\%\sim15\%$[227]。互联网普及有利于减弱城乡之间的信息不对称性,为推动城镇化发展、促进农村人口向城市集聚提供强大动力。作为一个农业大国,中国有着几千年的农业发展历史,传统以家庭为单位和自给自足的"小农经济"发展模式对当代农村的影响仍然深远,成为实现农业现代化和解放农民思想的重要障碍。互联网普及促进了现代

发展观念的传播,突破了制度因素和地理因素造成的城乡分割局面,引发农村社会治理模式的转型,促进农村居民生活方式的变迁,使越来越多的农村居民了解城市和现代生活方式,继而向城市聚集并融入城市。

2016年10月,中共中央办公厅、国务院办公厅印发《关于完善农村土地所有权承包权经营权分置办法的意见》,就完善农村土地承包权、经营权和所有权分置(以下简称"三权分置")提出意见。"三权分置"是中国自家庭联产承包责任制后的又一农村土地产权制度创新,对提高农业生产率、推动新时期农业现代化具有重要的现实意义。并且,完善农村土地流转政策也有利于增加农户收入多样性,减少转移劳动力的后顾之忧,有助于推动农村、农业劳动力转移和城市化水平提升。农户自身对政策的认知对于土地流转政策的实施效果至关重要[228]。然而,由于农户受教育水平普遍较低,难以全面、客观和理性理解土地流转政策以作出科学的土地流转决策,这成为新一轮土地流转政策执行的障碍和难点。互联网普及促进了农村土地流转政策相关信息的广泛传播,有利于农户从多角度理解国家土地政策的初衷和目的。同时,农户也可借助互联网寻求社会支持,并根据自身状况对土地流转的收益作出科学判断,降低自身对土地流转的不安全感和不信任感,这有利于新时期中国土地流转政策顺利有序实施。

3.1.3 互联网普及和农村劳动力非农就业

21世纪以来,互联网在劳动力市场中的作用有目共睹。在实践中,无法熟练使用互联网的农民工在非农就业过程中往往要花费巨大的时间和空间成本。具体而言,农民工与劳动力市场间存在信息不对称,使得农民工非农就业时需要承担较大的信息搜索成本,面临工作信息搜寻困难的状况。在劳动经济学和信息经济学研究中,"工作搜寻"是一个重要概念。工作搜寻理论是在著名经济学家乔治·斯蒂格勒(George Joseph Stigler)[229]的"搜寻理论"基础上发展起来的,强调现实中的劳动市场的信息通常是不充分的(不完全的),因而一个理性的求职者需要不断在劳动力市场中搜寻,从而找到满意的工作,以实现自身收益最大化。本小节首先借用McCall[230]于1970年发表于《经济学季刊》(*The Quarterly Journal of Economics*)的文章《信息经济学与工作搜寻》(*Economics of Information and Job Search*)中所构建的理论模型框架,分析互联网普及对农村劳动力非农就业过程中工作搜寻活动的影响。该模型假设：求职者（搜寻者）了解其自身职业技能所对应的工资分布，也知道其每次进行工作搜寻的成本（也可将每次搜寻看作一个阶段或时期）；每一次搜寻到的工作机会报酬（Job offer，或价值，也可以理解为工资率）是从工资分布中独立随机选择的，工作机会报酬的概率密度函数为 $\phi(x)$，并且这些工作机会要么被求职者接受，要么被求职者拒绝；假设 c 是求职者进行每一次工作搜寻的成本（假设其固定不变），x 表示求职者工作机会报酬的一个随机变量，$f(x)$ 代表求职者在获得某一工作机会时可能得到的最大报酬或收益，并假设求职者在进行第 N 次搜寻后结束搜寻，即开始被雇佣，而 x^N 代表求职者在第 N 次搜寻后获得的工作机会报酬。

如果求职者在第 N 次搜寻后开始被雇佣，则净收益 f（报酬）为：

$$f = x^N - cN \tag{3-1}$$

假设第一阶段可被观测到的工作机会报酬为 x，并且随后求职者的搜寻活动继续以最优方式进行，则：

$$f(x) = \max\{x, E[f(x)]\} - c \tag{3-2}$$

令 $\epsilon = E[f(x)]$，也可称为求职者的心理预期报酬，求职者的决策策略为：当工作机会报酬低于其心理预期报酬时，则拒绝这一工作机会，否则接受这一工作机会。即：

当 $x < \epsilon$ 时，继续进行工作搜寻；

当 $x \geqslant \epsilon$ 时，接受工作机会。

求职者第 N 次搜寻后得到的工作机会的条件期望收益为：

$$E(f \mid N) = E(x^N \mid N) - cN \tag{3-3}$$

并且，

$$E(f) = \epsilon = E[E(x^N \mid N)] - cE(N) \tag{3-4}$$

而式（3-3）最右侧第一项可表示为：

$$E(x^N \mid N) = E(x^N \mid x^N \geqslant \epsilon, x^{N-1} < \epsilon, \cdots, x^1 < \epsilon) \tag{3-5}$$

式（3-5）表明，只有当 $x^N \geqslant \epsilon$，且以前的所有工作机会报酬都小于 ϵ 时，求职

者才会在第 N 次搜寻后开始接受雇佣,进一步:

$$E(x^N \mid x^N \geqslant \epsilon, x^{N-1} < \epsilon, \cdots, x^1 < \epsilon) = E(x^N \mid x^N \geqslant \epsilon) \quad (3-6)$$

在工作机会报酬皆独立分布的前提下:

$$E(x^N \mid x^N \geqslant \epsilon) = E(x \mid x \geqslant \epsilon) \quad (3-7)$$

而在工作机会报酬以相同概率分布的前提下:

$$E(x \mid x \geqslant \epsilon) = \frac{\int_\epsilon^\infty x\phi(x)\mathrm{d}x}{P(x \geqslant \epsilon)} \quad (3-8)$$

进一步:

$$\epsilon = \frac{\int_\epsilon^\infty x\phi(x)\mathrm{d}x}{P(x \geqslant \epsilon)} - cE(N) \quad (3-9)$$

其中,$E(N)$ 为执行搜寻策略的期望搜寻次数,或者期望等待时间,这一随机变量 N 反映开展搜寻后开始接受雇佣(即达到 $x \geqslant \epsilon$)需要经历的实验次数,这一随机变量满足参数为 $P = P(x \geqslant \epsilon)$ 的几何分布,因此其期望值为:

$$E(N) = 1/P,\ P > 0 \quad (3-10)$$

根据以上分析,可以得出最终实现求职者净收益最大化的条件为:

$$c = \int_\epsilon^\infty (x - \epsilon)\phi(x)\mathrm{d}x = H(\epsilon) \quad (3-11)$$

式(3-11)等号最左边参数 c 的经济学解释为:求职者获取一次工作机会的边际搜寻成本,等号右侧部分反映的是求职者等待另外一个工作机会的期望边际收益,而核心参数 ϵ 反映了能够使求职者的边际搜寻成本和期望边际收益相等的一种工作机会状态。易知 $H(\epsilon)$ 为 ϵ 的一个严格的递减函数,因此对于特定的一个工作搜索成本 c_0,都对应一个唯一的 ϵ_0,如图 3-2 所示。

基于 McCall 构建的理论模型,本书提出互联网普及可以通过以下两方面来影响农村劳动力非农就业过程中的工作搜寻行为。

(1) 信息搜索成本方面

互联网普及减弱了市场各参与主体间的信息不对称性，提高了农民同城市部门的交流频率，并大大降低了沟通成本。各类就业平台的出现，为农民工就业信息搜索提供了诸多便利，使农民工能够在更短的时间内以更低的成本获得更有效的就业信息。首先，如图 3-2 所示，在市场信息不完全的状况下，获取更多有效信息本身对农民工实现工作搜寻的 (ϵ_0, c_0) 目的至关重要。其次，互联网普及能够有效降低农民工获取非农工作的边际搜寻成本，如图 3-3 所示，边际搜寻成本的下降使农民工在劳动力市场上达到了一个更高的 ϵ_1。从某种意义上来看，随着搜寻成本的下降，农民工倾向于在劳动力市场上进行更多的工作搜寻活动，搜寻企业数量的增加也会进一步增大农民工找到更理想和收益更高的工作的概率，从而提高劳动力市场的匹配效率。

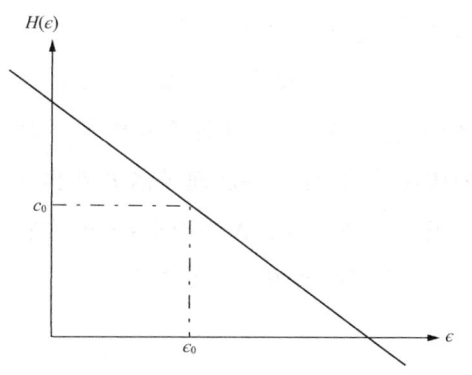

图 3-2　$H(\epsilon)$ 和 ϵ 的变化关系

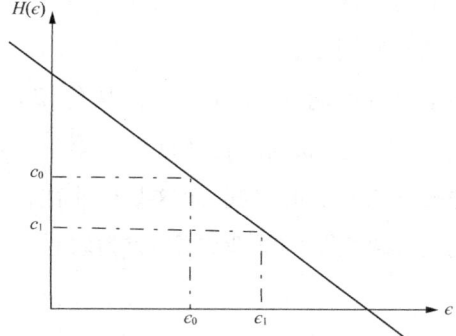

图 3-3　信息成本与农村劳动力非农就业的变化关系

(2) 人力资本和教育培训方面

农村劳动力受教育水平整体较低，在劳动力市场中往往从事着"脏累苦"的工作，但工资水平较低。互联网普及为农民提升其人力资本水平提供了重要的学习平台，使农民实现终身学习和再教育。农村劳动力人力资本水平的提升会改变其工资分布 $[\phi(x)]$，也会提高其预期收入。如图 3-4 所示，互联网教育会使 $H(\epsilon)$ 曲线向右上方移动，在其他条件保持不变情况下，如果农村劳动力面临一个不变的边际搜寻成本 c_0，那么其也会对应一个更高的 ϵ_2。

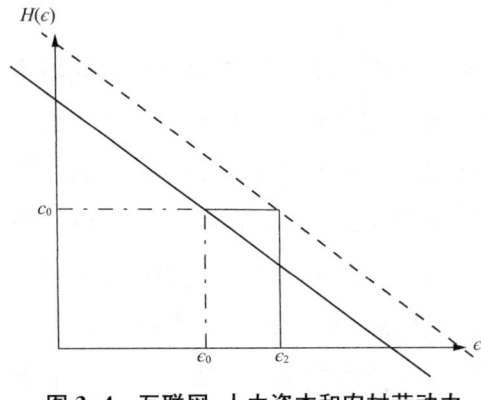

图 3-4 互联网、人力资本和农村劳动力非农就业的变化关系

党的十八大以来,培育农民创业已成为推动农民工非农就业的重要举措。并且,促进农村创业和扶持乡镇企业也有利于农民工实现就近非农就业。然而,由于农民工受教育水平普遍较低,缺乏创业资金,其在创业方面面临众多的不确定性。在传统金融市场,农村金融抑制和流动性约束现象明显,农民往往很难通过传统金融机构获得创业融资,而互联网推动的普惠金融和非正式金融机构能够为农民工提供更多的创业资金。此外,互联网打破了时间和空间的限制,使灵活就业形式更加普遍。在数字时代以前,农民工特别是农村女性劳动力往往需要承担诸多照料家庭的责任,抑或是往往只能全职从事农业生产。互联网使用使农民工的时间更加碎片化,为农民工兼顾农业生产和非农工作提供了更多可能,也促进了女性从传统家庭分工中解放出来,有利于女性灵活就业。另外,互联网的普及推动了第三产业的快速发展,催生并加速了诸如外卖配送等新兴行业的兴起,而这些行业往往对农民工劳动力有巨大的需求,能够为农民工提供大量的就业岗位,成为农村劳动力转移的强大牵引力(图 3-5)。

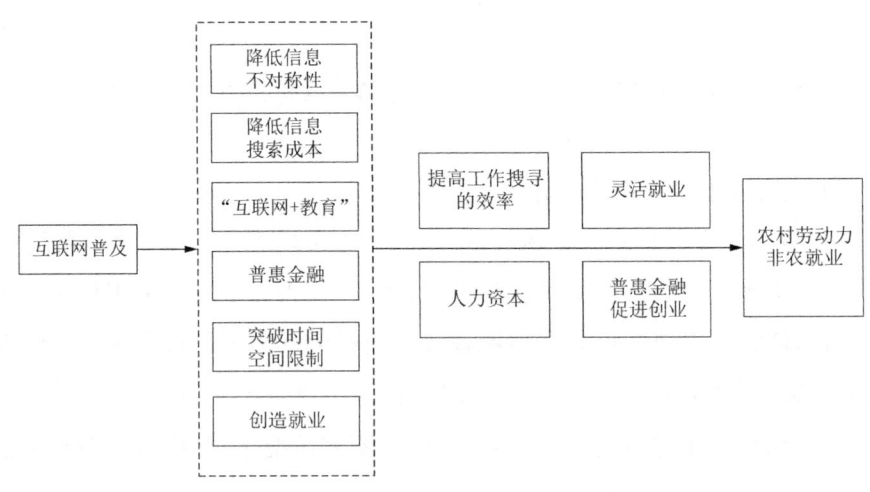

图 3-5 互联网普及和农村劳动力非农就业的关系

3.1.4 互联网普及和转移劳动力的心理成本

心理成本已成为影响农村劳动力转移及农民工市民化的重要因素。一方面,农民工在城市中往往从事"脏累苦"和危险的工作,而他们的收入水平与城市人群差距较大。长期以来,严格的户籍管理制度使转移到城市的农民工难以与城市居民享受平等的社会保障和公共基础服务,因而农民工往往面临着巨大的身心压力。另一方面,转移到城市的农民工往往处于"漂移"状态,其迁移属于"候鸟式",农民工无法割断其与农村的联系,与留守在农村的父母、子女之间需要忍受亲人不能相聚的相思之苦。并且,很多年轻农民工与其配偶还过着"牛郎织女"般的生活,而由于地域、文化差异,农民工在城市中往往也面临着融入社会的困难,缺乏社会认同和感情支持,这都给农村劳动力转移带来了巨大的心理成本。

互联网普及为降低农村劳动力转移过程中的心理成本提供了新的解决途径。互联网的普及促进了远程通信,借助微信、QQ等即时通信工具,农民工可以随时随地同异地亲人互动,加强了转移劳动力同其农村亲属的情感交流。农民工也可以借助互联网平台更好地融入城市生活,而提供社会支持也是互联网的一项重要功能。通常来说,各类互联网平台和社交软件(如脸书和微信)都能够根据用户的信息将具有相似兴趣爱好和社会经历的人匹配到一起,这能够使人们很容易找到与自己有相似经历或遇到相类似问题的人群,从而大大拓展个人的社会网络。例如,Luppicini 和 Saleh[231]通过对沙特阿拉伯离婚女性的分析发现,在面临社会、心理、经济和法律挑战时,互联网能够为离婚女性提供有效的社会支持。同理,当农民工在社会融合过程中陷入困境时,互联网能够为农民工提供一定的脱困途径与建议,加强对农民工的情感支持。并且,互联网还可以提供强大的娱乐休闲功能,使农民工在工作闲暇时可以借助互联网放松身心,有效减轻融入城市部门的心理负担,增强城市归属感和幸福感(图 3-6)。

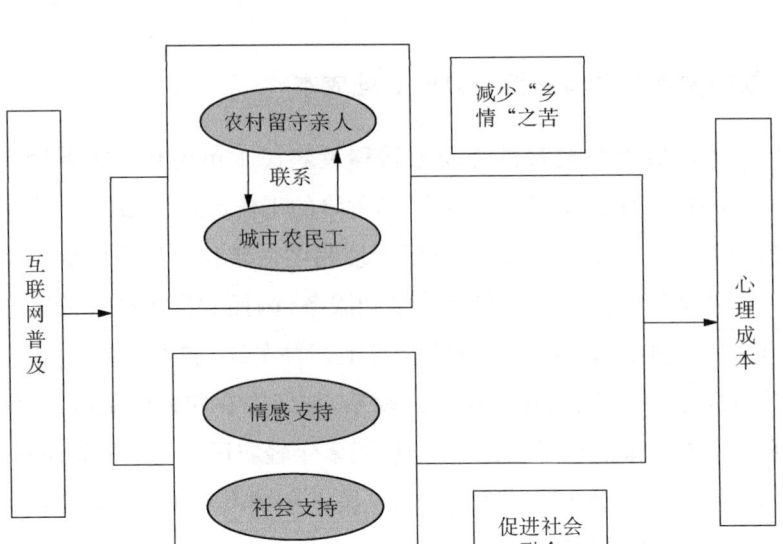

图 3-6　互联网普及和转移劳动力的心理成本的关系

3.1.5　互联网普及与城市管理效率和供给能力

城市自身的管理效率和供给能力也是影响农村劳动力转移的重要因素,而互联网为解决"城市病",促进城市管理工作高效、人性化提供了更多可能。当前,互联网技术推动的智慧城市建设已经成为各国城市规划的重要组成部分,随着微信、滴滴打车和共享单车等手机 App 出现,城镇居民的生活方式得到了极大的丰富。多年以来,中国城镇化进程中,交通拥挤和环境污染等"城市病"成为困扰城市发展的重要难题,而互联网的发展能够促进城市布局和资源布置更加合理,并带动中小城市的发展,扩大城市服务的辐射范围,增强城市自身的供给和承载能力。

在城乡"二元"经济结构背景下,农村居民在融入城市的过程中,面临着子女上学、就医、就业和享受公共服务等方面的诸多难题,而互联网的普及带动了数字化办公发展,促进了城市政府等公共服务部门的工作效率提升。"电子政务"的出现极大地降低了政府同公众间的信息不对称性,有利于城市中农民工等边缘群体积极参与社会互动,也有利于增强政府的回应性,从而推动城市基础设施和公共服务更加人性化和包容,成为以人为本的新型"智慧城市"建设的重要引擎(以上分析如图 3-7 所示)。

第3章 互联网普及对城乡收入差距影响的理论分析

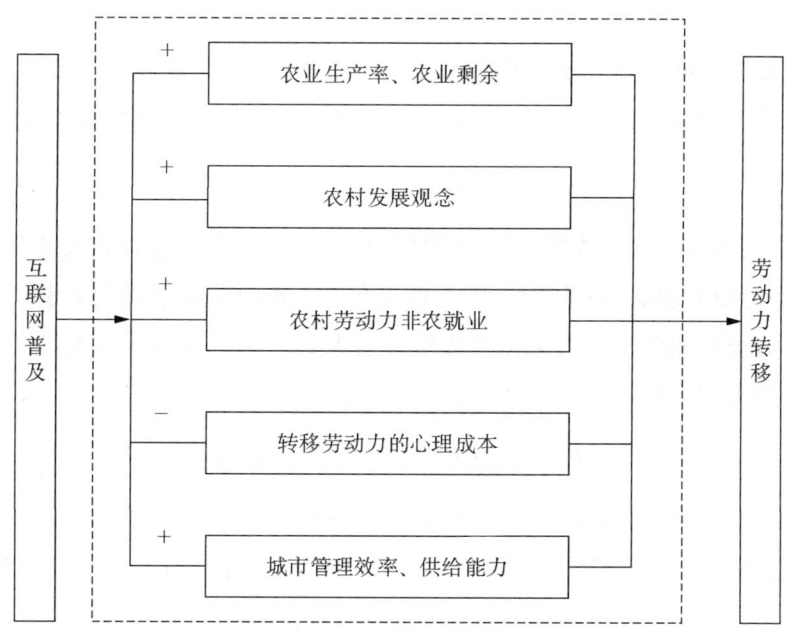

图 3-7 互联网普及和农业、农村劳动力转移的关系

3.2 互联网普及、劳动力转移和城乡收入差距：理论模型构建

基于经典的 C-D 生产函数模型，本书构建了一个涉及互联网普及因素的城乡"二元"经济结构数理模型，分析互联网普及和中国城乡收入差距的关系。为了推导简单化，本书借鉴刘晓光、张勋和方文全[196]，盖庆恩、朱喜和史清华[232]的做法，采取尽量简单化的模型构建方法。例如，在生产函数构建中，非农业部门生产函数不考虑技术进步因素（即模型中不设置全要素生产率系数 A），农业部门生产函数也不考虑技术进步因素，且假设只投入劳动这一种生产要素。

基于中国特殊的城乡"二元"经济结构，假设经济系统仅存在两个部门——农业部门（农村）r 和非农业部门（城市）u，两部门投入的劳动力数量分别为 L_r 和 L_u，总劳动力数量为 $L = L_r + L_u$，非农部门通过雇用 L_u 单位的劳动力和 K 单位的资本进行生产，生产函数表示为：

043

$$Y_u = K^a L_u^{1-a} \quad (3\text{-}12)$$

其中，Y 表示产出，a 为非农业部门的资本产出弹性，且 $0 < a < 1$。同时，不失一般性，假设农业部门仅雇用 $L_r = L - L_u$ 单位劳动力进行生产，则有：

$$Y_r = L_r^\beta = (L - L_u)^\beta \quad (3\text{-}13)$$

其中，β 是农业部门的劳动产出弹性，且 $0 < \beta < 1$。随着非农业部门尤其是现代服务业的发展，农业部门剩余劳动人口不断向非农业部门转移。为了便于分析，假设初期两部门的劳动力数量分别为 L_{r0} 和 L_{u0}，总劳动人口 L 恒定不变，则农业部门向非农业部门转移的人口为：

$$L'' = L_{r0} g(.) = (L - L_{u0}) g(.) \quad (3\text{-}14)$$

其中，$g(.)$ 为农业部门劳动力向非农业部门转移程度函数，且 $0 < g(.) < 1$。因此，非农业部门劳动人口和农业部门劳动人口可分别进一步表示为：

$$L_u = L_{u0} + (L - L_{u0}) g(.) \quad (3\text{-}15)$$

$$L_r = (L - L_{u0}) - (L - L_{u0}) g(.) = (L - L_{u0})[1 - g(.)] \quad (3\text{-}16)$$

假设 $g(.)$ 是农业生产率、农民开放发展观念、农村劳动力非农就业成本、转移劳动力的心理成本及城市管理和供给能力的函数，可以得到：

$$g(.) = F(P, D, F, H, M) \quad (3\text{-}17)$$

其中，P，D，F，H 和 M 分别代表农业生产率、农民开放发展观念、农村劳动力非农就业成本、转移劳动力的心理成本及城市管理和供给能力。按照一般逻辑，$g(.)$ 随着农业生产率、农民开放发展观念及城市管理和供给能力的提高而增大，随着农村劳动力非农就业成本和转移劳动力的心理成本的增加而减小，即：

$$\frac{\partial g(.)}{\partial P} > 0, \quad \frac{\partial g(.)}{\partial D} > 0, \quad \frac{\partial g(.)}{\partial F} < 0, \quad \frac{\partial g(.)}{\partial H} < 0, \quad \frac{\partial g(.)}{\partial M} > 0 \quad (3\text{-}18)$$

按照前文的论述，互联网普及有利于提高农业生产率，增强农民开放发展观念，降低农民工求职的信息搜索成本和融入城市的心理成本，改善城市的管理和供给能力，即：$P = P(Internet)$，$D = D(Internet)$，$F = F(Internet)$，$H = $

$H(Internet)$ 和 $M=M(Internet)$。且：

$$\frac{\partial P}{\partial Internet}>0, \frac{\partial D}{\partial Internet}>0, \frac{\partial F}{\partial Internet}<0, \frac{\partial H}{\partial Internet}<0, \frac{\partial M}{\partial Internet}>0$$
(3-19)

其中，$Internet$ 为互联网普及率(用来反映互联网发展状况)，由式(3-18)和式(3-19)可得：

$$g'(.)=\frac{\partial g(.)}{\partial Internet}>0 \qquad (3-20)$$

在完全竞争的假设前提下，非农业部门和农业部门劳动力的收入等于其劳动的边际收益，即：

$$W_u=\frac{\partial Y_u}{\partial L_u}=(1-a)K^a L_u^{-a}=(1-a)K^a[L_{u0}+(L-L_{u0})g(.)]^{-a}$$
(3-21)

$$W_r=\frac{\partial Y_r}{\partial L_r}=\beta(L-L_u)^{\beta-1}=\beta(L-L_{u0})^{\beta-1}[1-g(.)]^{\beta-1} \qquad (3-22)$$

根据式(3-21)、式(3-22)，城乡收入差距(Gap)可表示为：

$$Gap=\frac{W_u}{W_r}=\frac{(1-a)K^a[L_{u0}+(L-L_{u0})g(.)]^{-a}}{\beta(L-L_{u0})^{\beta-1}[1-g(.)]^{\beta-1}} \qquad (3-23)$$

对城乡收入差距求互联网普及率的导数，则：

$$\frac{\partial Gag}{\partial Internet}=\frac{(1-a)K^a}{\beta(L-L_{u0})^{\beta-1}} \cdot \{-a(L-L_{u0})[L_{u0}+(L-L_{u0})g(.)]^{-a-1}$$
$$[1-g(.)]^{\beta-1}g'(.)+(\beta-1)[L_{u0}+(L-L_{u0})g(.)]^{-a}$$
$$[1-g(.)]^{\beta-2}g'(.)\}\big/[1-g(.)]^{2(\beta-1)} \qquad (3-24)$$

式(3-24)中，第一项大于0。因为 $0<a<1, 0<\beta<1, 1>g(.)>0$，$g'(.)>0$，所以第二项小于0，则有：

$$\frac{\partial Gap}{\partial Internet}<0 \qquad (3-25)$$

因此,根据式(3-25),互联网普及率和城乡收入差距成负相关关系,即在其他条件不变的情况下,互联网普及程度越高,城乡收入差距越小。

对城乡收入差距求劳动力转移程度的导数,则:

$$\frac{\partial Gag}{\partial g(.)} = \frac{(1-a)K^a}{\beta(L-L_{u0})^{\beta-1}} \cdot \{-a(L-L_{u0})[L_{u0}+(L-L_{u0})g(.)]^{-a-1}$$

$$[1-g(.)]^{\beta-1} + (\beta-1)[L_{u0}+(L-L_{u0})g(.)]^{-a}$$

$$[1-g(.)]^{\beta-2}\} / [1-g(.)]^{2(\beta-1)} \tag{3-26}$$

式(3-26)中,第一项大于0。因为 $0<a<1,0<\beta<1,1>g(.)>0$,所以第二项小于0,则有:

$$\frac{\partial Gag}{\partial g(.)} < 0 \tag{3-27}$$

根据式(3-27)可知,劳动力转移与城乡收入差距成负相关关系。因此,结合以上分析可以得出以下三点结论:

结论1:互联网普及有利于缩小城乡收入差距。

结论2:互联网普及有利于促进农村、农业劳动力转移。

结论3:互联网普及可以通过促进农村、农业劳动力转移缩小城乡收入差距。

消费是经济发展的最终目的,缩小城乡收入差距在一定意义上也是为了缩小城乡居民的消费差距,从而达到共同富裕的目的。因此,可以进一步考察互联网普及对城乡居民消费差距的影响。假设家庭在两个时期进行消费,第一时期获得收入,第二时期没有收入,家庭没有任何形式的遗产,也不会产生债务。家庭在第一时期和第二时期的消费分别为 C_1 和 C_2,则两部门家庭的跨期预算约束分别为:

$$C_{u1} + \frac{C_{u2}}{1+r_u} = W_u \tag{3-28}$$

$$C_{r1} + \frac{C_{r2}}{1+r_r} = W_r \tag{3-29}$$

其中，r_u 和 r_r 分别为城市和农村部门的利率水平。根据生命周期理论，家庭消费等于其持久收入，则非农业部门和农业部门家庭在第一期的消费和收入的关系分别为：

$$C_{u1} = k(r_u)W_u \qquad (3-30)$$

$$C_{r1} = k(r_r)W_r \qquad (3-31)$$

根据式(3-28)、式(3-29)、式(3-30)和式(3-31)，城乡居民消费差距(Cg)可表示为：

$$Cg = \frac{C_{u1}}{C_{r1}} = \frac{k(r_u)W_u}{k(r_r)W_r} = \frac{k(r_u)(1-a)K^a[L_{u0}+(L-L_{u0})g(.)]^{-a}}{k(r_r)\beta(L-L_{u0})^{\beta-1}[1-g(.)]^{\beta-1}} \qquad (3-32)$$

对城乡居民消费差距求互联网普及率的导数，则：

$$\frac{\partial Cg}{\partial Internet} = \frac{k(r_u)}{k(r_r)} \frac{\partial Gag}{\partial Internet} < 0 \qquad (3-33)$$

因此，互联网普及率和城乡居民消费差距成负相关关系，即在其他条件不变的情况下，互联网普及程度越高，城乡居民消费差距越小。

3.3 本章小结

本章从理论上厘清了互联网普及和中国城乡收入差距之间的关系，以及这一联系的内在机制。首先，本章从农业生产率、农村发展观念、农村劳动力非农就业、转移劳动力的心理成本及城市管理效率和供给能力等方面论述了互联网普及对城乡劳动力转移的影响。其次，本章通过构建涉及互联网普及因素的城乡"二元"经济结构数理模型，从理论上证实互联网普及可以缩小中国城乡收入差距，并且互联网普及能够通过促进劳动力转移来缩小城乡收入差距。

第4章 互联网普及对城乡收入差距影响的实证研究[①]

---

① 本章节部分观点和内容已发表于学术期刊,参见:程名望,张家平.互联网普及与城乡收入差距:理论与实证[J].中国农村经济,2019(2):19-41.

通过第3章的理论分析,本书认为,互联网普及有助于缩小中国城乡收入差距,从而改善收入分配现状。并且,互联网普及有助于促进农村、农业劳动力转移,进而通过劳动力资源的优化配置间接缩小城乡收入差距。为验证通过理论推导得出的结论,本书第4章和第5章将采用计量经济学方法从宏观和微观双重视角来考察互联网普及对中国城乡收入差距的作用效果及影响机制。

4.1　中国城乡收入差距和互联网发展:特征事实

4.1.1　中国城乡收入差距的历史变化轨迹

1. 城乡收入的总体差距状况

改革开放以来,中国城乡居民收入水平显著提高,如图4-1所示,城镇居民人均可支配收入和农村人均纯收入分别由1978年的343.4元和133.6元增长到2018年的39 250.8元和14 617.0元,年均增速分别为12.58%和12.45%。可以看出,中国改革开放所带来的经济效益已经惠及亿万大众,充分体现了坚持改革开放对中国社会主义现代化建设和实现共同富裕的重要意义。

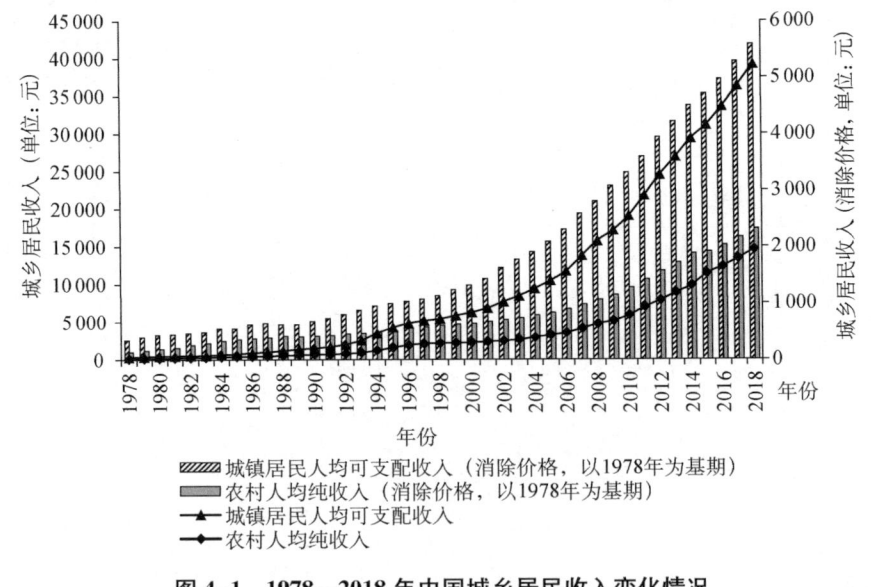

图4-1　1978—2018年中国城乡居民收入变化情况

数据来源:根据中国国家统计局资料计算得出,2015—2018年农村人均纯收入按人均可支配收入计算。

根据城乡居民收入数据,分别按照泰尔指数和比值法计算得到 1978—2018 年中国城乡收入差距,此期间中国城乡收入差距的变化趋势如图 4-2 所示。可以看出,1978—2018 年,中国城乡收入差距处于持续的波动变化中,但无论是采取泰尔指数还是比值法计算,1978—2018 年中国城乡收入差距都表现出大致相似的变化趋势。并且,总体来看,剔除价格因素后的城乡收入差距要略小于未剔除价格因素的城乡收入差距。根据未剔除价格因素的城乡收入差距变化趋势,中国城乡收入差距大致经历了 5 个变化阶段。

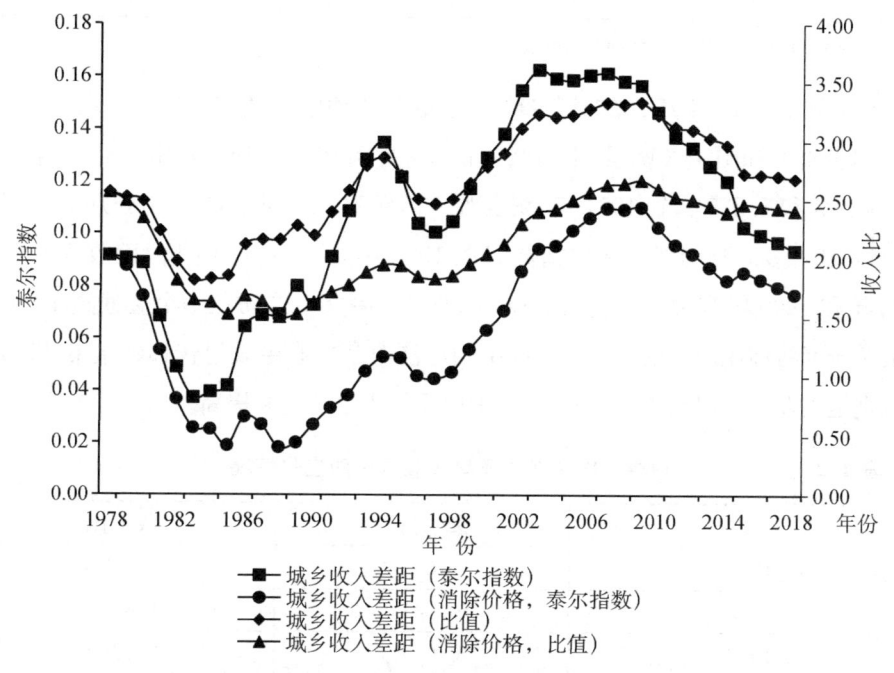

图 4-2　1978—2018 年中国城乡收入差距的变化趋势

数据来源:根据中国国家统计局资料整理。

(1) 1978—1983 年:中国城乡收入差距持续缩小

如表 4-1 和图 4-2 所示,1978—1983 年中国城乡收入差距的泰尔指数和收入比分别由 1978 年的 0.091 4 和 2.570 4 下降到 1983 年的 0.037 1 和 1.822 5。中共十一届三中全会后,家庭联产承包责任制的实施使中国广大农村的生产力水平不断提高,农民结束了"干多干少一个样,干好干坏一个样"的劳动模式,生产积极性被大幅度调动起来,农村面貌焕然一新,农民收入水平持续提升。

表 4-1　　　　　1978—1983 年中国城乡收入差距变化情况

年份	泰尔指数	收入比
1978	0.091 4	2.570 4
1979	0.090 3	2.528 1
1980	0.088 5	2.496 6
1981	0.068 2	2.239 9
1982	0.048 7	1.981 9
1983	0.037 1	1.822 5

数据来源：根据中国国家统计局资料整理。

(2) 1984—1994 年：中国城乡收入差距在波动中持续扩大

如表 4-2 和图 4-2 所示，中国城乡收入差距泰尔指数和收入比在 1984 年分别为 0.039 3 和 1.835 4，到 1994 年，城乡收入差距泰尔指数和收入比分别上升到了 0.134 8 和 2.863 4。其间，泰尔指数只在 1990 年有过短暂的下降，而收入比仅在 1988 年和 1990 年有过小幅度的下降。1984 年，中共十二届三中全会通过了《中共中央关于经济体制改革的决定》，自此中国经济改革中心由农村转移到城市，城市部门特别是工业部门得到了快速发展，城镇居民收入水平不断提高。

表 4-2　　　　　1984—1994 年中国城乡收入差距变化情况

年份	泰尔指数	收入比
1984	0.039 3	1.835 4
1985	0.041 7	1.858 9
1986	0.064 3	2.125 8
1987	0.068 6	2.166 2
1988	0.069 0	2.165 9
1989	0.079 9	2.284 1
1990	0.072 6	2.200 5
1991	0.091 0	2.399 9
1992	0.108 4	2.584 9
1993	0.128 3	2.796 7
1994	0.134 8	2.863 4

数据来源：根据中国国家统计局资料整理。

(3) 1995—1997年:中国城乡收入差距短暂缩小

如图4-2和表4-3所示,1994年后中国城乡收入差距开始缩小,直至1997年。中共十四届三中全会提出要建立现代企业制度,自此国有企业的制度创新不断深化。20世纪90年代中期,随着国有企业改革,大量国企员工下岗,对城镇居民收入增长造成了一定的负面影响。而这一阶段,农村地区乡镇企业的发展有效带动了农村经济发展和农民非农就业,促进了农民增收致富。

表4-3　　　　　1995—1997年中国城乡收入差距变化情况

年份	泰尔指数	收入比
1995	0.121 5	2.714 7
1996	0.103 8	2.512 3
1997	0.100 4	2.468 9

数据来源:根据中国国家统计局资料整理。

(4) 1998—2003年:中国城乡收入差距出现大幅扩大

如图4-2和表4-4所示,1998—2003年,中国城乡收入差距持续扩大,泰尔指数在2003年达到历史最高点。1997年亚洲金融危机后,中国出口规模缩减,加之农产品持续丰收,出现了国内物价连续下跌的持续通货紧缩现象,对农民收入增长产生了抑制效应。

表4-4　　　　　1998—2003年中国城乡收入差距变化情况

年份	泰尔指数	收入比
1998	0.104 4	2.509 3
1999	0.117 0	2.648 5
2000	0.129 0	2.786 9
2001	0.138 0	2.898 7
2002	0.154 5	3.111 5
2003	0.162 4	3.231 0

数据来源:根据中国国家统计局资料整理。

(5) 2004—2018年:中国城乡收入差距在波动中持续缩小

如图4-2和表4-5所示,2004—2018年,城乡收入差距在保持小范围波动的态势下呈缩小趋势。2004年以来,中国政府高度重视"三农"问题,特别是农民增收问题,出台了农业税减免、种粮补贴、新农合、新农保等一系列支农惠农政策,对农户增收和城乡收入差距缩小起到了促进作用。特别是2013年以来,政府不断加大对农村的投资力度,实施精准扶贫政策和乡村振兴战略,大幅度减少了农村地区贫困人口,有效降低了农村贫困发生率。

表4-5   2004—2018年中国城乡收入差距变化情况

年份	泰尔指数	收入比
2004	0.159 1	3.208 6
2005	0.158 5	3.223 8
2006	0.160 3	3.278 4
2007	0.161 2	3.329 6
2008	0.158 0	3.314 9
2009	0.156 5	3.332 8
2010	0.146 2	3.228 5
2011	0.136 8	3.125 8
2012	0.132 7	3.102 9
2013	0.125 7	3.030 1
2014	0.119 9	2.970 2
2015	0.102 3	2.731 2
2016	0.099 4	2.719 0
2017	0.096 7	2.709 6
2018	0.093 4	2.685 3

数据来源:根据中国国家统计局资料整理。

2. 城乡居民间的结构性收入差距状况

表4-6列出了2000—2018年城乡居民各类收入在总收入中的占比情况,可以看出:城镇居民工资性收入占比在此期间总体处于减小趋势,由2000年的71.17%减小至2018年的60.62%。城镇居民家庭经营收入占比在此期间呈增大趋势,由2000年的3.91%增大至2018年的11.32%。城镇居民财产性收入占比在2012年以前较小且变化不大,2012年后大幅增加,主要原因在于新统计

口径下将城镇自有住房租金也计入财产性收入[169]。城镇居民转移性收入比重在此期间有所减小,由2000年的22.88%减小至2018年的17.80%。对于农村居民,工资性收入占比由2000年的31.17%增大至2018年的41.02%,家庭经营性收入占比由2000年的63.34%减小至2018年的36.66%,而财产性收入占比在此期间变化不大,约占2%~3%。农村居民转移性收入占比在此期间(特别是2012年以后)呈增大趋势,主要在于新统计口径下将农民工打工寄回收入也划为转移性收入[169]。

表4-6　　2000—2018年中国城乡居民各类收入占总收入比重

年份	城镇居民				农村居民			
	工资性收入	家庭经营收入	财产性收入	转移性收入	工资性收入	家庭经营收入	财产性收入	转移性收入
2000	71.17%	3.91%	2.04%	22.88%	31.17%	63.34%	2.00%	3.50%
2001	69.93%	3.97%	1.95%	24.16%	32.62%	61.68%	1.99%	3.71%
2002	70.19%	4.06%	1.25%	24.50%	33.94%	60.05%	2.05%	3.97%
2003	70.74%	4.46%	1.49%	23.31%	35.02%	58.78%	2.51%	3.69%
2004	70.62%	4.88%	1.59%	22.91%	34.00%	59.45%	2.61%	3.93%
2005	68.88%	6.00%	1.70%	23.41%	36.08%	56.67%	2.72%	4.53%
2006	68.93%	6.37%	1.92%	22.79%	38.33%	53.83%	2.80%	5.04%
2007	68.65%	6.31%	2.34%	22.70%	38.55%	52.98%	3.10%	5.37%
2008	66.20%	8.52%	2.27%	23.02%	38.94%	51.16%	3.11%	6.79%
2009	65.66%	8.11%	2.29%	23.94%	40.00%	49.03%	3.24%	7.72%
2010	65.17%	8.15%	2.47%	24.21%	41.07%	47.86%	3.42%	7.65%
2011	64.27%	9.22%	2.71%	23.81%	42.47%	46.18%	3.28%	8.07%
2012	64.30%	9.45%	2.62%	23.62%	43.55%	44.63%	3.15%	8.67%
2013	62.78%	11.24%	9.64%	16.33%	38.73%	41.72%	2.07%	17.47%
2014	62.19%	11.37%	9.75%	16.70%	39.59%	40.40%	2.12%	17.90%
2015	61.99%	11.14%	9.75%	17.12%	40.27%	39.43%	2.21%	18.09%
2016	61.47%	11.21%	9.73%	17.58%	40.62%	38.35%	2.20%	18.83%
2017	61.00%	11.17%	9.91%	17.92%	40.93%	37.43%	2.26%	19.38%
2018	60.62%	11.32%	10.26%	17.80%	41.02%	36.66%	2.34%	19.98%

数据来源:根据中国国家统计局资料整理。

图 4-3 展示了 2000—2018 年城乡居民工资性收入差距、家庭经营性收入差距、财产性收入差距和转移性收入差距的变化趋势,可以看出:城乡居民工资性收入差距、转移性收入差距在此期间呈缩小趋势,特别是转移性收入差距,充分反映出 21 世纪以来中国政府在促进城乡居民公共福利均等化方面作出了极大的努力。然而,中国城乡居民财产性收入差距和家庭经营性收入差距在此期间都呈扩大趋势,特别是城乡财产性收入差距。需要说明的是,城镇居民家庭经营性收入占其总收入比重很小,因此该收入差距比在 2000—2018 年期间一直小于 1。

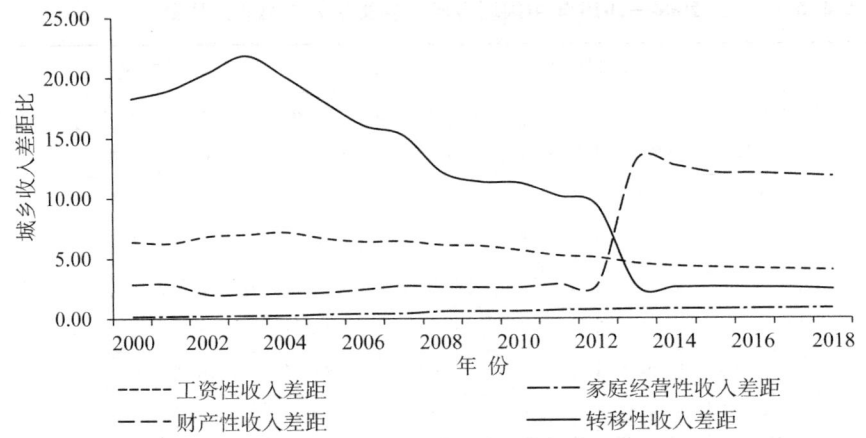

图 4-3 2000—2018 年中国城乡居民各类收入差距的变化趋势

数据来源:根据中国国家统计局资料整理。

3. 区域城乡收入差距的状况

图 4-4 展示了 2001—2018 年中国东部、中部和西部三大地区城乡收入差距的情况[①],可以看出,三大地区城乡收入差距都在保持小范围波动的态势下呈缩小趋势。相比较而言(根据泰尔指数),三大地区中,东部地区城乡收入差距最小,西部地区城乡收入差距最大。就泰尔指数的变化趋势来看,东部地区

---

① 根据国家统计局公布信息,将 31 个省、自治区、直辖市(不包括香港特别行政区、澳门特别行政区和台湾省)划分为东部、中部和西部三大地区,东部地区包括:北京市、天津市、河北省、辽宁省、上海市、江苏省、浙江省、福建省、山东省、广东省和海南省;中部地区包括:山西省、吉林省、黑龙江省、安徽省、江西省、河南省、湖北省和湖南省;西部地区包括:内蒙古自治区、广西壮族自治区、重庆市、四川省、贵州省、云南省、西藏自治区、陕西省、甘肃省、青海省、宁夏回族自治区和新疆维吾尔自治区。

泰尔指数由 2001 年的 0.106 下降到 2018 年的 0.068 8;中部地区泰尔指数由 2001 年的 0.114 8 下降到 2018 年的 0.079 2;西部地区泰尔指数由 2001 年的 0.194 2 下降到 2018 年的 0.114。

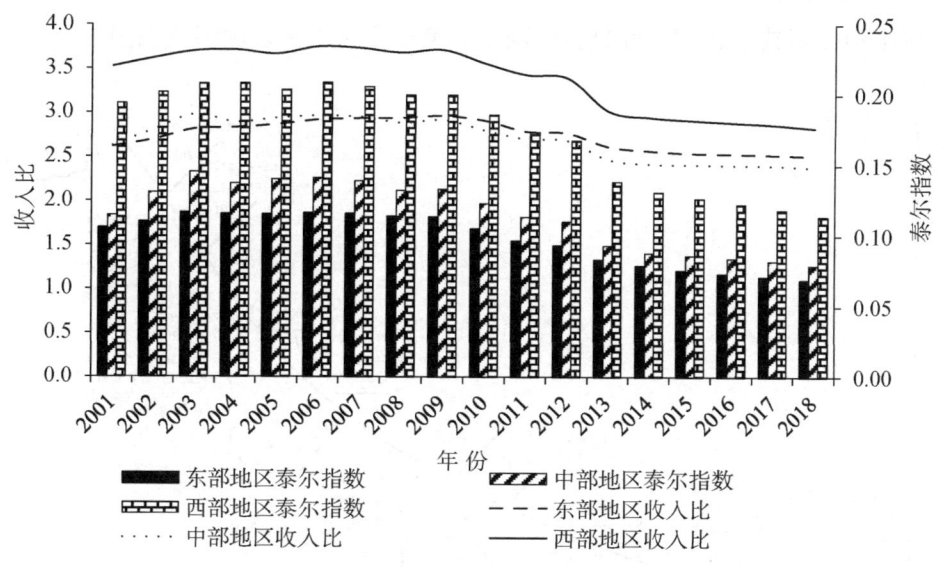

图 4-4　2001—2018 年中国三大地区城乡收入差距变化趋势

数据来源:根据中国国家统计局和《中国统计年鉴》资料整理。

4.1.2　中国互联网的发展状况

中国自 20 世纪 90 年代引入互联网以来,大致经历四个发展阶段(图 4-5)。第一阶段为 1994—1996 年,这一阶段是互联网在中国的萌芽阶段,互联网主要被政府和科研机构用作辅助工具,公众对互联网的认知很少。第二阶段为 1996—2000 年,这一阶段为中国互联网的成长期,大量中国当今的互联网"明星企业"诞生,如腾讯、京东、阿里巴巴和百度,互联网开始被普通大众所认识和接受,逐渐走向公众视野,并促进了商业模式的转变。第三阶段为 2001—2012 年,这一阶段为中国互联网的发展期,中国拥有了一定规模的网民群体,互联网商业进一步发展,互联网和电子商务相关制度更加完善。除搜索功能外,社交成为互联网的一个重要功能,特别是随着社交媒体的兴起,互联网的社交功能和对用户的吸引力大大增强。第四阶段为2013年至今,这一阶段为中国互联网的繁荣期,移动互联网快速发展,互联网商业模式更加成熟,政府层面持续加大互联网方面的投资,信息化基础设施更加完善,互联网已和中国居民的生产、生活密切联系,共享经济、智慧城市、万物互联、大数据、区块链和人工智能等一系列由互联网推动的新技术、新概念出现,中国正逐渐由网络大国迈向网络强国。

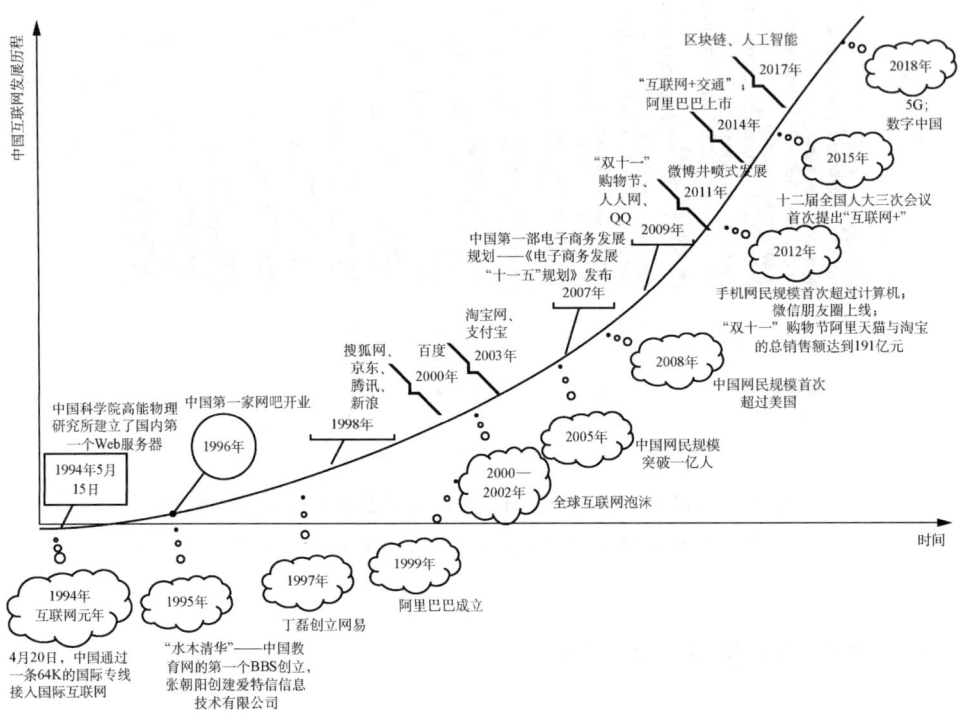

图4-5 中国互联网发展历程(1994—2018年)

资料来源:根据百度百科和知乎平台资料整理。

网民规模和互联网普及率的变化趋势是中国互联网发展的一个缩影。如图4-6所示,在2000年以前,中国网民规模小,互联网普及率较低。2000年以后,中国网民规模呈现井喷式增长,从2005年网民规模突破1亿人到2008年网民规模超过美国仅历时3年。在1997—2019年期间,中国网民规模由62万人增长到9.04亿人,年均增速39%。相应地,互联网普及率由0.05%增长到65%,近三分之二的中国公民成为网民。

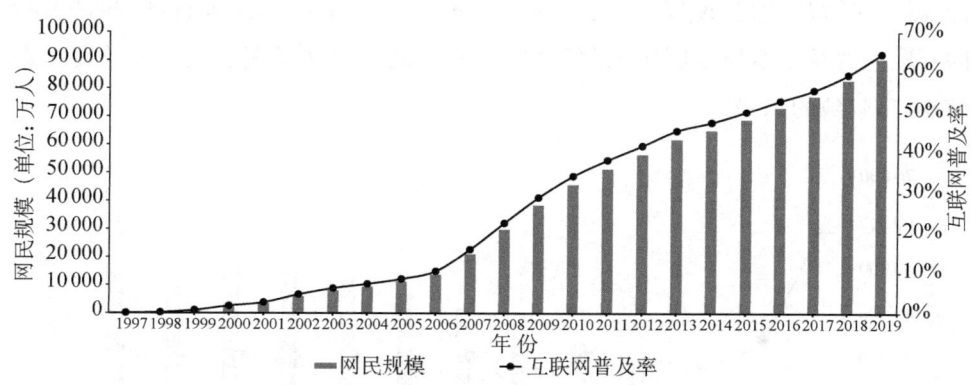

图 4-6　1997—2019 年中国网民规模和互联网普及率

数据来源：根据中国国家统计局资料整理。

就互联网发展的城乡差异来看：在规模上，2006 年农村网民规模为 2 311 万人[①]，2018 年增加到 22 200 万人，年均增速为 20.75％；2006 年城镇网民规模为 11 389 万人，2018 年增加到 60 700 万人，年均增速为 14.96％（图 4-7）。在互联网普及率上，2006 年农村互联网普及率为 3.16％，2018 年增加到 38.4％，年均增速为 23.14％；2006 年城镇互联网普及率为 19.54％，2018 年增加到 74.6％，年均增速为 11.81％（图 4-8）。由此可见，一方面，2006—2018 年期间中国农村和城镇网民规模、互联网普及率的差距均逐步缩小，呈收敛趋势；另一方面，城乡居民之间的数字鸿沟仍然很大，2018 年城镇的互联网普及率仍然是农村互联网普及率的两倍左右。

进一步，表 4-7 列出了 2001—2018 年中国各省份互联网普及率情况，从中可以看出：①中国各省份互联网普及率有明显差异，总体来看东部省份高于中西部省份。例如，2001 年互联网普及率排名全国前四位的为北京市、上海市、天津市和江苏省，均为东部省份，排名后四位的分别为内蒙古自治区、青海省、西藏自治区和贵州省，均为西部省份；2018 年互联网普及率排名前四位的仍然皆为东部省份（北京市、上海市、广东省和福建省），排名后四位的为中西部省份（河南省、西藏自治区、甘肃省和云南省）。②21 世纪以来，中国各省份互联网普及率

---

① 数据源于中国互联网络信息中心，2006 年以前农村网民规模的数据缺失，故从 2006 年开始比较。

都保持了较快的增长速度,年均增速均超过10%。不过总体来看,中西部省份的互联网普及率增长速度比东部省份快,反映地区间互联网普及率的差距不断缩小,呈收敛的趋势。

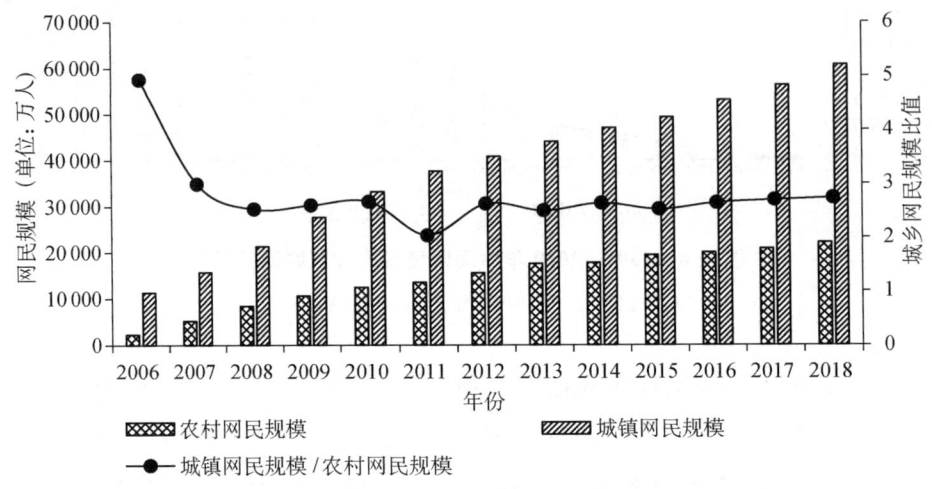

图 4-7　2006—2018 年城乡网民规模差异

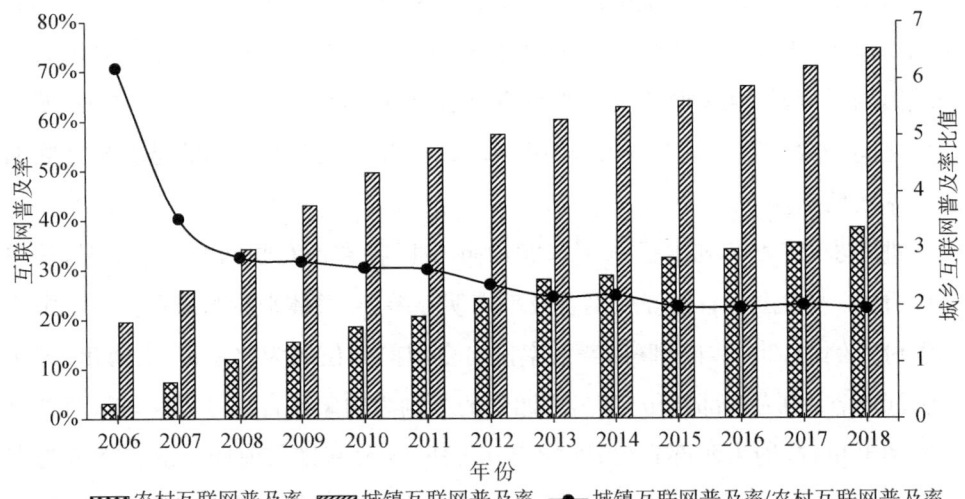

图 4-8　2006—2018 年城乡互联网普及率差异

表 4-7　　　　　　　2001—2018 年中国各省份互联网普及率

省份	2001 年	2004 年	2007 年	2010 年	2013 年	2016 年	2018 年	年均增长率
北京市	15.3%	26.9%	44.0%	62.1%	73.6%	77.8%	80%	10.2%
天津市	7.2%	18.8%	25.7%	49.9%	58.8%	64.0%	67%	14.0%
河北省	2.4%	5.7%	11.0%	30.5%	46.2%	53.0%	56%	20.4%
山西省	1.7%	6.3%	15.8%	35.0%	48.3%	55.3%	57%	22.9%
内蒙古自治区	0.7%	3.9%	13.3%	30.2%	43.8%	52.0%	54%	28.7%
辽宁省	5.2%	7.6%	18.2%	43.8%	55.9%	62.6%	63%	15.8%
吉林省	3.3%	6.6%	15.9%	32.1%	42.3%	51.3%	55%	17.9%
黑龙江省	2.4%	7.3%	12.4%	29.4%	39.5%	48.3%	52%	19.9%
上海市	11.8%	24.0%	40.2%	53.8%	69.7%	74.0%	75%	11.5%
江苏省	5.6%	8.8%	22.8%	42.0%	51.6%	56.4%	58%	14.8%
浙江省	4.9%	10.8%	29.3%	51.1%	60.6%	65.0%	65%	16.4%
安徽省	1.1%	3.9%	9.6%	23.4%	35.7%	43.9%	50%	25.0%
福建省	5.1%	9.2%	24.0%	50.0%	63.6%	69.1%	69%	16.5%
江西省	1.6%	3.6%	11.7%	21.3%	32.5%	44.3%	51%	22.7%
山东省	2.9%	9.2%	13.4%	34.8%	44.5%	52.3%	57%	19.2%
河南省	2.0%	3.1%	10.2%	25.7%	34.9%	43.1%	48%	20.7%
湖北省	1.8%	7.5%	12.4%	33.2%	43.0%	51.1%	57%	22.6%
湖南省	2.0%	4.7%	10.9%	26.6%	36.0%	44.2%	50%	20.8%
广东省	5.1%	13.0%	34.6%	51.0%	65.7%	73.0%	74%	17.1%
广西壮族自治区	1.4%	5.8%	11.7%	26.6%	37.6%	45.7%	50%	23.3%
海南省	2.8%	5.7%	17.0%	34.9%	45.9%	51.3%	51%	18.6%
重庆市	1.1%	6.5%	12.6%	34.3%	43.5%	51.0%	55%	26.2%
四川省	1.5%	6.5%	10.0%	24.8%	35.0%	43.3%	48%	22.7%
贵州省	0.5%	2.5%	6.2%	21.6%	32.7%	42.9%	49%	31.5%
云南省	1.7%	4.7%	6.7%	22.2%	32.6%	39.7%	43%	21.0%
西藏自治区	0.6%	2.5%	12.5%	27.0%	36.9%	45.0%	47%	29.0%
陕西省	1.9%	7.0%	13.9%	34.7%	44.9%	52.2%	55%	21.9%

(续表)

省份	2001年	2004年	2007年	2010年	2013年	2016年	2018年	年均增长率
甘肃省	0.9%	4.7%	8.6%	25.6%	34.6%	42.2%	46%	25.8%
青海省	0.7%	3.7%	10.9%	33.4%	47.4%	54.0%	54%	29.5%
宁夏回族自治区	1.5%	5.3%	10.0%	27.6%	43.3%	50.2%	52%	23.1%
新疆维吾尔自治区	1.4%	6.1%	17.3%	37.5%	48.3%	54.0%	55%	24.1%

数据来源：根据中国国家统计局资料整理。

4.2 基准模型构建

为了考察互联网普及对中国城乡收入差距的影响，基于中国省级面板数据构建如下计量模型：

$$Y_{it} = \alpha_0 + \alpha_1 INT_{it} + \beta X_{it} + f_i + f_t + \varepsilon_{it} \tag{4-1}$$

式(4-1)中，Y为城乡收入差距，INT为核心解释变量，即互联网普及率。X为一组影响城乡收入差距的控制变量。i表示省份，t表示年份，f_i和f_t分别为不随时间变化的省份固定效应和时间固定效应，ε_{it}为随机误差项。α_1为本章关注的核心参数，如果$\alpha_1 > 0$，则表明互联网普及扩大了中国城乡收入差距；相反，如果$\alpha_1 < 0$，则表明互联网普及缩小了城乡收入差距，即互联网普及有利于消除城乡收入鸿沟，改善收入分配状况。

4.3 变量设置与测算方法

对于被解释变量"城乡收入差距"，本章的测算方法同龙海明、凌炼和谭聪杰[233]的研究一致，采用泰尔指数来衡量，计算公式如式(1-1)所示。在后续的稳健性检验部分，采用陈斌开和林毅夫[173]的做法，用城镇居民人均可支配收入除以农村居民人均纯收入来衡量城乡收入差距。并且，考虑到使用移动设备(如智能手机)上网已经成为居民(特别是农村居民)最主要的上网方式之一，本章也采用移动电话普及率替代核心解释变量做进一步的稳健性分析(详细见4.7内生性讨论和稳健性检验部分)。

影响城乡收入差距的因素是十分复杂的,根据基本理论与前文文献分析,本章选取如下系列控制变量:①经济开放程度。经济对外开放水平对中国城乡收入差距具有重要的影响[234],采用进出口总额除以地区生产总值来衡量经济开放程度。②人口因素,包括人力资本和人口结构。在现代经济增长理论中,人力资本不仅关乎一个国家或地区宏观经济发展状况和个人收入水平,也是调节收入分配的重要因素[204],采用6岁以上人口人均受教育年限来衡量人力资本水平,计算公式见式(4-2)。本书采用人口老龄化水平来衡量人口结构,具体使用老年抚养比来衡量。③市场化水平。市场化水平直接影响到国家或地区的资源配置水平和要素流动性,对收入分配具有重要的影响,本书同刘晓光、张勋和方文全[196]的做法一样,采用规模以上国有及国有控股工业企业总产出占全部规模以上工业企业总产出比重来衡量。④基础设施水平。选择基础设施水平这一控制变量的原因在于,现代经济增长理论中,基础设施是影响地区经济发展水平和要素配置的重要因素。与之相应,采用各省份公路里程数与省份面积的比值来衡量(单位:千米/平方千米)。⑤政府财政支出。在财政分权背景下,财政支出对居民收入具有重要的影响,而中国各地区的财政政策偏向性可能对城市和农村具有不同的影响效果[235]。该变量采用政府财政支出除以地区生产总值来衡量。⑥产业结构。第一产业和第三产业发展情况同样对城乡收入差距有重要的影响,本书采用第一产业增加值占地区生产总值比重和第三产业增加值占地区生产总值比重来衡量产业结构水平。

$$人力资本 = \frac{小学学历人数 \times 6 + 初中学历人数 \times 9 + 高中学历人数 \times 12 + 大专及以上学历人数 \times 16}{6 岁以上总人数}$$

(4-2)

4.4 数据来源及说明

中国于20世纪90年代引入互联网技术,早期相关统计资料不够完善,近年来,互联网相关统计资料日臻详细,分省份的互联网使用数据最早可以追溯到

2001年[236-237]。基于此,本书所有变量的时间段选取为2001—2018年,选取地域为中国的31个省、自治区、直辖市(由于数据限制,研究样本不包括香港特别行政区、澳门特别行政区和台湾省)。相关数据来源为《中国统计年鉴》《中国人口统计年鉴》《中国人口和就业统计年鉴》、中国互联网信息中心、中国经济信息网和国家统计局数据库。2001—2016年的互联网数据源于国家统计局数据库,2017年和2018年数据源于《网宿科技·中国互联网发展报告》。需要说明的是,收入数据均转化为以2001年为不变的可比价格。各变量的描述性统计见表4-8,可以看出各个变量都有较大的变化区间,较好地反映出中国各省、自治区和直辖市之间的发展差异,表明检验互联网普及和城乡收入差距关系的基础数据是良好的。此外,通过对各解释变量进行VIF检验,结果显示VIF值都满足要求,表明解释变量之间不存在严重的多重共线性。

表4-8　　　　　　　　变量的描述性统计

变量	观察值	平均值	标准差	最小值	最大值
城乡收入差距(泰尔指数)	558	0.129	0.062	0.019	0.352
城乡收入差距(比值)	558	3.000	0.623	1.829	5.605
互联网普及率	558	0.298	0.212	0.005	0.800
移动电话普及率	558	0.624	0.372	0.043	1.894
经济开放程度	558	0.302	0.374	0.017	1.722
人口结构	558	0.126	0.029	0.067	0.227
市场化水平	558	0.441	0.204	0.096	0.901
基础设施水平	558	0.722	0.489	0.029	2.111
人力资本	558	8.517	1.255	3.738	12.555
政府财政支出	558	0.232	0.180	0.077	1.379
第一产业增加值占地区生产总值比重	558	0.119	0.063	0.003	0.347
第三产业增加值占地区生产总值比重	558	0.434	0.088	0.283	0.831

4.5　估计方法

考虑到普通的面板数据模型可能造成估计结果的偏差,本书采用动态面板模型估计方法来考察互联网普及对中国城乡收入差距的影响。动态面板模型由于包括因变量的滞后项,有利于克服模型的内生性问题。并且,如图4-2所示,中国城乡收入差距变化也是一个动态的过程,即当前城乡收入差距状况也可能受到过去收入差距的影响。本章根据AIC阶数判断准则,在模型中加入城乡收入差距的滞后一阶项,最终得到以下实证模型:

$$Y_{it} = \alpha_0 + \alpha_1 Y_{it-1} + \alpha_2 INT_{it} + \beta X_{it} + f_i + f_t + \varepsilon_{it} \qquad (4-3)$$

一般来说,采用普通最小二乘法(Ordinary Least Square,OLS)或固定效应(Fixed Effect,FE)模型来估计动态面板数据模型是有偏误的。Arellano和Bond[238]提出了差分GMM,该方法通过对模型进行一阶差分变换以消除个体效应[239]。并且,差分GMM将内生变量的所有可能滞后变量作为其工具变量,可以有效地解决模型的内生性问题。然而,当因变量具有较强的持续性时,差分GMM可能会导致弱工具变量等问题,并产生估计偏差[240]。为解决这一问题,Blundell和Bond[241]将差分GMM和水平GMM结合在一起,提出了系统GMM。Bond[242]认为,与差分GMM相比,系统GMM可以更好地解决内生性和弱工具变量等问题,并且估计结果偏差较小,能够提高估计效率[243]。因此,本章采用系统GMM考察互联网普及对中国城乡收入差距的影响,并进一步选择两步系统GMM。

4.6 估计结果及分析

4.6.1 全域性估计结果

本小节首先在全国层面进行估计分析,回归结果如表4-9所示。列(1)仅考虑互联网普及对城乡收入差距的影响,列(2)~(6)依次加入控制变量。分析表4-9可知,各动态面板模型回归的残差相关性检验表明在10%显著水平下残差项不存在二阶序列相关,同时Sargan检验表明工具变量有效。就核心解释变量"互联网普及率"的系数来看,列(1)~(6)中互联网普及率系数符号和显著性基本保持一致,表明模型估计结果较好。另外,各模型中城乡收入差距滞后项系数都显著为正,表明采用动态面板模型是有必要的。从列(6)的估计结果来看:

互联网普及率的系数在1‰水平下显著为负,表明考察阶段互联网普及有利于缩小中国城乡收入差距。该结果和第3章理论模型推导结论一致,表明推动"数字中国"建设有利于改善城乡收入分配现状,缩小城乡发展鸿沟。

一方面,互联网普及能够直接改善城乡居民收入分配现状,具体表现为:互联网发展可以在打破城乡信息流通壁垒、提高农产品的市场价值、优化农户生产决策(如建设"淘宝村")以及提高农业生产效率等方面发挥重要作用[244]。并且,互联网在提高政府兴农助农工作透明度、促进农村居民社会参与度等方面也发挥着重要作用。张璇和杨灿明[245]基于世界银行企业调查数据库发现,无论在中国东部地区,还是在中部地区和西部地区,行政腐败都是城乡收入差距扩大的一个重要原因。作为"解放技术"[114,246],互联网在遏制腐败方面的积极作用受到了众多国家或地区政府的重视[247]。近年来,中国政府不断加强电子政务建设,推动"数字中国"建设,国家治理体系和治理能力现代化水平稳步提升,政府惠农政策的透明度和精准度大大增强,"三农"工作效率持续提升。

表4-9　　互联网普及对城乡收入差距影响的估计结果(全国层面)

变量	因变量:城乡收入差距(泰尔指数)					
	(1)	(2)	(3)	(4)	(5)	(6)
互联网普及率	−0.042***	−0.047***	−0.041***	−0.034***	−0.050***	−0.053***
	(0.001)	(0.001)	(0.001)	(0.001)	(0.002)	(0.005)
经济开放程度	—	−0.014***	−0.012***	−0.009***	−0.010***	−0.012***
		(0.002)	(0.002)	(0.002)	(0.002)	(0.004)
人口结构	—	—	0.033***	0.030**	0.061***	0.034**
			(0.009)	(0.013)	(0.014)	(0.015)
人力资本	—	—	−0.004***	−0.003***	−0.001	−0.001
			(0.001)	(0.001)	(0.001)	(0.001)
市场化水平	—	—	—	0.019***	0.018***	0.013***
				(0.003)	(0.004)	(0.003)
基础设施水平	—	—	—	0.002**	0.005***	0.005***
				(0.001)	(0.002)	(0.002)

(续表)

变量	因变量:城乡收入差距(泰尔指数)					
	(1)	(2)	(3)	(4)	(5)	(6)
政府财政支出	—	—	—	—	0.020***	0.017***
					(0.002)	(0.006)
第一产业增加值占地区生产总值比重	—	—	—	—	—	−0.027
						(0.027)
第三产业增加值占地区生产总值比重	—	—	—	—	—	0.020**
						(0.008)
城乡收入差距的滞后项	0.805***	0.786***	0.768***	0.775***	0.779***	0.793***
	(0.003)	(0.005)	(0.007)	(0.010)	(0.013)	(0.021)
常数项	0.036***	0.044***	0.071***	0.055***	0.030***	0.033**
	(0.001)	(0.001)	(0.006)	(0.008)	(0.011)	(0.015)
$AR(1)$	−2.946	−2.955	−2.938	−2.977	−2.960	−2.924
	(0.003)	(0.003)	(0.003)	(0.003)	(0.003)	(0.004)
$AR(2)$	−1.318	−1.349	−1.449	−1.443	−1.467	−1.471
	(0.188)	(0.178)	(0.147)	(0.149)	(0.143)	(0.141)
Sargan	29.445	29.451	30.328	29.688	29.556	28.822
	($p=1.00$)	($p=1.00$)	($p=1.00$)	($p=1.00$)	($p=1.00$)	($p=1.00$)
观察值	527	527	527	527	527	527

注:括号内数值为标准误,"*""**""***"分别代表10%、5%和1%的显著水平,AR检验括号中显示的是p值。

另一方面,互联网发展可以通过促进劳动力转移、优化劳动力资源配置来改善城乡收入差距现状。促进劳动要素自由流动和提高城市化水平被认为是实现区域经济平衡发展、缩小城乡收入差距的重要保障[248]。由于实施户籍制度等方面原因,中国实际上存在城乡劳动力市场分割和劳动力资源扭曲的现象,而互联网的普及有助于改善城乡劳动力资源配置,促进城乡互联互通。此外,互联网普及可以促进农村居民发展观念的转变,助力农村居民非农就业和创业,降低转移劳动力心理成本,帮助政府部门提升城市服务水平,提高城市的承载和供给水平,如发展共享经济和建设智慧城市。

进一步分析列(6)中的结果可知,各控制变量对城乡收入差距的影响效果如下:①经济开放水平提高能够显著降低缩小收入差距,对外开放水平提高有利于农村剩余劳动力转移和人口城镇化率提高[249],从而改善城乡收入分配现状。②人口因素方面,人力资本对城乡收入差距的影响系数为负,但不显著,可能在于中国城乡教育资源分布不均,城乡居民人力资本存量差距较大。人口老龄化对城乡收入差距有显著的正向影响,表明人口老龄化程度加深会扩大中国城乡收入差距,这与季晓旭[250]的研究结论一致。因此,中国应做好相关政策调整以应对即将来临的老龄化社会对城乡收入分配的负面影响。③本书用于衡量市场化水平的变量的系数显著为正,按照该变量定义(该指标为负向指标),这一结果表明坚持"市场化的改革方向"有利于改善中国城乡收入分配现状。④与刘晓光、张勋和方文全[196]的发现不同,本书证实基础设施和中国城乡差距之间存在正相关关系,可能的原因是:在长期的城市偏向型发展政策下,中国城乡基础设施发展不均衡。⑤财政支出系数显著为正,可能由于中国财政支出在城乡间投入不平等,特别是在公共品投资方面偏向城市。这一结论的政策含义表明,进一步完善政府财政制度对于缩小城乡收入差距具有重要的现实意义。⑥学界对于产业结构对城乡收入差距的影响存在两种截然相反的观点。一种观点认为产业结构升级在短期会扩大城乡收入差距,但是长期来看能够缩小城乡收入差距。郑小三和李小克[251]则指出,产业结构的升级虽然能使城镇和农村都受益,但是中国城乡"二元"结构限制了城乡生产要素的有效流通,造成了农业与非农业、城镇和农村、农村三次产业和城镇三次产业发展之间的不平等。本书的实证结果显示,第三产业比重对城乡收入差距的影响系数在1%水平上显著为正,表明第三产业发展扩大了城乡收入差距,这与郑小三和李小克[251]的观点一致。因此,进一步促进城乡间要素自由流通、优化资源配置对于缩小中国城乡发展差距具有重要的现实价值。

4.6.2 分区域的估计结果

中国是典型的大国经济,存在区域发展不平衡现象,各地区经济禀赋、信息化程度差异较大。为进一步分析互联网普及对中国城乡收入差距影响的区域差异,本书将样本分为三大经济区[东部地区 11 省(直辖市)、中部地区 8 省和西部 12 省(自治区、直辖市)],利用 2001—2018 年的面板数据进行估计。由于动态面板模型和 GMM 适用于大样本分析,在分区域分析时不再适用。因此,本部分选择静态面板模型进行估计。通过 F 检验和 Hausman 检验确定各模型应采用 OLS、FE 还是 RE 估计,估计结果见表 4-10。可以看出,各模型的 F 值和 R^2 表明模型的解释力和显著性均较好。

表 4-10 互联网普及对城乡收入差距影响的估计结果(分区域)

变量	因变量:城乡收入差距(泰尔指数)					
	东部		中部		西部	
	(1)	(2)	(3)	(4)	(5)	(6)
互联网普及率	−0.038***	−0.048***	−0.090***	−0.075***	−0.176***	−0.131***
	(0.004)	(0.012)	(0.007)	(0.027)	(0.009)	(0.030)
经济开放程度	NO	YES	NO	YES	NO	YES
人口结构	NO	YES	NO	YES	NO	YES
人力资本	NO	YES	NO	YES	NO	YES
市场化水平	NO	YES	NO	YES	NO	YES
基础设施水平	NO	YES	NO	YES	NO	YES
政府财政支出	NO	YES	NO	YES	NO	YES
第一产业增加值占地区生产总值比重	NO	YES	NO	YES	NO	YES
第三产业增加值占地区生产总值比重	NO	YES	NO	YES	NO	YES
常数项	0.093***	0.105***	0.140***	0.239***	0.226***	0.289***
	(0.002)	(0.033)	(0.008)	(0.055)	(0.010)	(0.052)
Hausman	12.950	34.780	0.020	78.120	2.220	51.080
	(0.002)	(0.000)	(0.988)	(0.000)	(0.330)	(0.000)
F/Wald	83.940	23.540	173.620	32.040	355.370	64.250
R^2	0.311	0.543	0.561	0.694	0.636	0.748
观察值	198	198	144	144	216	216
模型选择	FE	FE	RE	FE	RE	FE

注:FE 代表固定效应模型,RE 代表随机效应模型,括号内数值是标准误,"*""**""***"分别代表 10%、5% 和 1% 的显著水平,Hausman 检验括号中显示的是 p 值。

在表4-10中,列(1)和列(2)是东部地区的回归结果,列(3)和列(4)是中部地区的回归结果,列(5)和列(6)是西部地区的回归结果。其中,列(1)、列(3)和列(5)是没有加入控制变量的基准模型,列(2)、列(4)和列(6)是加入控制变量的完备模型。列(1)、列(3)和列(5)中互联网普及率系数显著为负,在加入控制变量后,列(2)、列(4)和列(6)中的估计结果显示互联网普及率系数在中国东部、中部和西部地区都显著为负,表明互联网普及对中国各大地区城乡收入差距都表现出显著的缩减效应。从互联网普及对城乡收入差距的作用效果来看,互联网普及对城乡收入差距的缩减效应在中国东部、中部和西部地区呈现依次增强的变化趋势,这表明考察阶段互联网普及对经济相对欠发达的中西部地区城乡收入差距的缩减效应更明显。可能原因在于:一方面,与东部地区相比,中西部地区经济发展水平和市场化水平更低,城乡分割更明显,城乡要素扭曲更严重,因而由互联网所引起的资源配置和社会变革的冲击效应更强;另一方面,长期以来,中国农村、农业劳动力转移主要呈现由中西部和北部地区向东南沿海地区转移的态势,即"孔雀东南飞"的现象,因而互联网通过劳动力转移途径对城乡收入差距的缩减效应在中西部地区表现更明显。

4.7 内生性讨论与稳健性检验

4.7.1 内生性讨论

内生性问题会使估计结果产生偏差,通常情况下,造成内生性问题的主要原因有两种:一是测量误差和遗漏变量问题。对此,本章在模型设定中参考相关文献,尽量将影响城乡收入差距的众多因素加入控制变量,以减小遗漏变量的影响。二是互为因果关系问题。实际上,城乡收入差距的扩大可能会反过来造成城乡之间数字鸿沟的加剧。在上述GMM分析中,本书将互联网普及率视为外生变量。因此,为考虑可能存在的内生性问题,进一步将互联网普及率视为内生变量,通过在表4-9中列(1)至列(6)的基础上加入互联网普及率的二阶与三阶滞后项作为互联网普及率的工具变量重新进行系统GMM回归,结果如表4-11所示。估计结果显示,考虑互联网普及率的内生性问题对本书的主要结论并未产生显著影响。表 4-11 也汇报了系统 GMM 估计结果的残差相关性检验和 Sargan 检验结果,表明工具变量是有效的,考虑内生性是合理的。

表 4-11　互联网普及和城乡收入差距(全国层面):工具变量回归

变量	因变量:城乡收入差距(泰尔指数)					
	(1)	(2)	(3)	(4)	(5)	(6)
互联网普及率	−0.033***	−0.039***	−0.033***	−0.027***	−0.027***	−0.038***
	(0.001)	(0.001)	(0.002)	(0.003)	(0.004)	(0.006)
经济开放程度	NO	YES	YES	YES	YES	YES
人口结构	NO	NO	YES	YES	YES	YES
人力资本	NO	NO	YES	YES	YES	YES
市场化水平	NO	NO	NO	YES	YES	YES
基础设施水平	NO	NO	NO	YES	YES	YES
政府财政支出	NO	NO	NO	NO	YES	YES
第一产业增加值占地区生产总值比重	NO	NO	NO	NO	NO	YES
第三产业增加值占地区生产总值比重	NO	NO	NO	NO	NO	YES
城乡收入差距的滞后项	0.859***	0.824***	0.800***	0.769***	0.770***	0.803***
	(0.010)	(0.011)	(0.013)	(0.025)	(0.025)	(0.027)
常数项	0.026***	0.036***	0.061***	0.059***	0.059***	0.026***
	(0.001)	(0.002)	(0.009)	(0.018)	(0.018)	(0.001)
$AR(1)$	−2.950	−2.960	2.973	−2.995	−2.995	−2.956
	(0.003)	(0.003)	(0.003)	(0.003)	(0.003)	(0.003)
$AR(2)$	−1.317	−1.353	−1.329	−1.034	−1.048	−0.954
	(0.188)	(0.176)	(0.184)	(0.301)	(0.295)	(0.340)
Sargan	30.498	30.639	30.572	30.295	30.206	30.274
	(p=1.00)	(p=1.00)	(p=1.00)	(p=1.00)	(p=1.00)	(p=1.00)
观察值	527	527	527	527	527	527

注:括号内数值为标准误,"*""**""***"分别代表 10%、5% 和 1% 的显著水平,AR 检验括号中显示的是 p 值。

4.7.2 稳健性检验

为验证上述结论的稳健性,进一步使用移动电话普及率替代核心解释变量(互联网普及率)进行稳健性分析。采用移动电话普及率的出发点在于,与计算机上网相比,手机上网对使用者的门槛要求(包括硬件设备和上网知识)更低。而且,随着智能手机的普及,移动电话已经成为农村居民最主要的上网渠道,并对农村居民的生产、生活产生重要影响。移动电话普及率采用移动电话使用人数与总人口之比来衡量,相应估计结果如表4-12和表4-13所示。

表 4-12 移动电话普及和城乡收入差距(全国层面):稳健性检验

变量	因变量:城乡收入差距(泰尔指数)					
	(1)	(2)	(3)	(4)	(5)	(6)
移动电话普及率	-0.026***	-0.028***	-0.025***	-0.021***	-0.033***	-0.034***
	(0.001)	(0.001)	(0.001)	(0.001)	(0.001)	(0.003)
经济开放程度	NO	YES	YES	YES	YES	YES
人口结构	NO	NO	YES	YES	YES	YES
人力资本	NO	NO	YES	YES	YES	YES
市场化水平	NO	NO	NO	YES	YES	YES
基础设施水平	NO	NO	NO	YES	YES	YES
政府财政支出	NO	NO	NO	NO	YES	YES
第一产业增加值占地区生产总值比重	NO	NO	NO	NO	NO	YES
第三产业增加值占地区生产总值比重	NO	NO	NO	NO	NO	YES
城乡收入差距的滞后项	0.798***	0.787***	0.766***	0.766***	0.774***	0.798***
	(0.004)	(0.005)	(0.007)	(0.012)	(0.015)	(0.015)
常数项	0.041***	0.047***	0.073***	0.064***	0.031***	0.039***
	(0.001)	(0.001)	(0.004)	(0.011)	(0.011)	(0.007)
$AR(1)$	-2.909	-2.892	-2.886	-2.907	-2.847	-2.831
	(0.004)	(0.004)	(0.004)	(0.004)	(0.004)	(0.005)

(续表)

变量	因变量:城乡收入差距(泰尔指数)					
	(1)	(2)	(3)	(4)	(5)	(6)
$AR(2)$	−0.886	−0.900	−1.095	−1.062	−0.902	−1.039
	(0.376)	(0.368)	(0.274)	(0.288)	(0.367)	(0.299)
$Sargan$	30.649	29.860	30.413	29.022	28.946	26.905
	($p=1.00$)	($p=1.00$)	($p=1.00$)	($p=1.00$)	($p=1.00$)	($p=1.00$)
观察值	527	527	527	527	527	527

注:括号内数值为标准误,"*""**""***"分别代表10%、5%和1%的显著水平,AR检验括号中显示的是 p 值。

表4-13 移动电话普及和城乡收入差距(分区域):稳健性检验

变量	因变量:城乡收入差距(泰尔指数)					
	东部地区		中部地区		西部地区	
	(1)	(2)	(3)	(4)	(5)	(6)
移动电话普及率	−0.023***	−0.012	−0.053***	−0.018	−0.095***	−0.070***
	(0.003)	(0.008)	(0.004)	(0.015)	(0.005)	(0.015)
控制变量	NO	YES	NO	YES	NO	YES
常数项	0.096***	0.146***	0.145***	0.300***	0.235***	0.314***
	(0.002)	(0.034)	(0.008)	(0.052)	(0.009)	(0.048)
$Hausman$	5.890	37.150	0.300	80.310	2.980	54.590
	(0.053)	(0.000)	(0.862)	(0.000)	(0.225)	(0.000)
$F/Wald$	76.160	20.630	143.030	29.890	338.260	64.900
R^2	0.291	0.511	0.512	0.679	0.625	0.750
观察值	198	198	144	144	216	216
模型选择	FE	FE	RE	FE	RE	FE

注:FE代表固定效应模型,RE代表随机效应模型,括号内数值为标准误,"*""**""***"分别代表10%、5%和1%的显著水平,$Hausman$检验括号中显示的是 p 值。

基于表4-12可以发现,在全国层面,移动电话普及对城乡收入差距具有显著的负向影响,和基准模型估计结果一致。表4-13显示,在地区层面,移动电话普及对城乡收入差距的影响系数在东部、中部和西部地区都为负,但只有西部地区显著,表明考察阶段移动电话普及主要对经济发展欠发达的西部地区城乡收入差距有显著的缩减效应。原因可能是:根据 Ho 和 Tseng[252],Scheerder、van Deursen 和 van Dijk[253]等学者在数字鸿沟方面的研究,城乡居民之间不但存在互联网接入机会的一级数字鸿沟,同时还存在互联网利用、信息加工和信息鉴别等多方面的二级数字鸿沟。分析表 4-14 可知,中国农村居民不上网的原因中,二级数字鸿沟的比重明显高于一级数字鸿沟。这表明在推动数字乡村建设中须着力解决两方面的现实问题:一是保障农村居民和城市居民享有同等接入互联网的机会,二是要增强农村居民使用互联网信息技术、鉴别和再加工信息的能力或数字素养。随着移动通信技术特别是智能手机的发展,手机上网已经成为公众最主要的上网方式。相较于通过台式计算机或笔记本计算机上网,通过手机上网更符合农村地区的网络基础设施条件和农村居民的数字素养情况,因而移动电话普及能够有效缩小西部地区城乡居民之间的数字鸿沟,为缩小西部地区城乡收入差距、推动城乡融合发展带来机遇。

表 4-14　　　　　　　　农村居民不上网的原因

数字鸿沟等级	原因	比例
二级数字鸿沟	A. 不懂电脑/网络	68%
	B. 年龄太大/太小	14.80%
	C. 没时间上网	13.50%
	D. 不需要,不感兴趣	10.9%
一级数字鸿沟	E. 没有电脑等上网设备	9.50%
	F. 当地无法连接互联网	5.30%

资料来源:作者根据中国互联网络信息中心第 38 次《中国互联网络发展状况统计报告》整理。

此外,城乡收入差距的衡量方法较多,例如陈斌开和林毅夫[173]采用城镇居民人均可支配收入除以农村居民人均纯收入来衡量城乡收入差距,本书采用该方法来计算城乡收入差距并以其替代被解释变量,结果如表 4-15 所示。结果显示,采用比值法衡量城乡收入差距,仍然可以得出互联网普及能够显著缩小中国城乡收入差距的结论,进一步表明本章的基本结论是稳健的。

表 4-15　互联网普及和城乡收入差距(全国层面):稳健性检验

变量	因变量:城乡收入差距(比值)					
	(1)	(2)	(3)	(4)	(5)	(6)
互联网普及率	−0.466***	−0.483***	−0.432***	−0.388***	−0.578***	−0.597***
	(0.011)	(0.018)	(0.025)	(0.030)	(0.066)	(0.081)
经济开放程度	NO	YES	YES	YES	YES	YES
人口结构	NO	NO	YES	YES	YES	YES
人力资本	NO	NO	YES	YES	YES	YES
市场化水平	NO	NO	NO	YES	YES	YES
基础设施水平	NO	NO	NO	YES	YES	YES
政府财政支出	NO	NO	NO	NO	YES	YES
第一产业增加值占地区生产总值比重	NO	NO	NO	NO	NO	YES
第三产业增加值占地区生产总值比重	NO	NO	NO	NO	NO	YES
城乡收入差距的滞后项	0.750***	0.748***	0.744***	0.737***	0.734***	0.757***
	(0.005)	(0.005)	(0.008)	(0.012)	(0.018)	(0.027)
常数项	0.881***	0.920***	1.078***	1.062***	0.815***	0.724*
	(0.021)	(0.025)	(0.105)	(0.136)	(0.169)	(0.375)
$AR(1)$	−3.493	−3.492	−3.486	−3.504	−3.497	−3.515
	(0.001)	(0.001)	(0.001)	(0.001)	(0.001)	(0.000)
$AR(2)$	−1.502	−1.488	−1.555	−1.477	−1.457	−1.593
	(0.133)	(0.137)	(0.120)	(0.140)	(0.145)	(0.111)
Sargan	30.455 (p=1.000)	30.544 (p=1.000)	30.271 (p=1.000)	29.883 (p=1.000)	30.244 (p=1.000)	29.731 (p=1.000)
观察值	527	527	527	527	527	527

注:括号内数值为标准误,"*""**""***"分别代表10%、5%和1%的显著水平,AR检验括号中显示的是p值。

4.8　互联网普及影响城乡收入差距的直接原因:微观视角

以上分析显示,考察阶段互联网普及(扩散)能够带来缩小城乡收入差距的

"技术红利"。为了更深入理解现阶段互联网普及影响中国城乡收入差距的内在原因,本节进一步从个体层面分析互联网使用对城镇和农村居民收入水平影响的差异,从而找出互联网普及缩小城乡收入差距的直接原因。由于宏观数据难以刻画互联网使用对个体收入水平的影响,本节采用 2015 年中国社会状况综合调查(Chinese Social Survey,CSS)数据来做进一步分析。

4.8.1 数据说明

CSS 是中国社会科学院社会学研究所于 2005 年发起的一项全国范围内的大型连续性抽样调查项目,2015 年的 CSS 样本涵盖中国的 30 个省、自治区、直辖市(不包括新疆维吾尔自治区、香港特别行政区、澳门特别行政区和台湾省),包括 568 个乡镇(街道),共采访 10 243 个样本,样本年龄范围为 18~70 岁。本节主要关注互联网使用对城镇和农村居民收入的影响,为此根据样本采访地区类型将样本分为农村居民和城镇居民。剔除有缺失值的样本及受访者回答"不确定""不知道"的样本,最终将 4 349 个城镇居民样本和 5 570 个农村居民样本纳入研究。

4.8.2 模型设定和变量描述

通过构建以下计量模型来分析互联网使用对城镇和农村居民的收入效应差异:

$$\ln Income_{i,j} = \alpha_0 + \beta_1 Internet_{i,j} + \gamma Z_{i,j} + \varepsilon_{i,j} \qquad (4-4)$$

其中,被解释变量 $Income$ 为被采访者过去一年的收入水平,$j=1$ 或 2 分别代表城镇居民和农村居民。$Internet$ 为核心解释变量,反映采访者对互联网的使用情况。CSS 设置了是否使用互联网和使用互联网的频率两个指标来反映受访者的互联网使用相关信息。具体地,CSS 通过询问受访者"您是否掌握互联网技能"来获取受访者是否使用互联网的信息,受访者回答"掌握"和"不掌握"分别赋值为 1 和 0;使用互联网的频率被设置为一个有序变量,受访者回答"不使用""时不时使用""每天使用"分别赋值为 0、1 和 2。Z 为一组影响居民收入水平的控制变量。遵循已有居民收入的相关研究,主要控制了居民性别、年龄、年龄的平方项、政治身份、民族、受教育水平和婚姻状况。此外,考虑到个体所在地区的宏观层面因素可能会对其互联网使用情况产生影响,在模型中还控制了省份固定效应。

表4-16展示了使用互联网居民和不使用互联网居民上述主要变量的均值及其差异。结果显示,城镇居民中使用互联网人群的收入水平对数值的平均值为10.471,不使用互联网人群的收入水平对数值的平均值为9.69,二者之差为0.782。农村居民中使用互联网人群的收入水平对数值的平均值为9.875,不使用互联网人群的收入水平对数值的平均值为8.791,二者之差为1.083。可以看出,尽管总体上农村居民的收入水平要低于城镇居民,但农村居民使用互联网的收入效应要强于城镇居民。并且,在考察的样本中,使用互联网人群中的城乡居民收入水平对数之比(1.060)也要小于不使用互联网人群中的城乡居民收入水平对数之比(1.102)。

表4-16 使用互联网居民和不使用互联网居民在主要变量上的均值及差异

变量	定义	均值					
		城镇居民			农村居民		
		不使用互联网	使用互联网	二者之差	不使用互联网	使用互联网	二者之差
收入水平的对数	个人收入水平的对数	9.690	10.471	−0.782***	8.791	9.875	−1.083***
性别	男=1,女=0	0.393	0.488	−0.095***	0.442	0.518	−0.075***
年龄	在2015年的实际年龄	53.791	37.843	15.948***	52.466	33.588	18.878***
年龄的平方项	年龄的平方	3 002.124	1 577.102	1 425.022***	2 862.820	1 247.248	1 615.572***
民族	汉族=1,其他=0	0.943	0.946	−0.004	0.895	0.921	−0.026***
政治身份	中国共产党党员=1,其他=0	0.095	0.195	−0.100***	0.048	0.082	−0.033***
受教育水平	未上学=0,小学=6,初中=9,高中、中专或技校=12,大学=16,研究生=19	8.039	12.800	−4.761***	6.023	10.461	−4.438***
婚姻状况	已婚或同居=1,其他=0	0.873	0.770	0.103***	0.916	0.760	0.156***

注:"*""**""***"分别代表10%、5%和1%的显著水平。

4.8.3 实证结果及分析

计量模型(4-4)的估计结果如表4-17所示,其中列(1)至列(4)是城镇居民互联网使用的收入效应估计结果,列(5)至列(8)是农村居民互联网使用的收入效应估计结果。列(1)、列(2)、列(5)和列(6)不加入控制变量,列(3)、列(4)、列(7)和列(8)加入控制变量。列(3)结果显示,与不使用互联网相比,使用互联网可以使城镇居民收入增加52.35%,而列(7)表明互联网使用可以使农村居民收入增加80.04%[①]。因此,表4-17的实证结果清晰表明,现阶段互联网使用对农村居民的收入效应要强于城镇居民,互联网普及起到了缩小城乡收入差距的作用。值得注意的是,将互联网使用频率作为核心解释变量时,得到的结论仍然一致,这充分证明了上述结论的稳健性,进一步表明互联网普及对中国城乡收入差距的影响正表现出明显的"互联网红利"特征,这对缩小地区和城乡发展差距、缓解当下中国社会主要矛盾来说是一个积极的信号。

表 4-17　　　　　　互联网使用对城乡居民的收入效应差异

变量	因变量:收入水平的对数值							
	城镇居民				农村居民			
	(1)	(2)	(3)	(4)	(5)	(6)	(7)	(8)
是否使用互联网	0.730***	—	0.421***	—	0.981***	—	0.610***	—
	(0.035)	—	(0.043)	—	(0.045)	—	(0.054)	—
使用互联网的频率	—	0.163***	—	0.187***	—	0.179**	—	0.222***
	—	(0.042)	—	(0.041)	—	(0.072)	—	(0.069)
控制变量	NO	NO	YES	YES	NO	NO	YES	YES
常数项	9.561***	9.918***	7.041***	6.444***	8.797***	9.181***	6.808***	6.373***
	(0.074)	(0.118)	(0.216)	(0.287)	(0.081)	(0.187)	(0.250)	(0.508)
R^2	0.165	0.069	0.285	0.230	0.164	0.112	0.296	0.242
省份	YES	YES	YES	YES	YES	YES	YES	YES
观察值	3 617	1 940	3 592	1 927	4 750	982	4 716	975

注:括号内数值为标准误,"*""**""***"分别代表10%、5%和1%的显著水平。由于变量存在缺失值,实际参与回归估计的观察值有所减小。

---

① 根据 $\exp(x)-1$ 计算得到,其中 x 为互联网使用的系数。

4.8.4 分位数回归

普通回归方法仅能考察自变量对因变量的平均影响效果,尤其是当因变量存在极端值时,普通回归方法难以全面反映自变量影响因变量的全貌。因此,本书进一步采用 Koenker 和 Bassett[254] 提出的"分位数回归"(Quantile Regression)模型考察互联网使用对城镇和农村居民收入水平影响的差异。本书主要汇报了互联网使用对城镇和农村居民收入影响在 0.1、0.25、0.5、0.75 和 0.95 五个分位点上的回归结果,如表 4-18 所示①。估计结果表明:互联网使用对城镇居民和农村居民收入在不同分位点上都具有显著的正向影响,并且都在低分位点(0.1)上的影响效果最大。进一步发现,互联网使用在中低分位点上对农村居民的收入效应要明显强于城镇居民,而在高分位点上对城镇居民的收入效应要强于农村居民。以上实证结果表明,现阶段互联网使用对城乡收入差距的缩减效应主要体现在中低收入水平群体中。

4.8.5 PSM 分析

个体互联网使用行为并非随机发生的,而可能受到个体自我选择的影响。事实上,整体来看经济水平和受教育程度越高的人使用互联网的可能性越高,因此有可能产生"选择性偏差"(Selection Bias)问题。本书进一步采用倾向得分匹配(Propensity Score Matching,PSM)方法纠正可能存在的选择性偏差。

表 4-19 展示了近邻匹配、半径匹配、核匹配和局部线性回归匹配四种匹配方式下的估计结果。需要注意的是,使用 PSM 方法前需要对样本匹配结果进行平衡性检验,结果发现匹配后大多数变量 t 检验结果均不拒绝处理组和控制组无系统差异的原假设,表明使用 PSM 方法可以通过平衡性检验。表 4-19 显示,在考虑可能存在的选择性偏差问题后,四种匹配方法下城镇居民和农村居民使用互联网的平均处理效应(Average Treatment Effect on Treatment,ATT)都显著为正,且系数大小和表 4-17 的估计结果也比较接近,同时在四个匹配方法下互联网使用对农村居民的 ATT 都要强于城镇居民,进一步验证以上估计结果是稳健的。

---

① 使用互联网的频率变量对城镇居民和农村居民收入影响的分位数回归结果的主要结论与表 4-18 基本一致。

表4-18 互联网使用对城乡居民收入影响的分位数回归结果

因变量：收入水平的对数值

变量	城镇居民					农村居民				
	0.1	0.25	0.5	0.75	0.95	0.1	0.25	0.5	0.75	0.95
	(1)	(2)	(3)	(4)	(5)	(6)	(7)	(8)	(9)	(10)
是否使用互联网	0.618***	0.375***	0.237***	0.282***	0.478***	0.783***	0.749***	0.639***	0.445***	0.446***
	(0.105)	(0.050)	(0.033)	(0.039)	(0.077)	(0.130)	(0.095)	(0.067)	(0.050)	(0.084)
控制变量	YES	YES	YES	YES	YES	YES	YES	YES	YES	YES
观察值	3 592	3 592	3 592	3 592	3 592	4 716	4 716	4 716	4 716	4 716

注：括号内数值为标准误，"*""**""***"分别代表10%、5%和1%的显著水平。由个变量存在缺失值，实际参与回归估计的观察值有所减小。

表4-19 基于PSM的估计结果

匹配方法	城镇居民方程				农村居民方程			
	4近邻匹配	半径匹配	核匹配	局部线性回归匹配	4近邻匹配	半径匹配	核匹配	局部线性回归匹配
ATT	0.381***	0.403***	0.410***	0.435***	0.428***	0.524***	0.491***	0.495***
	(0.096)	(0.101)	(0.090)	(0.105)	(0.106)	(0.104)	(0.098)	(0.115)
控制变量	YES	YES	YES	YES	YES	YES	YES	YES
对照组个数	1 565	1 565	1 565	1 565	3 621	3 621	3 621	3 621
处理组个数	2 026	2 026	2 026	2 026	1 034	1 034	1 034	1 034

注：括号内数值为标准误，"*""**""***"分别代表10%、5%和1%的显著水平。

4.9 本章小结

本章在分析中国城乡收入差距和互联网发展变化趋势的基础上,基于 2001—2018 年省级面板数据,采用动态面板系统 GMM 分析了互联网普及对中国城乡收入差距的影响。实验分析结果表明:从全国整体来看,互联网普及对中国城乡收入差距具有显著的负向影响,支持第 3 章中理论模型推导出的结论。但是,互联网普及对各地区城乡收入差距的影响具有差异,其缩减效应在东部、中部和西部地区依次递增。同时,本章进一步基于 2015 年的 CSS 数据从微观视角探析了互联网普及缩小城乡收入差距的直接原因,在充分考虑样本分布特征和可能存在的选择性偏差等问题后,发现现阶段互联网普及缩小城乡收入差距的直接原因在于:微观层面上互联网使用对农村居民的收入的正向影响效果要大于城镇居民。因此,因时因地发展互联网技术,特别是提高农村地区互联网普及率,对缩小中国城乡收入差距具有重要的现实意义。

第5章 互联网普及、劳动力转移和城乡收入差距[①]

[①] 本章节部分观点和内容已发表于学术期刊,参见:程名望,张家平,李礼连.互联网发展、劳动力转移和劳动生产率提升[J].世界经济文汇,2020(5):1-17.

本书第 4 章通过实证考察了互联网普及和中国城乡收入差距的关系,并验证了第 3 章的理论推导结论 1,即互联网普及有利于改善中国城乡收入差距现状。在第 4 章的基础上,本章进一步考察互联网普及对中国城乡收入差距的影响机制。按照第 3 章的理论分析思路,互联网普及通过促进劳动力转移、优化劳动力资源配置来缩小城乡收入差距。因此,本章将从宏观和微观两个层面,并基于劳动力转移视角来解释互联网普及对城乡收入差距的作用机理。

5.1 宏观视角

5.1.1 模型构建与变量选取

为考察互联网普及是否通过影响劳动力转移缩小城乡收入差距,按照 Baron 和 Kenny[255]提出的中介作用检验过程,构建以下两个计量模型:

$$Labor\_tra = \beta_0 + \beta_1 INT + \chi M + \varepsilon_1 \tag{5-1}$$

$$Theil = \eta_0 + \beta_2 INT + \beta_3 Labor\_tra + \xi X + \varepsilon_2 \tag{5-2}$$

在式(5-1)和式(5-2)中,$Theil$ 是因变量,表示城乡收入差距;$Labor\_tra$ 是中介变量,表示劳动力转移程度;INT 是核心解释变量,表示互联网普及率水平;X 和 M 分别为影响城乡收入差距和劳动力转移的一组控制变量;β_1、β_2 和 β_3 为主要的待估计参数。若式(5-1)中系数 β_1 显著,同时式(5-2)中系数 β_2 和 β_3 显著,则存在中介效应。特别地,若系数 β_1 和 β_3 显著,而系数 β_2 不显著,则存在完全中介效应,即 INT 完全通过 $Labor\_tra$ 来影响 $Theil$。

式(5-1)中,被解释变量为劳动力转移程度,核心解释变量为互联网普及率。首先,对于被解释变量劳动力转移,考虑到数据可得性,采用两种方法衡量劳动力转移程度:一是用人口城镇化水平来衡量,计算方法为:人口城镇化水平=城镇常住人口/总人口;二是用全社会就业总人口中二三产业就业人口的比重来衡量。前一种方法主要反映了农村劳动力转移及人口迁移情况,后一种方法主要反映了全社会劳动力人口就业结构及配置状况,并且农村剩余劳动力也主要向第二产业和第三产业转移。同时考虑农村人口变化、总就业人口结构变化因素有利于更清晰地识别互联网普及通过劳动力转移影响城乡收入差距的内在机制,也有助于开展稳健性检验。其次,式(5-1)中的控制变量集 M 主要包括以下变量：经济开放程度、政府财政支出、市场化水平和人力资本。控制经济开放程度的原因在于其会影响地区的资源配置水平，从而对劳动力转移产生重要影响。控制政府财政支出的原因在于政府的财政政策不仅直接影响到公共部门的规模与效率，而且通过其在基础设施建设、社会福利发放等方面的作用间接影响着劳动力市场的灵活性和劳动力流动的方向。此外，政府的行政干预以及地方保护主义政策往往会限制或促进不同区域间的劳动力转移活动。控制市场化水平的原因在于转移农村劳动力主要流向民营企业，因而市场化水平可以通过影响资源、要素配置及市场结构来对劳动力转移产生影响。同第4章一致，采用规模以上国有及国有控股工业企业总产出占全部规模以上工业企业总产出比重来衡量市场化程度。人力资本水平采用6岁以上人群平均受教育年限来衡量，控制人力资本水平的原因在于人力资本会直接影响劳动力就业结构，进而影响劳动力转移。式(5-2)中互联网普及率及控制变量设定方法与第4章一致，主要变量的描述性统计结果如表5-1所示。

表 5-1　　　　　　　　主要变量的描述性统计

变量	观察值	平均值	标准差	最小值	最大值
城乡收入差距（泰尔指数）	558	0.128 9	0.061 7	0.019 1	0.351 5
人口城镇化水平	558	0.503 4	0.154 9	0.193 9	0.896 0
二三产业就业人口比重	558	0.601 1	0.159 4	0.181 7	0.970 3
互联网普及率	558	0.298 0	0.211 6	0.004 6	0.800 0
移动电话普及率	558	0.624 3	0.372 4	0.042 8	1.894 2
经济开放程度	558	0.301 9	0.374 1	0.016 9	1.721 5
人口结构	558	0.126 4	0.028 8	0.067 0	0.227 0
人力资本	558	8.516 6	1.254 5	3.738 4	12.555 0
市场化水平	558	0.441 0	0.204 3	0.095 9	0.901 4
基础设施水平	558	0.721 5	0.488 8	0.028 9	2.111 1
政府财政支出	558	0.232 0	0.180 0	0.077 2	1.379 2
第一产业增加值占地区生产总值比重	558	0.118 8	0.062 9	0.002 9	0.346 8
第三产业增加值占地区生产总值比重	558	0.433 6	0.088 0	0.283 0	0.830 9

5.1.2 数据来源和估计方法

本小节所使用数据为中国的 31 个省(自治区、直辖市)(由于数据限制,不包括香港特别行政区、澳门特别行政区和台湾省)的平衡面板数据,因相关部门自 2001 年才开始公布分省份的互联网上网人数,故数据的时间跨度为 2001—2018 年。除缺失值外,所有变量均来自《中国统计年鉴》《中国人口和就业统计年鉴》《中国劳动统计年鉴》、Wind 数据库和各省(自治区、直辖市)的统计年鉴。根据历年美元汇率将相应年份进出口等数据的单位转化为人民币。需要说明的是,由于 2005 年以前中国城镇人口统计口径有差异,因此本书借鉴周一星和田师[256]的做法,采用联合国预测世界各国城市化水平的方法修正得到 2001—2004 年中国 31 个省份的人口城镇化数据,2005—2018 年的城镇常住人口数据来自《中国统计年鉴》。2001—2016 年的互联网数据源于国家统计局,2017 年和 2018 年数据源于《网宿科技·中国互联网发展报告》。此外,收入数据均转化为以 2001 年为基准的可比价格。与第 4 章一致,考虑到劳动力转移同样可能受到以往劳动力就业和人口变化情况的影响,同样采用动态面板系统 GMM 对式(5-1)和式(5-2)进行估计,分别构造滞后一期的劳动力转移和城乡收入差距自回归分布滞后模型(Autoregressive Distributed Lag Model),即 ADL(1,0)。同样,对各模型中的解释变量进行 VIF 检验,结果均表明解释变量之间不存在显著的多重共线性。

5.1.3 实证结果及分析

表 5-2 展示了互联网普及对中国城乡收入差距影响的回归结果,列(1)只考虑互联网普及对城乡收入差距的影响,列(2)和列(3)在列(1)的基础上控制劳动力转移变量,列(4)在列(1)的基础上加入控制变量,而列(5)和列(6)进一步控制劳动力转移变量。表 5-2 中,各模型回归的残差相关性检验都通过了显著性水平为 10% 的检验,同时 Sargan 检验显示工具变量有效,表明模型的设定合理。

从表 5-2 结果来看,各模型中互联网普及率的系数都显著为负。其中,在列(1)的基础上控制劳动力转移变量后,列(2)和列(3)中互联网普及率系数的绝对值由 0.042 分别减小至 0.028 和 0.035。类似地,在列(4)的基础上控制劳动力转移变量后,列(5)和列(6)中互联网普及率系数的绝对值由 0.053 分别减小至 0.028 和 0.050。同时,各模型中劳动力的转移变量系数都显著为负。因此,式(5-2)满足检验条件。

表 5-2　　互联网普及对城乡收入差距的影响:中介模型估计结果

变量	因变量:城乡收入差距(泰尔指数)					
	(1)	(2)	(3)	(4)	(5)	(6)
互联网普及率	−0.042***	−0.028***	−0.035***	−0.053***	−0.028***	−0.050***
	(0.001)	(0.002)	(0.001)	(0.005)	(0.006)	(0.006)
人口城镇化水平	—	−0.073***	—	—	−0.156***	—
	—	(0.008)	—	—	(0.021)	—
二三产业就业人口比重	—	—	−0.052***	—	—	−0.067***
	—	—	(0.004)	—	—	(0.014)
经济开放程度	—	—	—	−0.012***	0.005***	−0.003
	—	—	—	(0.004)	(0.001)	(0.003)
人口结构	—	—	—	0.034**	0.064***	0.016
	—	—	—	(0.015)	(0.015)	(0.013)
人力资本	—	—	—	−0.001	0.002*	−0.001
	—	—	—	(0.001)	(0.001)	(0.001)
市场化水平	—	—	—	0.013***	0.014***	0.011***
	—	—	—	(0.003)	(0.003)	(0.003)
基础设施水平	—	—	—	0.005***	0.008***	0.007***
	—	—	—	(0.002)	(0.002)	(0.002)
政府财政支出	—	—	—	0.017***	−0.000	0.017**
	—	—	—	(0.006)	(0.004)	(0.007)
第一产业增加值占地区生产总值比重	—	—	—	−0.027	−0.107***	−0.084***
	—	—	—	(0.027)	(0.022)	(0.025)
第三产业增加值占地区生产总值比重	—	—	—	0.020**	0.041***	0.026***
	—	—	—	(0.008)	(0.007)	(0.008)
城乡收入差距的滞后项	0.805***	0.733***	0.750***	0.793***	0.737***	0.743***
	(0.003)	(0.004)	(0.004)	(0.021)	(0.024)	(0.021)
常数项	0.036***	0.078***	0.072***	0.033**	0.079***	0.082***
	(0.001)	(0.004)	(0.003)	(0.015)	(0.016)	(0.013)

(续表)

变量	因变量:城乡收入差距(泰尔指数)					
	(1)	(2)	(3)	(4)	(5)	(6)
AR(1)	−2.946	−2.953	−2.928	−2.924	2.860	−2.874
	(0.003)	(0.003)	(0.003)	(0.004)	(0.004)	(0.004)
AR(2)	−1.318	−1.158	−0.988	−1.471	−1.208	−1.062
	(0.188)	(0.247)	(0.323)	(0.141)	(0.227)	(0.288)
Sargan	29.445	29.508	29.566	28.822	28.608	29.653
	(p=1.00)	(p=1.00)	(p=1.00)	(p=1.00)	(p=1.00)	(p=1.00)
观察值	527	527	527	527	527	527

注:括号内数值为标准误,"*""**""***"分别代表10%、5%和1%的显著水平,AR检验括号中显示的是 p 值。

按照中介效应模型检验过程,表5-3展示了互联网普及对劳动力转移的影响的回归结果。首先,各模型回归的残差相关性检验都通过了显著性水平为10%的检验,同时 Sargan 检验显示工具变量有效,表明模型的设定较为合理。其次,实证结果显示:互联网普及变量对"二三产业就业人口比重"及"人口城镇化水平"的影响系数都显著为正,表明互联网等信息技术的应用对人口城镇化及总就业人口中二三产业就业人口比重增加都起着重要的推动作用,有利于促进农村剩余劳动力转移。一方面,互联网的普及对农村居民的生产方式和生活品质产生了潜移默化的影响,提高了农业生产率,改变了农村居民的传统发展观念,降低了农村劳动力在非农就业过程中所面临的物质成本、时间成本和心理成本,改善了城市的服务效率和供给能力,从而促进了农村劳动力向城市聚集并融入都市[52,257]。另一方面,现代信息技术催生的"新经济"①,促进了"虚拟经济"和"现实经济"的深度融合,使资源配置更加合理,降低了交易成本,使传统产业得到了再改造,不断促进产业结构的优化升级,也催生了更多新兴行业、部门和经济形态,吸纳了大量农村剩余劳动力。

---

① "新经济"一词最早出现在美国《商业周刊》(Business Week)于1996年12月30日发表的一组文章中,随后"新经济"通常指信息技术(Information Technology, IT)革命及由信息技术革命所带动的以高新技术为核心的经济。

表 5-3 互联网普及对劳动力转移的影响

变量	因变量							
	人口城镇化水平				二三产业就业人口比重			
	(1)	(2)	(3)	(4)	(5)	(6)	(7)	(8)
互联网普及率	0.018***	0.008***	0.007***	0.007***	0.018***	0.029***	0.031***	0.030***
	(0.001)	(0.001)	(0.001)	(0.001)	(0.003)	(0.003)	(0.005)	(0.005)
经济开放程度	—	−0.000	−0.000	0.000	—	0.026***	0.029***	0.026***
		(0.001)	(0.001)	(0.001)		(0.002)	(0.003)	(0.003)
市场化水平	—	−0.016***	−0.017***	−0.017***	—	−0.019***	−0.018**	−0.013**
		(0.001)	(0.001)	(0.001)		(0.003)	(0.003)	(0.006)
政府财政支出	—	—	0.003	0.004**	—	—	0.001	0.003
			(0.002)	(0.002)			(0.011)	(0.011)
人力资本	—	—	—	0.000***	—	—	—	0.001
				(0.000)				(0.001)
人口城镇化水平的滞后项	0.933***	0.945***	0.945***	0.943***	—	—	—	—
	(0.004)	(0.004)	(0.005)	(0.005)				

(续表)

变量	因变量							
	人口城镇化水平				二三产业就业人口比重			
	(1)	(2)	(3)	(4)	(5)	(6)	(7)	(8)
二三产业就业人口比重的滞后项	—	—	—	—	0.870*** (0.011)	0.844*** (0.015)	0.841*** (0.016)	0.843*** (0.021)
常数项	0.039*** (0.002)	0.043*** (0.002)	0.043*** (0.002)	0.040*** (0.003)	0.083*** (0.006)	0.093*** (0.009)	0.093*** (0.010)	0.083*** (0.017)
AR(1)	−3.142 (0.002)	−3.122 (0.002)	−3.126 (0.002)	−3.124 (0.002)	−2.031 (0.042)	−2.029 (0.042)	−2.025 (0.043)	−2.037 (0.042)
AR(2)	−1.179 (0.238)	−0.908 (0.364)	−0.874 (0.382)	−0.883 (0.377)	1.097 (0.273)	1.039 (0.299)	1.060 (0.289)	1.159 (0.246)
Sargan	30.052 (p=1.00)	28.532 (p=1.00)	29.056 (p=1.00)	28.924 (p=1.00)	30.331 (p=1.00)	25.779 (p=1.00)	25.207 (p=1.00)	24.447 (p=1.00)
观察值	527	527	527	527	527	527	527	527

注：括号内数值为标准误，"*""**""***"分别代表10%、5%和1%的显著水平，AR检验括号中显示的是p值。

就控制变量来看,经济开放程度对就业人口中二三产业就业人口比重具有显著的正向影响,表明积极参与国际分工合作对于中国深入推动劳动力就业结构优化具有重要的现实意义。规模以上国有及国有控股工业企业总产出占全部规模以上工业企业总产出的比重对人口城镇化水平及二三产业就业人口比重都具有显著的负向影响,表明中国应进一步提高市场化水平,要在坚持以国有、集体等公有制经济为主体的前提下,进一步鼓励和引导个体、私营等非公有制经济的发展,处理好政府和市场的关系,发挥市场对资源配置的决定性作用。政府财政支出对人口城镇化水平具有显著的正向影响,表明中国政府在调节劳动力资源配置方面发挥着重要作用。人力资本对人口城镇化水平具有显著的正向影响(尽管影响程度较小),表明进一步加大人力资本投资力度,特别是增加农村人力资本存量,对中国城镇化发展具有重要意义。中介效应模型的估计结果表明,互联网普及能够显著缩小中国城乡收入差距,并且劳动力转移在互联网普及和城乡收入差距缩小之间具有中介效应,即互联网普及能够促进中国劳动力资源优化配置,从而缩小城乡发展鸿沟。

5.1.4 稳健性讨论

为进一步验证上述结论的稳健性,本章进行了如下处理:

第一,采用移动电话普及率代替互联网普及率,估计结果如表5-4和表5-5所示。中介模型估计结果表明:移动电话普及能够显著缩小城乡收入差距,并且移动电话普及率提升能够促进人口城镇化水平提升,或促进二三产业就业人口比重增加,从而缩小城乡收入差距。

表5-4 互联网普及对城乡收入差距的影响机制:稳健性检验一

变量	因变量:城乡收入差距(泰尔指数)					
	(1)	(2)	(3)	(4)	(5)	(6)
移动电话普及率	−0.026***	−0.018***	−0.022***	−0.034***	−0.028***	−0.034***
	(0.001)	(0.001)	(0.000)	(0.003)	(0.004)	(0.003)
人口城镇化水平	—	−0.066***	—	—	−0.121***	—
		(0.005)			(0.031)	
二三产业就业人口比重	—	—	−0.044***	—	—	−0.068***
			(0.004)			(0.009)

(续表)

变量	因变量:城乡收入差距(泰尔指数)					
	(1)	(2)	(3)	(4)	(5)	(6)
经济开放程度	NO	NO	NO	YES	YES	YES
人口结构	NO	NO	NO	YES	YES	YES
人力资本	NO	NO	NO	YES	YES	YES
市场化水平	NO	NO	NO	YES	YES	YES
基础设施水平	NO	NO	NO	YES	YES	YES
政府财政支出	NO	NO	NO	YES	YES	YES
第一产业增加值占地区生产总值比重	NO	NO	NO	YES	YES	YES
第三产业增加值占地区生产总值比重	NO	NO	NO	YES	YES	YES
城乡收入差距的滞后项	0.798***	0.736***	0.753***	0.798***	0.768***	0.744***
	(0.004)	(0.003)	(0.006)	(0.015)	(0.016)	(0.018)
常数项	0.041***	0.078***	0.071***	0.039***	0.059***	0.084***
	(0.001)	(0.002)	(0.003)	(0.007)	(0.012)	(0.013)
$AR(1)$	−2.909	−2.914	−2.897	−2.831	−2.848	−2.783
	(0.004)	(0.004)	(0.004)	(0.005)	(0.004)	(0.005)
$AR(2)$	−0.886	−0.856	−0.642	−1.039	−0.981	−0.615
	(0.376)	(0.392)	(0.521)	(0.299)	(0.327)	(0.539)
Sargan	30.649	30.444	30.583	26.905	27.654	28.055
	($p=1.00$)	($p=1.00$)	($p=1.00$)	($p=1.00$)	($p=1.00$)	($p=1.00$)
观察值	527	527	527	527	527	527

注:括号内数值为标准误,"*""**""***"分别代表10%、5%和1%的显著水平,AR检验括号中显示的是p值。

第二,考虑到中国经济是典型的大国经济,各地区经济发展差异性较大,因此剔除北京市、上海市和西藏自治区三地的样本数据,重新进行以上回归,结果如表5-6所示。剔除以上三个地区的样本后,主要结论仍然不变。

第三,考虑到互联网普及率可能是内生的,进一步将互联网普及率视为内生解释变量,并采用互联网普及率的滞后二阶和三阶项作为其工具变量,回归结果如表5-7所示。结果表明:考虑互联网普及率可能存在的内生性问题后,中介效应模型检验结果和基准模型仍然一致,进一步验证了上述结论的可靠性。

第5章 互联网普及、劳动力转移和城乡收入差距

表5-5 互联网普及对劳动力转移的影响:稳健性检验一

变量	因变量							
	人口城镇化水平				二三产业就业人口比重			
	(1)	(2)	(3)	(4)	(5)	(6)	(7)	(8)
移动电话普及率	0.011***	0.004***	0.003***	0.003***	0.015***	0.023***	0.024***	0.026***
	(0.001)	(0.001)	(0.001)	(0.001)	(0.003)	(0.002)	(0.002)	(0.003)
经济开放程度	NO	YES	YES	YES	NO	YES	YES	YES
市场化水平	NO	YES	YES	YES	NO	YES	YES	YES
政府财政支出	NO	NO	YES	YES	NO	NO	YES	YES
人力资本	NO	NO	NO	YES	NO	NO	NO	YES
人口城镇化水平的滞后项	0.931***	0.949***	0.946***	0.944***	—	—	—	—
	(0.004)	(0.005)	(0.005)	(0.006)				
二三产业就业人口比重的滞后项	—	—	—	—	0.856***	0.817***	0.804***	0.804***
					(0.016)	(0.026)	(0.020)	(0.030)
常数项	0.038***	0.041***	0.042***	0.036***	0.087***	0.101***	0.111***	0.113***
	(0.002)	(0.003)	(0.002)	(0.002)	(0.008)	(0.017)	(0.011)	(0.016)
AR(1)	−3.133	−3.122	−3.123	−3.123	−2.041	−2.033	−2.029	−2.034
	(0.002)	(0.002)	(0.002)	(0.002)	(0.041)	(0.042)	(0.042)	(0.042)
AR(2)	−1.128	−0.832	−0.819	−0.824	1.077	1.050	1.060	1.053
	(0.260)	(0.405)	(0.413)	(0.410)	(0.281)	(0.294)	(0.289)	(0.292)
Sargan	30.436	29.447	30.110	29.283	29.077	27.138	27.304	26.787
	($p=1.00$)	($p=1.00$)	($p=1.00$)	($p=1.00$)	($p=1.00$)	($p=1.00$)	($p=1.00$)	($p=1.00$)
观察值	527	527	527	527	527	527	527	527

注:括号内数值为标准误,"*""**""***"分别代表10%、5%和1%的显著水平,AR检验话号中显示的是 p 值。

表 5-6 互联网普及对城乡收入差距的影响机制：稳健性检验二

变量	城乡收入差距方程 城乡收入差距（泰尔指数）						劳动力转移方程	
	(1)	(2)	(3)	(4)	(5)	(6)	(7) 人口城镇化水平	(8) 二三产业就业人口比重
互联网普及率	-0.042*** (0.001)	-0.019*** (0.002)	-0.032*** (0.002)	-0.037*** (0.007)	-0.026*** (0.006)	-0.036*** (0.007)	0.015*** (0.002)	0.051*** (0.009)
人口城镇化水平	—	-0.086*** (0.008)	—	—	-0.089*** (0.023)	—	—	—
二三产业就业人口比重	—	—	-0.052*** (0.005)	—	—	-0.027* (0.015)	—	—
控制变量	NO	NO	NO	YES	YES	YES	YES	YES
城乡收入差距的滞后项	0.824*** (0.004)	0.768*** (0.004)	0.784*** (0.003)	0.849*** (0.023)	0.804*** (0.023)	0.825*** (0.024)	—	—
人口城镇化水平的滞后项	—	—	—	—	—	—	0.921*** (0.006)	—

(续表)

变量	城乡收入差距方程						劳动力转移方程	
	城乡收入差距(泰尔指数)						人口城镇化水平	二三产业就业人口比重
	(1)	(2)	(3)	(4)	(5)	(6)	(7)	(8)
二三产业就业人口比重的滞后项	—	—	—	—	—	—	—	0.805***
								(0.024)
常数项	0.034***	0.077***	0.067***	0.033*	0.063***	0.058***	0.040***	0.133***
	(0.001)	(0.004)	(0.003)	(0.018)	(0.020)	(0.021)	(0.003)	(0.020)
AR(1)	−3.566	−3.534	−3.536	−3.556	−3.515	−3.487	−3.024	−1.986
	(0.000)	(0.000)	(0.000)	(0.000)	(0.000)	(0.001)	(0.003)	(0.047)
AR(2)	−1.388	−1.328	−1.072	−1.381	−1.672	−1.292	−1.145	1.175
	(0.165)	(0.184)	(0.284)	(0.167)	(0.095)	(0.197)	(0.252)	(0.240)
Sargan	26.693	26.473	26.719	24.975	25.054	25.514	25.448	23.078
	(p=1.00)	(p=1.00)	(p=1.00)	(p=1.00)	(p=1.00)	(p=1.00)	(p=1.00)	(p=1.00)
观察值	476	476	476	476	476	476	476	476

注:括号内数值标准误,"*""**""***"分别代表10%、5%和1%的显著水平,AR检验括号中显示的是p值。

表 5-7 互联网普及对城乡收入差距的影响机制:稳健性检验三

变量	城乡收入差距方程						劳动力转移方程	
	城乡收入差距			城乡收入差距(泰尔指数)			人口城镇化水平	二三产业就业人口比重
	(1)	(2)	(3)	(4)	(5)	(6)	(7)	(8)
互联网普及率	−0.033***	−0.021***	−0.026***	−0.038***	−0.016	−0.032***	0.004*	0.014***
	(0.001)	(0.002)	(0.001)	(0.006)	(0.010)	(0.010)	(0.002)	(0.004)
人口城镇化水平	—	−0.073***	—	—	−0.167***	—	—	—
		(0.007)			(0.024)			
二三产业就业人口比重	—	—	−0.047***	—	—	−0.066**	—	—
			(0.004)			(0.030)		
控制变量	NO	NO	NO	YES	YES	YES	YES	YES
城乡收入差距的滞后项	0.859***	0.765***	0.802***	0.803***	0.733***	0.785***	—	—
	(0.010)	(0.009)	(0.012)	(0.027)	(0.030)	(0.024)		
人口城镇化水平的滞后项	—	—	—	—	—	—	0.953***	—
							(0.007)	

(续表)

变量	城乡收入差距方程（城乡收入差距（泰尔指数））						劳动力转移方程	
	(1)	(2)	(3)	(4)	(5)	(6)	人口城镇化水平 (7)	二三产业就业人口比重 (8)
二三产业就业人口比重的滞后项	—	—	—	—	—	—	—	0.868*** (0.012)
常数项	0.034*** (0.001)	0.072*** (0.004)	0.060*** (0.003)	0.037* (0.019)	0.086*** (0.018)	0.070*** (0.021)	0.032*** (0.004)	0.066*** (0.011)
AR(1)	−2.950 (0.003)	−2.953 (0.003)	−2.946 (0.003)	−2.956 (0.003)	−2.843 (0.005)	−2.897 (0.004)	−3.128 (0.002)	−2.042 (0.041)
AR(2)	−1.317 (0.188)	−1.186 (0.236)	−1.056 (0.291)	−0.954 (0.340)	−0.884 (0.377)	−0.722 (0.470)	−0.811 (0.417)	1.178 (0.239)
Sargan	30.498 ($p=1.00$)	30.984 ($p=1.00$)	30.142 ($p=1.00$)	30.274 ($p=1.00$)	27.877 ($p=1.00$)	28.029 ($p=1.00$)	28.745 ($p=1.00$)	24.932 ($p=1.00$)
观察值	527	527	527	527	527	527	527	527

注：括号内数值为标准误，"*"、"**"、"***"分别代表10%、5%和1%的显著水平，AR检验括号中显示的是p值。

5.1.5 长期效应分析

上述动态面板模型估计结果的系数大小仅反映了各变量对因变量的短期影响大小,本书进一步关注互联网普及对城乡收入差距的长期影响效果。借鉴 Dong 和 Hao[239]、Brülhart 和 Mathys[258]以及 Halkos 和 Paizanos[259]等的做法,通过同期测定效应将 ADL(1,0)模型转换成公因数模型后,互联网普及对城乡收入差距的长期影响效果可表示为:互联网普及对城乡收入差距的短期影响系数比上1和城乡收入差距滞后项系数的差值。以式(4-3)为例,互联网普及对城乡收入差距的长期影响效果可以表示为 $\alpha = \alpha_2/(1-\alpha_1)$。另外,由于 α 代表一种非线性关系,本书采用 Stata 15 软件执行 testnl 命令对这一参数进行显著性检验[81]。互联网普及对城乡收入差距影响的长期结果如表 5-8 所示。

表 5-8　　互联网普及对城乡收入差距的长期影响

变量	城乡收入差距(泰尔指数)					
	(1)	(2)	(3)	(4)	(5)	(6)
互联网普及率	−0.217***	−0.104***	−0.139***	−0.257***	−0.106***	−0.194***
	(0.000)	(0.000)	(0.000)	(0.000)	(0.000)	(0.000)
人口城镇化水平	—	−0.274***	—	—	−0.594***	—
	—	(0.000)	—	—	(0.000)	—
二三产业就业人口比重	—	—	−0.208***	—	—	−0.262***
	—	—	(0.000)	—	—	(0.000)
控制变量	NO	NO	NO	YES	YES	YES
观察值	527	527	527	527	527	527

注:括号内代表 p 值,"*""**""***"分别代表10%、5%和1%的显著水平。

由表 5-8 结果可知,列(1)结果表明,当不加入劳动力转移和控制变量时,互联网普及对城乡收入差距的长期影响系数为−0.217(在1%水平上显著)。在列(4)中加入控制变量后,互联网普及对城乡收入差距的影响系数仍然显著为负,表明从长期来看互联网普及也对城乡收入差距具有显著的缩减作用。在城乡收入差距方程中加入劳动力转移变量后,列(2)、列(3)、列(5)和列(6)中劳动力转移变量系数仍然显著为负。并且,列(2)和列(3)中互联网普及率系数的绝对值较列(1)都明显减小,而在加入其他控制变量后,列(5)和列(6)中互联网普及系数的绝对值也较列(4)有所减小。

表5-9列出了移动电话普及对城乡收入差距的长期影响结果,列(1)结果表明,当不加入劳动力转移变量和控制变量时,移动电话普及对城乡收入差距的长期影响系数为-0.129(在1%水平上显著)。列(4)中加入控制变量后,移动电话普及对城乡收入差距的影响系数仍然显著为负,表明从长期来看,移动电话普及也对城乡收入差距具有显著的缩减效应。在城乡收入差距方程中加入劳动力转移变量后,列(2)、列(3)、列(5)和列(6)中劳动力转移变量系数仍然显著为负。并且,列(2)和列(3)中移动电话普及率系数的绝对值较列(1)明显减小,而在加入其他控制变量后,列(5)和列(6)中移动电话普及率系数的绝对值相较于列(4)也有所减小。

表5-9　　移动电话普及对城乡收入差距的长期影响

变量	城乡收入差距(泰尔系数)					
	(1)	(2)	(3)	(4)	(5)	(6)
移动电话普及率	-0.129***	-0.068***	-0.089***	-0.169***	-0.121***	-0.133***
	(0.000)	(0.000)	(0.000)	(0.000)	(0.000)	(0.000)
人口城镇化水平	—	-0.251***	—	—	-0.522***	—
	—	(0.000)	—	—	(0.000)	—
二三产业就业人口比重	—	—	-0.179***	—	—	-0.265***
	—	—	(0.000)	—	—	(0.000)
控制变量	NO	NO	NO	YES	YES	YES
观察值	527	527	527	527	527	527

注:括号内代表p值,"*""**""***"分别代表10%、5%和1%的显著水平。

5.2　微观视角

上述宏观分析表明,互联网普及有利于促进劳动力转移,从而改善城乡收入差距现状。本节将进一步从微观个体视角解读互联网使用对农村劳动力非农就业行为和决策的影响,从而更深入理解互联网普及影响城乡收入差距的内在机制。

5.2.1 数据来源

本部分采用的数据源于2018年的中国家庭追踪调查(China Family Panel Studies,CFPS),CFPS由北京大学中国社会科学调查中心实施,旨在通过追踪调查个体、家庭和社区三个层面的信息来反映中国经济社会的发展状况。CFPS覆盖了中国的25个省(自治区、直辖市),覆盖1.6万户家庭(所有家庭成员都接受了调查)。为考察互联网使用对农村劳动力非农就业的影响,选取的CFPS样本为农业户口且非学生受访者,考虑到非农就业人口主要为青壮年,进一步将样本年龄限制在18~60岁。

5.2.2 模型设定

为考察互联网使用对微观个体非农就业的影响,设定如下计量模型:

$$Non\_farm_i = \alpha_0 + \alpha_1 Internet_i + \gamma Z + \varepsilon_i \tag{5-3}$$

式(5-3)中,Non_farm_i表示第i个受访者的非农就业状态,即非农就业为1,否则为0。$Internet$为核心解释变量(是否使用互联网),反映了受访者对互联网的使用情况,使用互联网为1(包括使用手机上网和使用计算机上网),否则为0。Z为一组影响农村劳动力非农就业的人口学和社会经济学控制变量,主要包括:性别(男性为1,女性为0)、年龄、宗教信仰(信仰宗教为1,否则为0)、政治身份(中国共产党党员为1,否则为0)、受教育年限、健康状况(不健康=1,一般=2,比较健康=3,很健康=4,非常健康=5)、婚姻状况(未婚=1,已婚=2,离婚或丧偶=3)及家庭人口数。本书在模型中还控制了受访者的家庭资产状况这一变量,该变量以受访者家庭是否拥有汽车来衡量,即拥有为1,否则为0。并且,该变量在一定程度上还能反映农村劳动力的通勤交通状况,这都会影响农村劳动力的非农就业状况。此外,本书还控制了受访者的社会资本变量。相关研究普遍认为,社会资本提高有利于增强农村劳动力获取就业信息的能力,降低就业成本,提高就业效率,促进农村劳动力非农就业和创业,提高非农收入[260-262]。借鉴方黎明和谢远涛[263]、刘一伟和汪润泉[264]的做法,采用家庭人均礼金数来衡量社会资本变量。为控制省份层面的固定效应,本书在模型中还加入了一系列省份虚拟变量。需要说明的是,本书剔除了所有回答"不知道""不想说"和"不确定"的样本,同时剔除了所有样本的缺失值,最终得到11 148个有效样本。主要变量的描述性统计结果如表5-10所示。可以看出,样本中有53.1%的农村劳动力非农就业,样本中互联网使用率为56.6%,样本平均年龄约为42岁。此外,样本的平均受教育年限为7.367年(低于高中水平),表明农村居民的整体受教育程度偏低。

表5-10　　　　　　　　主要变量的描述性统计

变量	定义	平均值	标准差
非农就业状况	非农就业=1,否则为0	0.531	0.499
是否使用互联网	使用互联网=1,否则为0	0.566	0.496
性别	男性=1,女性=0	0.527	0.499
年龄	受访者2018年的实际年龄	41.874	11.172
宗教信仰	宗教信仰:信仰宗教=1,否则为0	0.027	0.161
政治身份	中国共产党党员=1,否则为0	0.009	0.092
受教育年限	受访者的受教育年限	7.367	4.480
健康状况	不健康=1,一般=2,比较健康=3,很健康=4,非常健康=5	3.094	1.202
婚姻状况	未婚=1,已婚=2,离婚或丧偶=3	1.922	0.389
家庭人口数	家庭人口数	4.401	2.069
家庭资产	拥有汽车=1,否则为0	0.336	0.472
社会资本	家庭人均礼金数(千元)	1.247	2.604

图5-1展现了网民(互联网使用者)和非网民受访者(非互联网使用者)的非农就业差异。可以看出,农村网民样本非农就业比例为69.88%,远高于农村非网民样本非农就业比例(31.26%)。

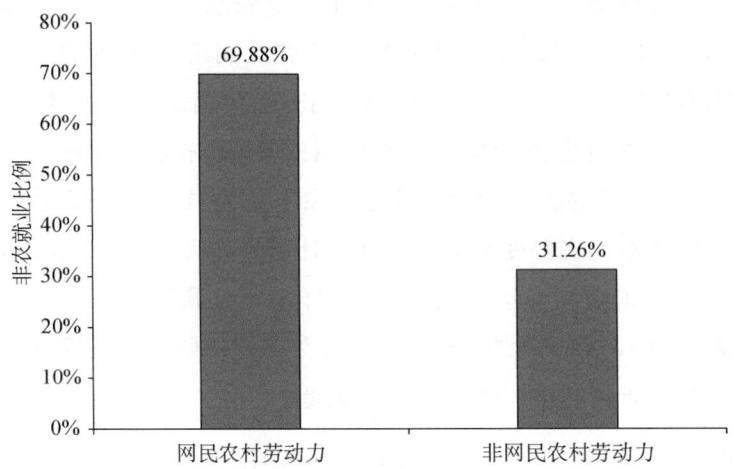

图 5-1　网民和非网民农村劳动力非农就业状况差异

进一步,表5-11列出了细分样本中网民和非网民农村劳动力的非农就业比例。首先,对于全样本中的不同群体来说,农村劳动力非农就业比例具有显著差异。表现为:男性非农就业比例大于女性,这可能与中国农村传统的家庭观念有关,即农村家庭通常由男性担当"顶梁柱",承担获取经济收入的重任,而女性更多承担照料家庭、父母及子女的责任。高受教育水平农村劳动力非农就业比例要明显大于低受教育水平农村劳动力,而年轻农村人口非农就业比例大于年长农村人口。具体地,在考察样本中,40岁及以下农村样本的非农就业比例达75.1%,大于40岁以上农村样本(36.9%)。年轻农村劳动力,特别是新生代农村劳动力,拥有更加开放的发展观念,融入城市的愿望强烈。并且,年轻农村劳动力的受教育水平往往比老一代农村劳动力高,更能接受城市居民的生活方式和生活观念,更容易在非农部门(特别是服务业)得到工作机会。对于处于不同婚姻状况的农村人口来说,未婚农村劳动力样本中,非农就业的比例为84.23%,明显大于已婚或离婚(丧偶)农村劳动力(分别为49.02%和47.4%)。从家庭资产差异来看,家庭拥有汽车的农村劳动力样本非农就业的比例为64.22%,大于家庭没有汽车的农村劳动力样本。其次,对于不同细分人群,网民农村劳动力非农就业比例明显高于非网民农村劳动力。例如,男性网民农村劳动力非农就业比例为74.06%,而男性非网民农村劳动力非农就业比例仅为40.44%。

表 5-11　细分样本中网民和非网民农村劳动力的非农就业状况

变量	非网民	网民	全样本
男性	40.44%	74.06%	60.89%
女性	22.94%	64.41%	44.42%
年龄大于 40 岁	28.58%	51.83%	36.90%
年龄小于等于 40 岁	46.60%	80.22%	75.10%
受教育年限 0~9 年	30.14%	61.03%	45.21%
受教育年限 10~12 年	46.39%	83.80%	76.41%
受教育年限 13 年及以上	79.17%	96.30%	95.86%
未婚	49.70%	89.20%	84.23%
已婚	30.62%	65.52%	49.02%
离婚或丧偶	30.38%	66.99%	47.40%
家庭拥有汽车	39.37%	75.67%	64.22%
家庭没汽车	28.65%	65.92%	47.49%

为直观反映互联网使用和农村劳动力非农就业的关系,进一步计算得到各省份因变量非农就业状况和核心解释变量是否使用互联网的均值,并用散点图来刻画各省份间非农就业均值和互联网使用均值之间的关系[①]。结果表明,在省份层面上,互联网使用均值和非农就业状况均值具有稳定的一致性变化趋势,即随着省份层面农村劳动力互联网使用率(互联网普及率)的提升,农村劳动力非农就业的比例增大。

5.2.3　基准模型的估计结果

由于被解释变量非农就业是一个 0 和 1 的二值变量,本书采用 Probit 模型进行估计,如表 5-12 中列(3)至列(6)所示。此外,作为比较,列(1)和列(2)也给出了 OLS 的估计结果。可以看出,无论是 OLS 估计还是 Probit 估计,核心解释变量的系数符号及显著性都高度一致。而在列(1)和列(2)中,加入控制变量后模型的拟合优度 R^2 增加。因此,初步来看模型的设定和估计结果较好。

---

① 散点图不作展示,感兴趣的读者可联系作者索要。

表 5-12　　互联网使用对农村劳动力非农就业的影响

变量	因变量:非农就业状况					
	OLS		Probit			
	(1)	(2)	(3)	(4)	(5)	(6)
是否使用互联网	0.354***	0.121***	1.008***	0.522***	0.369***	0.344***
	(0.009)	(0.011)	(0.026)	(0.031)	(0.032)	(0.033)
年龄	—	−0.011***	—	−0.045***	−0.039***	−0.039***
	—	(0.001)	—	(0.001)	(0.002)	(0.002)
性别	—	0.099***	—	0.415***	0.327***	0.331***
	—	(0.008)	—	(0.027)	(0.028)	(0.028)
政治身份	—	−0.048	—	0.028	−0.152	−0.187
	—	(0.038)	—	(0.156)	(0.157)	(0.161)
宗教信仰	—	0.006	—	0.030	0.037	0.032
	—	(0.025)	—	(0.085)	(0.087)	(0.087)
受教育年限	—	0.020***	—	—	0.074***	0.071***
	—	(0.001)	—	—	(0.004)	(0.004)
健康状况	—	0.009***	—	—	0.035***	0.033***
	—	(0.003)	—	—	(0.012)	(0.012)
婚姻状况(未婚作为参考)						
已婚	—	0.025*	—	—	−0.010	−0.047
	—	(0.013)	—	—	(0.058)	(0.058)
离婚或丧偶	—	0.046**	—	—	0.026	0.009
	—	(0.023)	—	—	(0.088)	(0.089)
家庭人口数	—	−0.015***	—	—	—	−0.064***
	—	(0.002)	—	—	—	(0.007)
社会资本	—	0.002**	—	—	—	0.015**
	—	(0.001)	—	—	—	(0.008)
家庭资产	—	0.067***	—	—	—	0.228***
	—	(0.009)	—	—	—	(0.031)

(续表)

变量	因变量:非农就业状况					
	OLS		Probit			
	(1)	(2)	(3)	(4)	(5)	(6)
常数项	0.584***	0.852***	0.449**	2.248***	1.569***	1.583***
	(0.032)	(0.041)	(0.179)	(0.189)	(0.219)	(0.220)
省份	YES	YES	YES	YES	YES	YES
R^2	0.230	0.342	—	—	—	—
观察值	11 148	11 148	11 148	11 148	11 148	11 148

注:括号内数值为稳健标准误,"*""**""***"分别代表10%、5%和1%的显著水平,数据源于2018年的CFPS。

由于表5-12中Probit估计结果不能直接反映各自变量对因变量的边际影响效果,因此根据表5-12中列(6)的估计结果,表5-13列出了各变量对农村劳动力非农就业的边际影响效果。具体来看,互联网使用对农村劳动力非农就业具有显著的正向影响,与不使用互联网的农村劳动力相比,使用互联网的农村劳动力非农就业的概率高9.4%。该结论与上述宏观研究结果相一致,表明互联网普及有利于农村剩余劳动力转移,从而增加农村劳动力收入,缩小城乡发展鸿沟。

表5-13 互联网使用对农村劳动力非农就业的边际影响

变量	边际影响
是否使用互联网	0.094***
年龄	−0.011***
性别	0.090***
政治身份	−0.051
宗教信仰	0.009
受教育年限	0.019***
健康状况	0.009***
婚姻状况(未婚作为参考)	
已婚	−0.013

(续表)

变量	边际影响
离婚或丧偶	0.002
家庭人口数	−0.019***
社会资本	0.004**
家庭资产	0.062***

注:"*""**""***"分别代表10%、5%和1%的显著水平,数据源于2018年的CFPS。

与现有主流文献研究结论一致,本书也进一步证实了农村劳动力非农就业行为是众多因素共同作用的结果。具体地:年龄与家庭人口规模都和农村劳动力非农就业之间具有显著的负相关关系,即年轻的农村劳动力非农就业的概率更高,而来自人口规模更大的农村家庭的农村劳动力非农就业的概率更低,可能原因在于其需要承担更多的家庭照料工作(如儿童和老人日常照料);与农村女性劳动力相比,农村男性劳动力非农就业的概率更大;家庭资产、人力资本和社会资本在农村劳动力非农就业活动中具有重要的作用,具体表现为家庭资产、健康人力资本、教育人力资本和社会人力资本的提升都能够显著促进农村劳动力非农就业。农村劳动力受教育程度每增加一年,其非农就业的概率增加1.9%。相比较而言,使用互联网对农村劳动力非农就业带来的积极效应相当于农村劳动力增加4.95年的受教育经历。值得注意的是,本书并没有发现政治因素、婚姻状况和宗教因素对农村劳动力非农就业具有显著影响。

5.2.4 稳健性分析

为验证上述结论的稳健性,进一步做以下处理:

第一,上述因变量仅反映了受访者是否非农就业的状况,本书进一步采用农村劳动力就业类型替代因变量。将就业类型设置为一个1~4的有序变量,受访者从事自家农业生产经营为1,从事农业打工为2,从事非农散工或者非农受雇为3,经营私营企业、个体工商户或者其他类型自雇为4。就业类型赋值越高,代表农村劳动力非农就业程度越高。采用Ordered Probit模型的估计结果如表5-14所示。可以看出,列(1)至列(4)中互联网使用的系数都为正,且均通过了显著性水平为1%的检验,表明互联网使用能够促进农村劳动力实现由单纯从事农业生产经营到受雇和自雇等多种非农就业形式的转变。

表 5-14　互联网使用对农村劳动力就业类型的影响(Ordered Probit)

	因变量:非农就业类型			
	(1)	(2)	(3)	(4)
是否使用互联网	0.814***	0.489***	0.370***	0.337***
	(0.025)	(0.029)	(0.030)	(0.030)
年龄	—	−0.027***	−0.025***	−0.025***
	—	(0.001)	(0.001)	(0.001)
性别	—	0.305***	0.272***	0.274***
	—	(0.023)	(0.023)	(0.023)
政治身份	—	−0.090	−0.168*	−0.193*
	—	(0.097)	(0.099)	(0.101)
宗教信仰	—	0.175**	0.193**	0.190**
	—	(0.080)	(0.081)	(0.081)
受教育年限	—	—	0.051***	0.047***
	—	—	(0.003)	(0.003)
健康状况	—	—	0.026**	0.023**
	—	—	(0.010)	(0.010)
婚姻状况(未婚作为参考)				
已婚	—	—	0.303***	0.239***
	—	—	(0.036)	(0.037)
离婚或丧偶	—	—	0.318***	0.282***
	—	—	(0.066)	(0.066)
家庭人口数	—	—	—	−0.029***
	—	—	—	(0.006)
社会资本	—	—	—	0.013**
	—	—	—	(0.007)

(续表)

	因变量:非农就业类型			
	(1)	(2)	(3)	(4)
家庭资产	—	—	—	0.308***
	—	—	—	(0.026 0)
省份	YES	YES	YES	YES
观察值	11 148	11 148	11 148	11 148

注:括号内数值为稳健标准误,"*""**""***"分别代表10%、5%和1%的显著水平,数据源于2018年的CFPS。

为进一步考察互联网使用对农村劳动力不同就业类型的影响差异,根据表5-14中列(4)计算得出互联网使用对农村劳动力不同就业行为的边际影响,如表5-15所示。结果表明,互联网使用减小了农村劳动力从事农业生产经营和农业打工的概率,而增加了农村劳动力非农受雇以及自雇的概率。具体地,使用互联网农村劳动力从事非农散工或非农受雇的概率增加5.3%,而从事自雇等创业活动的概率增加5.5%。

表5-15 互联网使用对农村劳动力就业类型影响的边际效应(Ordered Probit):稳健性检验

变量	自家农业生产经营	农业打工	非农散工或非农受雇	自雇
	(1)	(2)	(3)	(4)
是否使用互联网	−0.108***	−0.000***	0.053***	0.055***
	(0.010)	(0.000)	(0.005)	(0.005)

注:括号内数值为稳健标准误,"*""**""***"分别代表10%、5%和1%的显著水平,数据源于2018年的CFPS。

第二,根据受访者上网方式不同,构建两个二值虚拟变量,分别为"是否使用电脑上网"和"是否移动上网",估计结果如表5-16所示。结果表明,无论是使用电脑上网还是移动上网都对农村劳动力非农就业具有显著的正向影响。相比较而言,移动上网对农村劳动力非农就业具有更强的影响。原因可能在于,使用电脑上网对农村劳动力来说存在较高的门槛,这不仅包括物质条件的限制,还涉及非物质层面的技能和知识要求。而与之相对的是,通过移动客户端上网对使用者的接入门槛要求比较低,特别是随着智能手机的发展,农村居民也能很轻易地通过手机访问互联网,在各类与就业有关的App和网站寻找工作信息,大大提高了自身就业的效率,增加了自身非农就业的机会,这也进一步支持了第4章的研究结论。

表5-16　　上网方式对农村劳动力非农就业的影响:稳健性检验

变量	因变量:非农就业状况			
	(1)	(2)	(3)	(4)
是否使用电脑上网	0.975***	0.318***	—	—
	(0.026)	(0.032)	—	—
是否移动上网	—	—	1.278***	0.464***
	—	—	(0.042)	(0.049)
控制变量	NO	YES	NO	YES
省份	YES	YES	YES	YES

注:括号内数值为稳健标准误,"*""**""***"分别代表10%、5%和1%的显著水平,数据源于2018年的CFPS。

5.2.5　内生性讨论

核心解释变量互联网使用可能是内生的,通常来说,非农就业的农村劳动力可能具有更高的收入和人力资本,并且他们在工作中使用互联网的可能性更高,即非农就业也可能反向作用于农村劳动力的互联网使用行为。

为处理可能存在的内生性问题,进一步采用受访者2016年的互联网使用状况来替代核心解释变量,主要逻辑在于受访者非农就业状态并不能影响其过去的互联网使用状况,估计结果如表5-17中列(1)和列(2)所示;同时,列(3)和列(4)汇报了只利用2016年不使用互联网的样本进行回归的结果。结果表明,农村劳动力2016年使用互联网能够显著促进其在2018年非农就业。并且,当仅使用2016年不使用互联网的样本进行回归时,互联网使用仍然对农村劳动力非农就业具有显著的正向影响。此外,本书还综合使用2016年和2018年的CFPS数据,通过平衡面板数据重新进行估计,结果仍然稳健①。

---

① 采用2016年和2018年的两期平衡面板数据,当只使用在2016年不使用互联网的样本进行固定效应回归时,相当于开展双重差分法(Differences-in-Differences, DID)估计,可以有效减少内生性问题。

表 5-17　互联网使用和农村劳动力非农就业:内生性讨论

变量	因变量:非农就业状况			
	(1)	(2)	(3)	(4)
是否使用互联网 (2016 年)	1.144*** (0.029)	0.455*** (0.037)	— —	— —
是否使用互联网	— —	— —	0.538*** (0.041)	0.234*** (0.046)
控制变量	NO	YES	NO	YES
省份	YES	YES	YES	YES
观察值	9 428	9 428	5 272	5 272

注:括号内数值为稳健标准误,"*""**""***"分别代表 10%、5% 和 1% 的显著水平,数据源于 2018 年的 CFPS。

5.2.6　异质性分析

首先,不同人群互联网使用和非农就业状况具有显著差异。其次,不同人群互联网利用程度及受互联网信息影响程度具有差异,从而导致互联网使用对不同人群非农就业的影响可能不同。鉴于此,本书进一步考察细分样本中互联网使用对农村劳动力非农就业的影响,估计结果如表 5-18 所示。

表 5-18 中列(1)和列(2)分别考察了互联网使用对男性和女性农村劳动力非农就业的影响,列(3)和列(4)分别为互联网使用对高中及以上受教育水平农村劳动力和初中及以下受教育水平农村劳动力非农就业的影响效果,而列(5)和列(6)分别列出了互联网使用对 40 岁及以下和 40 岁以上农村劳动力非农就业的影响效果。一方面,互联网使用对 6 类细分人群的非农就业都具有显著的正向影响,这进一步验证了上述基准模型估计结果的稳健性。另一方面,从互联网使用对不同人口非农就业的影响差异来看:性别方面,互联网使用对女性非农就业的影响更大。在传统的劳动力市场上,女性在求职过程中往往面临许多困境。随着互联网的普及,女性可以通过互联网快速搜索就业信息,找到适合自己的工作岗位。同时,互联网技术催生了一系列新兴行业,如网络主播和微商等,极大增强了女性就业岗位的多样性。并且,互联网突破了时间和空间的限制,使女性

在照料家庭及兼顾事业方面更加的灵活,对推动现代女性就业市场变革起到了重要的作用。上述结论也表明,互联网在改善劳动力市场性别不平等情况方面具有重要潜力。受教育方面,互联网使用对高中及以上受教育水平的农村劳动力非农就业的影响要大于初中及以下受教育水平的农村劳动力,教育能够促进农村互联网普及率的提高,并且教育也有利于农村劳动力使用互联网搜索就业信息及非农就业的能力的提高。值得注意的是,本书中互联网使用对40岁以上农村劳动力非农就业的影响要大于40岁及以下农村劳动力,原因可能在于年轻农村劳动力通常具有更加开放的发展观念,该人群非农就业的比例高。与之不同的是,年龄较大的农村劳动力长期从事农业生产活动,发展观念受到较大束缚,在传统劳动力市场上获取非农业就业信息困难,因而互联网在改变这一农村人群发展观念、促进其非农就业方面具有更大的影响。

表 5-18　互联网使用和农村劳动力非农就业:异质性分析一

变量	因变量:非农就业状况					
	男性	女性	高中及以上	初中及以下	40岁及以下	40岁以上
	(1)	(2)	(3)	(4)	(5)	(6)
是否使用互联网	0.307***	0.415***	0.444***	0.426***	0.395***	0.487***
	(0.045)	(0.049)	(0.109)	(0.033)	(0.062)	(0.037)
控制变量	YES	YES	YES	YES	YES	YES
省份	YES	YES	YES	YES	YES	YES
观察值	5 858	5 268	2 185	8 893	4 648	6 417

注:括号内数值为稳健标准误,"*""**""***"分别代表10%、5%和1%的显著水平,数据源于2018年的CFPS。

其次,农村劳动力主要上网浏览内容和上网目的的差异也可能会造成互联网使用对农村劳动力非农就业的影响有所不同。因此,本书进一步根据农村劳动力上网浏览内容和上网目的将互联网使用活动分为:工作中使用互联网、使用互联网从事商业活动、使用互联网进行社交活动、使用互联网进行娱乐活动以及使用互联网搜索信息。询问受访者使用互联网进行各类互联网活动对其的重要性,将受访者的回答从"非常不重要"到"非常重要"分别赋值1~5。上网浏览内容和上网目的对农村劳动力非农就业影响的估计结果如表5-19所示。

表5-19　　互联网使用和农村劳动力非农就业：异质性分析二

变量	因变量：非农就业状况				
	(1)	(2)	(3)	(4)	(5)
工作中使用互联网	0.087***	—	—	—	—
	(0.029)				
使用互联网从事商业活动	—	0.062***	—	—	—
		(0.020)			
使用互联网进行社交活动	—	—	0.049***	—	—
			(0.017)		
使用互联网进行娱乐活动	—	—	—	0.041**	—
				(0.016)	
使用互联网搜索信息	—	—	—	—	0.100***
					(0.010)
控制变量	YES	YES	YES	YES	YES
省份	YES	YES	YES	YES	YES
观察值	2 559	4 142	5 765	5 618	11 131

注：括号内数值为稳健标准误，"*""**""***"分别代表10%、5%和1%的显著水平，数据源于2018年的CFPS。

根据表5-19可知：①使用互联网办公或者从事商业活动能够显著促进农村劳动力非农就业，互联网的普及能够降低农村劳动力非农就业的成本，网络打破了时间和空间的限制，增强了农村劳动力非农就业的选择性。②使用互联网进行社交活动对农村劳动力非农就业的影响系数为正，且在1%水平上显著。随着各类社交软件（如微信、QQ）的出现，农村居民参与社会互动的能力和频率大大提高，这有利于农户提高自身的社会资本。根据方黎明和谢远涛[263]、蒋乃华和卞智勇[265]等的研究，社会资本在促进农村劳动力非农就业、降低农村劳动力失业风险方面发挥着重要作用。③使用互联网进行娱乐活动有利于促进农村劳动力非农就业，原因可能在于，农村劳动力在城市部门从事非农活动或跨地区从事非农活动面临着饮食、语言和社会交往等众多方面的挑战，往往付出了较高的心理成本,而互联网能够丰富农村劳动力业余生活,提高农村劳动力日常生活的便捷性,有利于提高农村劳动力的幸福感,降低其心理成本。④使用互联网进行信息搜索对农村劳动力非农就业具有显著的正向影响,并且其影响效果要明显优于使用互联网进行其他类型活动。互联网普及有利于降低农村劳动力非农就业的信息成本,例如农村劳动力可以利用互联网搜索与自身相匹配的工作岗位信息,还可以利用网络查找有效信息,以解决工作中遇到的各类问题。

5.3 本章小结

本章在第 4 章的基础上进一步从劳动力转移视角考察了互联网普及对中国城乡收入差距的作用机制。首先,利用 2001—2018 年我国省级面板数据,采用中介效应模型和系统 GMM,就互联网普及、劳动转移和城乡收入差距之间的关系进行了实证分析。研究发现,无论是从短期还是长期来看,互联网普及对劳动力转移都具有正向影响,并且互联网普及可以通过促进劳动力转移来缩小中国城乡收入差距。其次,利用 2018 年的 CFPS 数据从微观层面考察了互联网使用对农村劳动力非农就业的影响,发现互联网使用能够显著促进农村劳动力非农就业,特别是非农受雇和自雇形式就业。平均而言,使用互联网对农村劳动力非农就业带来的积极效应相当于农村劳动力增加 4.95 年的受教育经历。并且,使用手机上网对农村劳动力非农就业的影响比使用电脑上网更强,而互联网使用对女性、高中及以上受教育水平和 40 岁以上农村劳动力非农就业的影响要分别大于对男性、初中及以下受教育水平和 40 岁及以下农村劳动力非农就业的影响。此外,在工作中使用互联网、使用互联网从事商业活动、使用互联网进行社交活动、使用互联网进行娱乐活动及使用互联网搜索信息等互联网使用目的或内容都能够显著促进农村劳动力非农就业。

第6章　互联网发展对城乡收入差距的贡献度及收敛性影响

6.1 引言

当今世界正处于数字经济时代,互联网普及、应用及其所催生的生产、商业和生活模式对全球经济社会发展产生了深远影响。互联网技术对人类社会的影响一直是充满争议的,从早期的"生产率悖论"到"生产率效率",网络技术普及和经济发展的关系往往处于动态变化过程中。在数字时代,网络与企业、家庭和个人生产生活密切交织,不仅会对各个国家或地区的收入分配产生重要影响,还可能会迅速放大与收入分配相关的社会热点和突出问题,并引起社会的广泛反响。因此,从多个视角评估数字时代互联网普及对城乡收入差距的影响具有重要的现实意义。

本书第 4 章和第 5 章采用计量经济学方法就互联网普及对城乡收入差距的影响及作用机理进行了检验,总体回答了"数字鸿沟"还是"数字红利"问题。接下来,本章将进一步深入拓展分析互联网普及和中国城乡收入差距之间的内在联系,从而为制定有针对性的信息化干预政策和收入分配调节措施提供决策依据。具体地,第 4 章从宏观视角考察了互联网普及对城乡收入差距的影响,然而仅分析二者之间的关系难以揭示互联网普及对城乡收入差距影响的贡献程度。第 4 章还采用微观数据直观分析了互联网使用情况对城乡居民收入水平的影响,但无法观察个体互联网使用的收入回报率对城乡收入差距的贡献情况,也无法观察到城乡数字鸿沟对城乡收入差距的影响。此外,不仅是城乡居民之间的收入差距问题,不同地区之间的城乡收入差距的差异及变化趋势也是当代中国实现区域协调发展和促进社会和谐所面临的重要议题。因此,进一步判断互联网普及能否促进中国不同地区城乡收入差距收敛,对中国缩小城乡发展鸿沟和制定信息化战略同样具有重要的现实意义。鉴于此,本章首先采用 2013 年和 2015 年的 CSS 数据考察互联网发展对中国城乡收入差距的贡献度,以更深入理解中国城乡收入差距的产生根源及其解决机制;其次,从宏观视角分析城乡收入差距的收敛特征及互联网普及对城乡收入差距收敛性的影响。总结起来,本章试图回答以下两方面问题:①互联网发展(包括宏观层面的互联网普及、城乡居民间的数字鸿沟以及微观层面的互联网使用对城乡居民的收入回报率)对中国城乡收入差距的贡献度是多少? ②中国城乡收入差距的收敛性如何? 互联网普及是否可以促进城乡收入差距收敛?

6.2 研究方法介绍

6.2.1 收入差距分解

劳动经济学家在分析两组不同研究对象的平均收入和工资差异时,往往试图考察这一差异在多大程度上可以通过可被观测到的特征解释。在这一方面,Oaxaca[266]和Blinder[267]提出的Oaxaca-Blinder分解方法作出了开创性贡献。最初,Oaxaca在使用明瑟方程(Mincer Income Equation)的基础上,采用Qaxaca-Blinder分解方法考察了美国劳动力市场中性别工资的差距问题。近年来,这一方法被众多学者用于研究中国城乡收入差距或工资差距问题,例如吴海江《中国贸易开放对城乡居民收入差距的影响》[11]及孙敬水和黄秋虹《中国城乡居民收入差距主要影响因素及其贡献率研究——基于全国31个省份6 937份家庭户问卷调查数据分析》[268]。本章沿用这一方法考察中国城乡收入差距的影响因素,以及互联网发展对中国城乡收入差距变化的贡献度。具体地,根据收入方程构建如下的计量模型:

$$\ln Z = \beta Y + \varepsilon \tag{6-1}$$

式(6-1)中,Z为居民的收入水平,Y为居民收入的一系列决定因素,β为系数向量集,反映了各个因素对居民收入水平的影响程度,ε为随机误差项。根据式(6-1),城镇居民收入的决定方程为:

$$\ln \bar{Z}_u = \hat{\bar{\beta}}_u \bar{Y}_u \tag{6-2}$$

类似地,农村居民收入的决定方程为:

$$\ln \bar{Z}_r = \hat{\bar{\beta}}_r \bar{Y}_r \tag{6-3}$$

式(6-2)和式(6-3)中,u和r分别代表城市居民和农村居民,$\bar{Z}_u$和$\bar{Z}_r$分别为城市居民和农村居民人均收入水平,$\bar{Y}_u$ 和 $\bar{Y}_r$ 分别为由影响城市和农村居民收入的各解释变量所组成的均值向量,$\hat{\beta}_u$ 和 $\hat{\beta}_r$ 为解释变量的估计系数。用式(6-2)减去式(6-3),可得到城乡居民的收入差距为:

$$\ln \bar{Z}_u - \ln \bar{Z}_r = \hat{\beta}_u \bar{Y}_u - \hat{\beta}_r \bar{Y}_r \tag{6-4}$$

式(6-4)可以进一步变形为:

$$\ln \bar{Z}_u - \ln \bar{Z}_r = \hat{\beta}_u \bar{Y}_u - \hat{\beta}_u \bar{Y}_r + \hat{\beta}_u \bar{Y}_r - \hat{\beta}_r \bar{Y}_r = \hat{\beta}_u (\bar{Y}_u - \bar{Y}_r) + \bar{Y}_r (\hat{\beta}_u - \hat{\beta}_r) \tag{6-5}$$

式(6-5)中,第二个等号右侧第一项 $\hat{\beta}_u (\bar{Y}_u - \bar{Y}_r)$ 反映了城乡居民收入各影响因素差异造成的收入差距,如城乡居民在受教育程度方面的差异,被称为"可解释部分",而第二个等号右侧第二部分 $\bar{Y}_r (\hat{\beta}_u - \hat{\beta}_r)$ 主要反映了城乡居民收入影响因素的系数(即收入回报率)差异造成的收入差距,被称为"不可解释部分"。

同样地,式(6-4)也可转换为:

$$\ln \bar{Z}_u - \ln \bar{Z}_r = \hat{\beta}_u \bar{Y}_u - \hat{\beta}_r \bar{Y}_u + \hat{\beta}_r \bar{Y}_u - \hat{\beta}_r \bar{Y}_r = \hat{\beta}_r (\bar{Y}_u - \bar{Y}_r) + \bar{Y}_u (\hat{\beta}_u - \hat{\beta}_r) \tag{6-6}$$

对比可知,式(6-5)和式(6-6)最主要的区别在于:可解释部分的区别主要源于各因素对城乡居民收入影响系数的差异,而不可解释部分的区别主要源于城乡居民收入影响因素本身的差异。特别地,当 $\hat{\beta}_u = \hat{\beta}_r$ 时,上述两种表示方式完全一致,但是在现实中 $\hat{\beta}_u$ 和 $\hat{\beta}_r$ 具有显著差异。本书同吴海江《中国贸易开放对城乡居民收入差距的影响》[11]、孙敬水和黄秋虹《中国城乡居民收入差距主要影响因素及其贡献率研究——基于全国 31 个省份 6 937 份家庭户问卷调查数据分析》[268]一样,采用如下改进的分解方法:

$$\ln \bar{Z}_u - \ln \bar{Z}_r = \hat{\beta}_u \bar{Y}_u - \hat{\beta} \bar{Y}_u + \hat{\beta} \bar{Y}_u - \hat{\beta} \bar{Y}_r + \hat{\beta} \bar{Y}_r - \hat{\beta}_r \bar{Y}_r$$
$$= \hat{\beta} (\bar{Y}_u - \bar{Y}_r) + \bar{Y}_u (\hat{\beta}_u - \hat{\beta}) + \bar{Y}_r (\hat{\beta} - \hat{\beta}_r) \tag{6-7}$$

式(6-7)中,$\hat{\beta}$ 为全样本收入方程[式(6-1)]的解释变量估计系数。根据式

(6-7),城乡收入差距的来源可以归结为:①可解释部分$\hat{\beta}(\bar{Y}_u-\bar{Y}_r)$,即由城乡居民在收入决定因素方面的差异而带来。②不可解释部分$\bar{Y}_u(\hat{\beta}_u-\hat{\beta})+\bar{Y}_r(\hat{\beta}-\hat{\beta}_r)$,其中第一项反映了城镇居民由于各类优势而实现的收入溢出,第二项反映了农村居民由于相对劣势(如医疗和交通基础设施落后)产生的收入差距,因此不可解释部分也反映了城乡"二元"经济结构所造成的城乡收入鸿沟。

6.2.2 收敛模型

本书主要借鉴 Mankiw、Romer 和 Weil[269] 以及 Barro[270] 等学者所采用的非均衡性测量方法来考察中国城乡收入差距的收敛性特征。首先,在绝对收敛方面,采用 δ-收敛模型和 β-收敛模型分析 2001—2018 年中国 31 个省(自治区、直辖市)间城乡收入差距的非均衡发展差异变化,具体地,δ-收敛模型如下:

$$CV=\sqrt{\frac{\sum(T_i-\bar{T})^2}{N}}/\bar{T} \quad (N=1,2,3,\cdots,n) \tag{6-8}$$

式(6-8)中,CV 代表各省份间城乡收入差距的 δ-收敛系数,T_i 为各地区的城乡收入差距水平,$\bar{T}$ 为所有样本在城乡收入差距上的平均值。计算考察期内历年 δ-收敛系数,如果在考察期内 δ-收敛系数存在明显的下降趋势,则表明各地区城乡收入差距存在 δ-收敛,即各地区间城乡收入差距的差异性在不断减弱。

省份间城乡收入差距的绝对 β-收敛模型如下:

$$\frac{1}{m}\ln\left(\frac{T_{im}}{T_{i0}}\right)=\alpha_i+\beta\ln T_{i0}+\varepsilon_{it} \tag{6-9}$$

式(6-9)中,T_{i0} 代表省份 i 在初始期的城乡收入差距,T_{im} 代表省份 i 在 m 时期的城乡收入差距水平,α 为常数项,ε 为随机误差项。对式(6-9)进行估计,若 β 值显著为负,则表明省份间城乡收入差距存在绝对 β-收敛;反之,若 β 值显著为正,则表明省份间城乡收入差距趋于发散。

其次,为考察中国省份间城乡收入差距是否具有条件收敛性,以及互联网普及对其收敛性的影响,本书在式(6-9)的基础上控制互联网普及率。控制互联网普及率后,如果待估计参数 β 显著为负,则表明城乡收入差距存在依互联网普及的条件收敛。

6.3 模型构建、数据来源及变量设定

关于收入决定方程,为综合考察微观个体特征因素及宏观因素对居民收入水平的影响,本书在式(4-4)的基础上构建以下方程:

$$\ln Income_{i,m} = \alpha_0 + \beta_1 INT_{i,m} + \beta_2 Internet_{i,m} + \gamma Y_{i,m} + \varphi X_{i,m} + e_{i,m}$$
$$(6-10)$$

式(6-10)中,被解释变量 $Income$ 为被采访者过去一年的收入水平,$m=0$,1 或 2 分别代表全体样本、城镇居民和农村居民。INT 和 $Internet$ 为核心解释变量,分别为受访者所在省份的互联网普及率及受访者自身是否使用互联网的情况。同时控制宏观层面和微观层面的互联网相关变量的主要原因在于:宏观层面的互联网普及率主要代表一个地区的互联网发展水平和信息化程度,这可以反映互联网普及通过宏观层面渠道(如城乡间的劳动力资源配置)对城乡收入差距的贡献,控制微观层面的个体互联网使用情况不仅能够刻画互联网使用对个体收入回报率差异对城乡收入差距的贡献程度,还能反映个体间的互联网使用差异(数字鸿沟)对城乡收入差距的影响。其中,变量 $Internet$ 的数据通过向受访者询问"您是否掌握互联网技能"来获得,为受访者的回答"掌握"和"不掌握"分别赋值 1 和 0。与前述一致,Y 为一组微观层面影响居民收入水平的个体特征因素,包括居民性别、年龄、年龄的平方项、政治身份、民族、受教育水平和婚姻状况。其中,政治身份为一个虚拟变量,当受访者是中国共产党党员时为 1,否则为 0。民族变量设置为:当受访者是汉族时为 1,否则为 0。受教育程度为一个有序变量,即"未上学=0,小学=6,初中=9,高中、中专或技校=12,大学本科或研究生=16"。婚姻状况设置为一个二值虚拟变量,当受访者已婚或同居时赋值 1,否则为 0。本章进一步控制部分影响居民收入的宏观变量。具体地,X 主要包括:①经济开放程度,采用进出口总额占地区生产总值的比例来衡量。②政府财政支出,用政府财政支出占地区生产总值的比例来衡量。

上述变量中,微观数据源于CSS,本章选取了2013年和2015年的CSS数据。需要说明的是,本章剔除了受访者回答不确定信息(如"不知道""不确定"等)的样本,同时删除了所有样本的缺失值,最终得到16 887个样本,其中2013年样本和2015年样本分别包括8 579个和8 308个数据,农村样本分别包括4 808个和4 716个数据,城市样本分别包括3 771个和3 592个数据。宏观层面的数据均来自历年的《中国统计年鉴》和国家统计局,表6-1和表6-2列出了样本的描述性统计结果。

表6-1　　　　　　　　　2013年样本的描述性统计结果

变量	全样本		城市样本		农村样本	
	平均值	标准差	平均值	标准差	平均值	标准差
收入水平的对数值	9.25	1.36	9.88	1.17	8.75	1.30
互联网普及率	0.45	0.11	0.47	0.12	0.44	0.10
是否使用互联网	0.30	0.46	0.50	0.50	0.15	0.35
性别	0.47	0.50	0.48	0.50	0.47	0.50
年龄	46.37	13.33	43.97	13.47	48.25	12.91
年龄的平方项	2 327.69	1 216.55	2 114.89	1 207.98	2 494.60	1 197.17
政治身份	0.10	0.31	0.16	0.37	0.06	0.23
受教育水平	8.58	4.50	10.81	4.24	6.83	3.88
婚姻状况	0.85	0.35	0.82	0.38	0.88	0.33
经济开放程度	0.30	0.32	0.34	0.35	0.27	0.30
政府财政支出	0.21	0.12	0.20	0.07	0.22	0.14

表6-2　　　　　　　　　2015年样本的描述性统计结果

变量	全样本		城市样本		农村样本	
	平均值	标准差	平均值	标准差	平均值	标准差
收入水平的对数值	9.51	1.36	10.13	1.10	9.03	1.35
互联网普及率	0.50	0.11	0.52	0.12	0.48	0.11
是否使用互联网	0.37	0.48	0.56	0.50	0.22	0.41
性别	0.49	0.50	0.48	0.50	0.50	0.50

(续表)

变量	全样本		城市样本		农村样本	
	平均值	标准差	平均值	标准差	平均值	标准差
年龄	47.65	13.19	45.97	13.53	48.94	12.77
年龄的平方项	2 444.64	1 220.57	2 295.83	1 239.13	2 557.99	1 193.98
民族	0.92	0.27	0.94	0.23	0.90	0.30
政治身份	0.11	0.31	0.17	0.38	0.06	0.24
受教育水平	8.64	4.53	10.82	4.24	6.98	4.01
婚姻状况	0.86	0.35	0.83	0.38	0.89	0.32
经济开放程度	0.26	0.26	0.29	0.29	0.24	0.24
政府财政支出	0.23	0.12	0.22	0.07	0.24	0.15

6.4 结果分析

6.4.1 贡献度分析

表6-3列出了收入方程的估计结果,从结果来看,列(1)至列(6)中个人互联网使用的系数均显著为正,表明互联网使用对城乡居民收入提升都具有显著的促进作用。从历年个人互联网使用对城乡居民收入的影响效果来看:2013年样本、2015年和全样本中互联网使用对农村居民收入的影响系数分别为0.69、0.638和0.683;2013年样本、2015年样本和全样本中互联网使用对城镇居民收入的影响系数分别为0.397、0.465和0.441。相比较而言,互联网使用对农村居民收入的影响系数历年都要大于城镇居民,这和第4章微观分析的结果一致,表明互联网使用对农村居民收入的促进效应要大于城镇居民。从宏观层面的互联网普及率系数来看,2013年样本、2015年样本和全样本中互联网普及对农村居民收入的影响系数分别为2.756、1.534和2.496,而对城镇居民收入的影响系数分别为1.587、0.922和1.733。相比较而言,宏观层面的互联网普及对农村居民的收入效应也要大于城镇居民。

表 6-3　　收入方程估计结果

变量	因变量:收入水平的对数值					
	2013 年		2015 年		全样本	
	农村	城镇	农村	城镇	农村	城镇
	(1)	(2)	(3)	(4)	(5)	(6)
是否使用互联网	0.690***	0.397***	0.638***	0.465***	0.683***	0.441***
	(0.060)	(0.040)	(0.056)	(0.040)	(0.040)	(0.029)
性别	0.750***	0.450***	0.710***	0.439***	0.732***	0.442***
	(0.035)	(0.033)	(0.035)	(0.032)	(0.025)	(0.023)
年龄	0.068***	0.080***	0.082***	0.079***	0.076***	0.082***
	(0.010)	(0.010)	(0.010)	(0.011)	(0.007)	(0.007)
年龄的平方项	−0.001***	−0.001***	−0.001***	−0.001***	−0.001***	−0.001***
	(0.000)	(0.000)	(0.000)	(0.000)	(0.000)	(0.000)
民族	—	—	0.119*	0.018		
	—	—	(0.066)	(0.068)		
政治身份	0.308***	0.093**	0.294***	0.117***	0.298***	0.104***
	(0.066)	(0.043)	(0.070)	(0.039)	(0.048)	(0.029)
受教育水平	0.037***	0.074***	0.035***	0.061***	0.036***	0.067***
	(0.005)	(0.005)	(0.005)	(0.005)	(0.004)	(0.004)
婚姻状况	0.213***	0.361***	0.310***	0.211***	0.259***	0.288***
	(0.052)	(0.052)	(0.057)	(0.045)	(0.038)	(0.034)
互联网普及率	2.756***	1.587***	1.534***	0.922***	2.496***	1.733***
	(0.288)	(0.294)	(0.296)	(0.251)	(0.182)	(0.167)
经济开放程度	YES	YES	YES	YES	YES	YES
政府财政支出	YES	YES	YES	YES	YES	YES
常数项	5.645***	5.798***	5.902***	6.658***	5.656***	5.937***
	(0.258)	(0.257)	(0.278)	(0.276)	(0.181)	(0.178)
观察值	4 808	3 771	4 716	3 592	9 524	7 363
R^2	0.249	0.254	0.270	0.261	0.265	0.261

注:括号内数值为稳健标准误,"*""**""***"分别代表 10%、5%和 1%的显著水平,由于 2013 年的 CSS 不包括民族变量信息,所以 2013 年样本和全样本分析不包括民族变量。

从控制变量对城乡居民收入的影响效果来看,性别、政治因素、受教育程度和婚姻状况都和城乡居民收入具有正相关关系,具体表现为男性的收入水平显著高于女性,党员的收入水平高于非党员,受教育水平提高能够显著促进居民收入水平提升,已婚人群的收入要高于未婚人群。年龄一次项系数显著为正,而年龄二次项系数显著为负,表明年龄和收入之间存在"倒U"形曲线关系,也都符合预期。

基于式(6-7)的Oaxaca-Blinder分解结果如表6-4所示。总体来看,考察样本中可解释部分对城乡收入差距的贡献为41.45%,其中2013年样本和2015年样本中可解释部分对城乡收入差距的贡献分别为42.17%和39.34%。可以看出,与2013年样本相比,2015年样本可解释部分对收入差距的贡献度更低。党的十八大以来,党中央高度重视城乡发展不平衡问题,持续加大农村基础设施投入,并推行一系列惠农政策,不断缩小城乡居民物质生活条件差距及城乡居民收入决定因素的差距(如教育资源)。不可解释部分对城乡收入差距的贡献为58.55%,其中2013年样本和2015年样本的不可解释部分对城乡收入差距的贡献分别为57.83%和60.66%,表明城乡"二元"经济结构对城乡收入差距来源的贡献超过50%。并且,与2013年样本相比,2015年样本的不可解释部分对城乡收入差距的贡献度更高,表明进一步促进城乡融合发展、缩小城乡"二元"经济结构对城乡收入差距的负面影响,对新时期中国社会主要矛盾的缓解具有重要的意义。例如,中国政府应进一步推动户籍制度改革,逐步降低直至消除户籍歧视,保障农民工在城市的各类基本权益,实现城乡融合发展。

从各个因素对城乡收入差距贡献率的情况来看:

(1)微观因素的可解释部分中,受教育程度对城乡收入差距的贡献度最高,为18.26%,其中2013年样本和2015年样本受教育程度对城乡收入差距的贡献分别为19.71%和16.85%,表明城乡之间的人力资本差距仍然较大。事实上,从现实情况来看,无论在硬件还是在软环境方面,中国农村地区的教育基础设施水平都和城市地区具有显著差距。近年来,尽管政府不断加大对农村地区的教育投资,例如实施免费师范生教育项目,给农村地区教育水平提升带来了显著的成效,但缩小城乡教育鸿沟的任务仍然艰巨。本书所关注的核心变量个体互联网使用对城乡收入差距的贡献位居第二(17.09%),其中2013年样本和2015年样本个体互联网使用对城乡收入差距的贡献分别为16.12%和16.83%,表明城乡居民间的数字鸿沟仍然较大。从表6-1和表6-2的统计性结果来看,2013年和2015年城市样本的互联网使用率分别为50%和56%,而农村样本的互联网使用率仅分别为15%和22%。城乡居民之间不仅存在互联网接入的数字鸿沟,还存在互联网利用水平的多维数字鸿沟,这些都会对缩小城乡收入差距产生负面影响。在数字经济时代,网络几乎已渗入人类社会生活的方方面面,在某种意义上,使用互联网的技能已经同教育水平一样成为居民的一种"特殊人力资本"。因此,缩小城乡居民间的数字鸿沟、提高农村信息化水平对中国实现经济持续发展和构建和谐社会都具有重要的现实意义。

表6-4 城乡收入差距各因素贡献率的Oaxaca-Blinder分解结果

	各因素对城乡收入差距的贡献		
	2013	2015	全样本
总收入差异	100%	100%	100%
可解释部分	42.17%	39.34%	41.45%
不可解释部分	57.83%	60.66%	58.55%
微观因素(可解释部分)			
是否使用互联网	16.12%	16.83%	17.09%
性别	0.80%	−0.73%	0.04%
年龄	−28.96%	−22.22%	−26.39%
年龄的平方项	29.88%	23.35%	27.30%
民族	—	0.27%	—
政治身份	1.79%	1.81%	1.77%
受教育程度	19.71%	16.85%	18.26%
婚姻状况	−1.46%	−1.42%	−1.45%
微观因素(不可解释部分)			
是否使用互联网	−7.44%	−5.67%	−7.22%
性别	−12.61%	−12.04%	−12.53%
年龄	50.33%	−10.53%	24.38%
年龄的平方项	−0.60%	43.86%	18.98%
民族	—	−8.48%	—

(续表)

	各因素对城乡收入差距的贡献		
	2013	2015	全样本
政治身份	-2.00%	-1.65%	-1.80%
受教育程度	29.08%	20.68%	24.76%
婚姻状况	11.18%	-7.81%	2.27%
常数	13.62%	68.87%	25.30%
宏观因素			
互联网普及率	-40.85%	-24.12%	-26.57%
对外开放	8.89%	1.06%	3.92%
政府干预	12.53%	1.09%	11.88%
互联网发展总的贡献度	-32.17%	-12.96%	-16.7%

(2) 从微观因素的不可解释部分来看，个体互联网使用对城乡收入差距具有缩减效应，贡献为-7.22%，其中2013年样本和2015年样本互联网使用对城乡收入差距的贡献分别为-7.44%和-5.67%，表明农村居民使用互联网能够提高自身的劳动生产率和收入水平，进而减小城乡"二元"经济结构对自身收入的负面影响。不过，个体互联网使用的不可解释部分对城乡收入差距的贡献仍然小于其可解释部分。此外，教育的不可解释部分对城乡收入差距的贡献较大，为24.76%。按照前文对于不可解释部分的定义来看，这主要由教育对城镇居民的收入回报大于农村居民所导致，因此教育仍然是影响城乡收入差距的核心要素之一。

(3) 宏观层面的互联网普及对城乡收入差距的贡献为-26.57%，其中2013年样本和2015年样本中互联网普及对城乡收入差距的贡献分别为-40.85%和-24.12%，表明普及互联网、推动信息化能有效缩小城乡收入差距。总体来说，表6-4显示互联网发展对城乡收入差距的总贡献为-16.7%（-26.57%-7.22%+17.09%）。互联网发展对城乡收入差距的总贡献来自两部分：一是宏观层面上，互联网等数字技术的普及通过优化劳动力资源配置（如推动人口城镇化和改善就业结构）等渠道产生收入分配红利；二是个体层面上，互联网使用对农村居民收入的促进作用要大于城市居民。

6.4.2 收敛性分析

根据式(6-8)计算得到δ-收敛结果,如表6-5和图6-1所示。从全国来看,尽管δ-收敛检验的CV值在部分年份略微上升,但整体来看CV值呈现下降趋势,由0.5280下降到0.4075,表明2001—2018年中国城乡收入差距存在δ-收敛。

表6-5　　　　　　　　城乡收入差距的δ-收敛检验结果

地区 年份	全国	东部 地区	中部 地区	西部 地区	东中部 地区	东西部 地区	中西部 地区
2001年	0.5280	0.3832	0.1826	0.2717	0.3435	0.5570	0.3911
2002年	0.4914	0.4145	0.1133	0.2507	0.3515	0.5366	0.3409
2003年	0.4550	0.3988	0.1466	0.2234	0.3624	0.5059	0.2976
2004年	0.4639	0.3976	0.1707	0.2285	0.3550	0.5058	0.3192
2005年	0.4455	0.4122	0.1677	0.2208	0.3667	0.4932	0.2947
2006年	0.4296	0.4229	0.1711	0.2100	0.3681	0.4763	0.2808
2007年	0.4272	0.4265	0.1730	0.2056	0.3671	0.4722	0.2803
2008年	0.4167	0.4315	0.1872	0.1890	0.3647	0.4552	0.2765
2009年	0.4126	0.4378	0.1848	0.1917	0.3700	0.4542	0.2692
2010年	0.4150	0.4642	0.2124	0.1900	0.3897	0.4535	0.2718
2011年	0.4262	0.4702	0.2382	0.2045	0.4028	0.4630	0.2857
2012年	0.4254	0.4729	0.2326	0.2108	0.4024	0.4640	0.2853
2013年	0.4400	0.4674	0.2196	0.2235	0.4060	0.4853	0.2900
2014年	0.4233	0.4496	0.1756	0.2304	0.3684	0.4662	0.2921
2015年	0.4234	0.4337	0.1624	0.2311	0.3588	0.4681	0.2912
2016年	0.4214	0.4277	0.1465	0.2315	0.3531	0.4682	0.2876
2017年	0.4070	0.4154	0.1425	0.2265	0.3432	0.4533	0.2779
2018年	0.4075	0.4150	0.1367	0.2321	0.3399	0.4538	0.2815

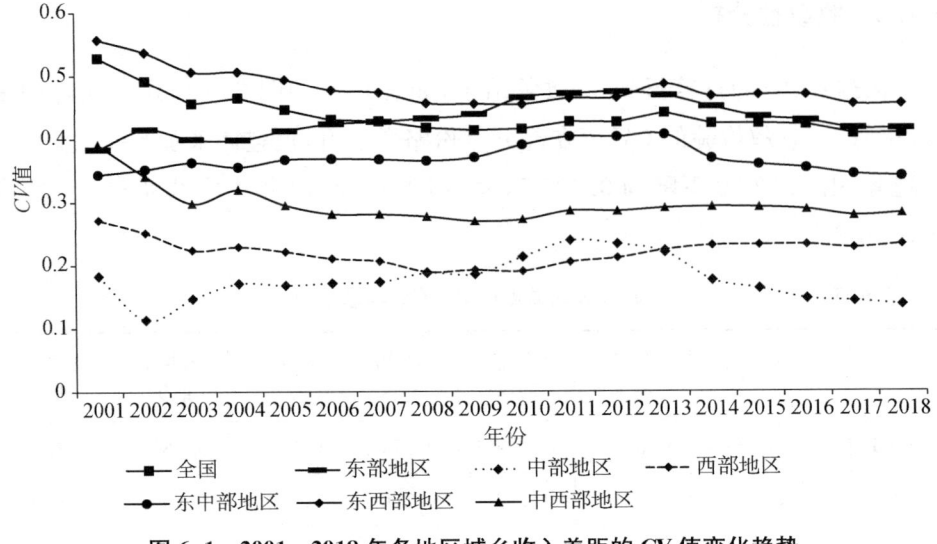

图 6-1　2001—2018 年各地区城乡收入差距的 CV 值变化趋势

从分地区结果来看,东部地区的 CV 值由 2001 年的 0.383 2 上升到 2018 年的 0.415 0,表明东部地区在考察期整体阶段城乡收入差距不存在 δ-收敛。分阶段来看,2001—2012 年期间东部地区不存在 δ-收敛,而在 2012 年以后 CV 值持续下降,表现明显的 δ-收敛。在 2001—2018 年期间,中部地区的 CV 值由 0.182 6 下降到 0.136 7,西部地区的 CV 值由 0.271 7 下降到 0.232 1,均存在 δ-收敛。2001—2018 年期间东中部地区的 CV 值整体上呈略微下降趋势,但从具体年份来看,2013 年以前东中部地区的 CV 值呈上升趋势,不存在 δ-收敛,而 2013 年以后东中部地区的 CV 值呈明显的下降趋势,即存在 δ-收敛。此外,在考察阶段,东西部地区和中西部地区的 CV 值整体上都呈现明显的下降趋势,存在 δ-收敛。

δ-收敛并不能反映出具有不同城乡收入差距的省份间的城乡收入差距变化速度差异,如城乡收入差距较大的省份的收入差距缩小速度是否快于城乡收入差距较小的省份。表 6-6 列出了绝对 β-收敛模型的估计结果,用以考察中国省份间城乡收入差距的上述变化特征。结果显示:全国层面上,待估计参数 β 为负,但并不显著,表明省份间城乡收入差距并不存在绝对 β-收敛;从各地区估计结果来看,所有地区参数 β 也均不显著,表明其他地区也不存在绝对 β-收敛。

表 6-6　　城乡收入差距的绝对 β -收敛检验结果

地区	全国	东部地区	中部地区	西部地区	东中部地区	东西部地区	中西部地区
β 值	-0.065	0.023	-0.118	0.083	-0.012	-0.055	-0.051
	(0.050)	(0.151)	(0.248)	(0.083)	(0.110)	(0.049)	(0.070)
常数项	0.991***	0.986***	1.003***	0.957***	0.990***	0.988***	0.987***
	(0.007)	(0.013)	(0.031)	(0.016)	(0.011)	(0.008)	(0.012)
Hausman 检验	1.510	0.190	0.000	0.230	0.240	1.960	1.850
	(0.219)	(0.909)	(0.985)	(0.632)	(0.622)	(0.375)	(0.174)
模型选择	RE	RE	RE	RE	RE	RE	RE
是否收敛	否	否	否	否	否	否	否

注：FE 代表固定效应模型，RE 代表随机效应模型，括号内代表标准误，"*""**""***"分别代表 10%、5%和 1%的显著水平，Hausman 检验括号中显示的是 p 值。

从上述收敛性分析来看，尽管全国整体及大部分地区均存在 δ -收敛，但所有地区均不存在绝对 β -收敛，这表明中国在缩小城乡收入差距、跨越城乡发展鸿沟方面仍然面临着巨大挑战。接下来进一步考察中国城乡收入差距是否具有依互联网普及的条件收敛，估计结果如表 6-7 所示。结果显示，初始期城乡收入差距的系数显著为负，表明城乡收入差距存在条件收敛，这和第 4 章中的分区域估计结果一致，表明互联网普及有利于缩小中国地区间城乡收入差距的差异。此外，各地区互联网普及率的系数也显著为负，证实互联网普及能够降低城乡收入差距的增长率。

表 6-7　　城乡收入差距的条件 β -收敛检验结果（依互联网普及）

地区	全国	东部地区	中部地区	西部地区	东中部地区	东西部地区	中西部地区
β 值	-0.990***	-1.497***	-2.755***	-0.924***	-1.764***	-0.742***	-1.241***
	(0.123)	(0.364)	(0.367)	(0.145)	(0.256)	(0.124)	(0.140)
互联网普及率	-0.252***	-0.197***	-0.447***	-0.297***	-0.259***	-0.214***	-0.341***
	(0.018)	(0.024)	(0.042)	(0.031)	(0.022)	(0.019)	(0.026)

(续表)

地区	全国	东部地区	中部地区	西部地区	东中部地区	东西部地区	中西部地区
常数项	1.191***	1.188***	1.436***	1.222***	1.249***	1.151***	1.266***
	(0.020)	(0.035)	(0.052)	(0.034)	(0.030)	(0.021)	(0.028)
Hausman 检验	34.890	9.260	30.650	20.790	27.990	13.270	44.280
	(0.000)	(0.026)	(0.000)	(0.000)	(0.000)	(0.004)	(0.000)
模型选择	FE	FE	FE	FE	FE	FE	FE
是否条件收敛	是	是	是	是	是	是	是

注:FE 代表固定效应模型,RE 代表随机效应模型,括号内代表标准误,"*""**""***"分别代表 10%、5%和 1%的显著水平,Hausman 检验括号中显示的是 p 值。

此外,表 6-8 进一步列出了移动电话普及对中国城乡收入差距的条件收敛影响结果。同互联网普及一样,所有地区城乡收入差距均存在依移动电话普及的条件 β-收敛,表明移动通信技术的发展和应用为缩小中国地区间城乡发展差距的差异带来了机遇。

表 6-8　城乡收入差距的条件 β-收敛检验结果(依移动电话普及)

地区	全国	东部地区	中部地区	西部地区	东中部地区	东西部地区	中西部地区
β 值	−1.061***	−1.437***	−2.590***	−0.955***	−1.693***	−0.817***	−1.298***
	(0.122)	(0.365)	(0.348)	(0.139)	(0.252)	(0.125)	(0.136)
移动电话普及率	−0.158***	−0.121***	−0.276***	−0.171***	−0.161***	−0.134***	−0.206***
	(0.011)	(0.015)	(0.025)	(0.016)	(0.014)	(0.011)	(0.014)
常数项	1.225***	1.202***	1.446***	1.250***	1.265***	1.184***	1.302***
	(0.021)	(0.037)	(0.052)	(0.034)	(0.031)	(0.023)	(0.028)
Hausman 检验	54.650	11.460	28.520	28.110	34.130	24.470	56.660
	(0.000)	(0.000)	(0.000)	(0.000)	(0.000)	(0.000)	(0.000)
模型选择	FE	FE	FE	FE	FE	FE	FE
是否条件收敛	是	是	是	是	是	是	是

注:FE 代表固定效应模型,RE 代表随机效应模型,括号内代表标准误,"*""**""***"分别代表 10%、5%和 1%的显著水平,Hausman 检验括号中显示的是 p 值。

6.5　本章小结

本章的目的在于：①考察互联网发展对城乡收入差距的贡献，并比较宏观层面互联网普及、微观层面个体互联网使用的收入回报率差异以及城乡间数字鸿沟对城乡收入差距的贡献情况。②考察中国城乡收入差距的收敛情况，以及互联网普及对城乡收入差距收敛性的影响。

分析结果发现：①互联网发展对中国城乡收入差距的总贡献度为-16.7%，其中宏观层面的互联网普及对城乡收入差距的贡献为-26.57%，个体层面的互联网使用在收入回报率方面的差异对城乡收入差距的贡献为-7.22%，而城乡数字鸿沟对城乡收入差距的贡献为17.09%，表明缩小城乡数字鸿沟迫在眉睫。②中国城乡收入差距存在δ-收敛，但不存在绝对β-收敛。此外，中国城乡收入差距存在依互联网普及和移动电话普及的条件收敛，表明互联网普及和移动电话普及都有利于减弱区域间城乡收入差距的发散性，实现区域协调发展。

第7章 消费视角下的互联网普及和城乡发展差距[①]

[①] 本章节部分观点和内容发表于学术期刊,参见:程名望,张家平.新时代背景下互联网发展与城乡居民消费差距[J].数量经济技术经济研究,2019,36(7):22-41.

7.1　引言

城乡消费差距是城乡收入差距的最终反映,已有研究表明,尽管中国城乡居民消费水平均不断提高,但农村居民的消费额和消费层次都普遍低于城市居民,城乡居民消费差距明显[271]。中国国家统计局发布的数据显示,2023年中国城镇居民人均消费支出为32 994元,农村居民人均消费支出为18 175元,二者比值为1.82∶1,城乡居民在消费支出方面存在较大差距。党的十九大报告指出,"中国特色社会主义进入新时代,我国社会主要矛盾已经转化为人民日益增长的美好生活需要和不平衡不充分的发展之间的矛盾",在此背景下,考虑城乡经济发展不均衡,探寻城乡居民消费差距的影响因素和缩小城乡居民消费差距的有效举措具有重要的现实意义。

学界现有的关于中国城乡居民消费差距的研究成果较为丰硕,但早期研究并没有充分考虑以互联网为核心的信息技术这一新兴因素对城乡居民消费差距的冲击,而部分相关研究大多仅分析互联网对某一群体的消费水平的影响,如刘湖和张家平《互联网对农村居民消费结构的影响与区域差异》[272]及祝仲坤和冷晨昕《互联网与农村消费——来自中国社会状况综合调查的证据》[273],关注城乡消费差距的研究较少。理论上,互联网技术对中国城乡居民消费可能会产生以下几方面的影响:第一,互联网深刻地影响着城乡居民收入分配。收入是消费的基础,互联网技术的应用与普及改善了中国城乡分割的局面,使城乡之间要素流动性得到增强,对农村经济发展和农民收入水平提高都带有显著的促进作用[49,57]。第二,互联网技术应用能够促进要素的帕累托最优配置,引起消费模式创新和变革。江小涓[274]指出互联网技术引发了广泛的资源重组和聚合,促进了经济、社会等诸多领域的高度互联互通,为释放中国消费需求提供了强大引力。第三,互联网技术应用能够改变农村金融抑制现状,降低流动性约束。由于城乡"二元"金融结构的存在,农村居民并不能像城市居民一样较方便地享受各类金融工具,也缺乏相关的金融素养。而已有研究表明,互联网对提高欠发达区域的普惠金融水平具有促进作用[275]。第四,互联网技术推动农村传统产业的优化升级,有利于促进农村居民消费水平提高和消费层级上升。近年来,国家出台一揽子旨在促进"互联网＋农业"的政策。2015年中央一号文件《关于加大改革创新力度加快农业现代化建设的若干意见》就明确提出,要"创新农产品流通方式""支持电商、物流、商贸、金融等企业参与涉农电子商务平台建设""开展电子商务进农村综合示范"等政策。目前,在"互联网＋农业"和农村电子商务等的带动下,农村传统产业焕发新活力,农村居民消费流通效率显著提高,居民消费活力得到了极大释放[273]。

本章就互联网普及对城乡居民消费差距的影响进行实证分析,进而从消费视角就互联网普及对城乡收入分配的影响作出评价,以更深入地阐述互联网普及和中国城乡发展差距之间的内在关系。

7.2 互联网普及和城乡居民消费差距:统计性描述

7.2.1 城乡居民消费支出及其结构演变(2001—2016年)

本书分别采用历年城市和农村居民消费价格指数,以2001年为基期,计算得到2001—2016年城乡居民消费总支出及各类消费支出①,如表7-1所示。以2001年、2004年、2007年、2010年、2013年和2016年为例进行分析。第一,从居民人均消费支出数额来看,2001—2016年期间城镇居民和农村居民各项消费支出都有较大幅度的提高,表明21世纪以来中国城乡居民各类物质生活水平都得到较大幅度的改善。第二,从各类消费支出增长幅度和城乡差异来看,农村居民无论是人均总消费支出还是各类消费支出的增长幅度都明显大于城镇居民。从各类消费支出增长幅度大小来看,城乡居民的人均享受型消费支出增长幅度都最大。2010年以来,中国居民收入水平不断提高,与此同时,中国大力发展通信和交通等基础服务设施,为扩大中国居民享受型消费支出注入了强大动力。农村居民的发展型消费支出和生存型消费支出增长幅度分别排名第二和第三,表明农村居民消费结构正在不断升级。然而,城镇居民的人均生存型消费支出增长幅度大于人均发展型消费支出增长幅度。

---

① 消费类型的划分和界定方法见本章计量分析部分。

结合表7-1中城乡居民各类消费支出占总支出的比重也可以发现,2001—2016年期间农村居民生存型消费支出比重不断下降,而享受型消费支出和发展型消费支出所占比重总体上都有不同程度的上升。与之截然不同的是,在2001—2016年期间,城镇居民生存型消费支出比重总体上出现过小幅度上升,而其发展型消费支出比重呈现小幅度的下降,并且享受型消费支出比重在2013—2016年期间也有小幅度的下降。按照经济发展的一般规律,随着居民收入水平提高,居民恩格尔系数不断降低,教育、休闲娱乐等方面的高级消费资料支出会增加,而城镇居民的消费支出呈现与此规律截然相反的现象的可能原因是城镇居民生存型消费支出的成本上升,特别是房价上涨过快,压缩了居民的享受型消费支出和发展型消费支出[276]。

表7-1　　　　　　　　城乡居民人均消费支出及其结构演变

年份	城镇居民(元)					农村居民(元)				
	总消费	生存型消费	享受型消费	发展型消费	其他消费	总消费	生存型消费	享受型消费	发展型消费	其他消费
2001	5 595	3 249	970	1 073	303	1 724	1 201	184	284	56
2004	7 121	4 073	1 264	1 546	238	2 028	1 378	258	346	46
2007	9 097	5 115	1 815	1 843	324	2 754	1 848	408	435	63
2010	11 293	6 337	2 443	2 094	418	3 399	2 251	543	533	73
2013	13 568	7 484	2 980	2 581	523	4 668	2 936	834	777	120
2016	16 298	9 613	3 253	3 013	419	6 777	4 018	1 305	1 329	125
增长倍数	2.91	2.96	3.35	2.81	1.38	3.93	3.35	7.10	4.69	2.24
年均增长率	7.39%	7.50%	8.40%	7.13%	2.18%	9.56%	8.39%	13.96%	10.85%	5.53%
城乡居民各类消费所占比重										
2001		58.06%	17.34%	19.18%	5.42%		69.66%	10.67%	16.45%	3.22%
2004		57.19%	17.76%	21.71%	3.34%		67.97%	12.73%	17.05%	2.25%
2007		56.23%	19.95%	20.26%	3.56%		67.10%	14.82%	15.79%	2.29%
2010		56.12%	21.63%	18.54%	3.70%		66.21%	15.97%	15.67%	2.15%
2013		55.16%	21.96%	19.02%	3.86%		62.90%	17.87%	16.65%	2.58%
2016		58.99%	19.96%	18.49%	2.57%		59.29%	19.26%	19.61%	1.84%

注:数据源于2001年、2004年、2007年、2010年、2013年和2016年的《中国统计年鉴》,经作者消除价格因素后计算得到。

7.2.2 城乡居民消费差距及其演变趋势(2001—2016年)

图 7-1 至图 7-4 采用泰尔指数描绘了 2001—2016 年全国及三大区域城乡居民消费差距及变化趋势。图 7-1 至图 7-4 表明，无论是从全国和三大区域，还是从总体城乡居民消费差距及生存型、享受型和发展型等城乡居民消费的结构性

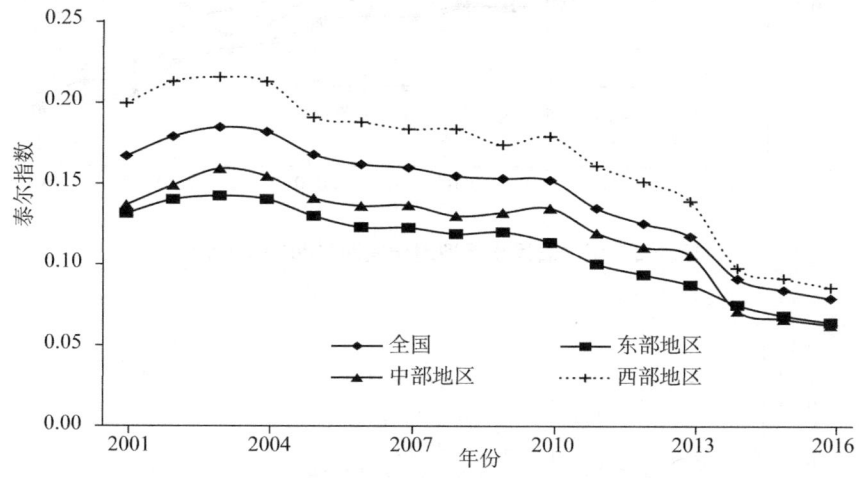

图 7-1　城乡居民总体消费差距(2001—2016 年)

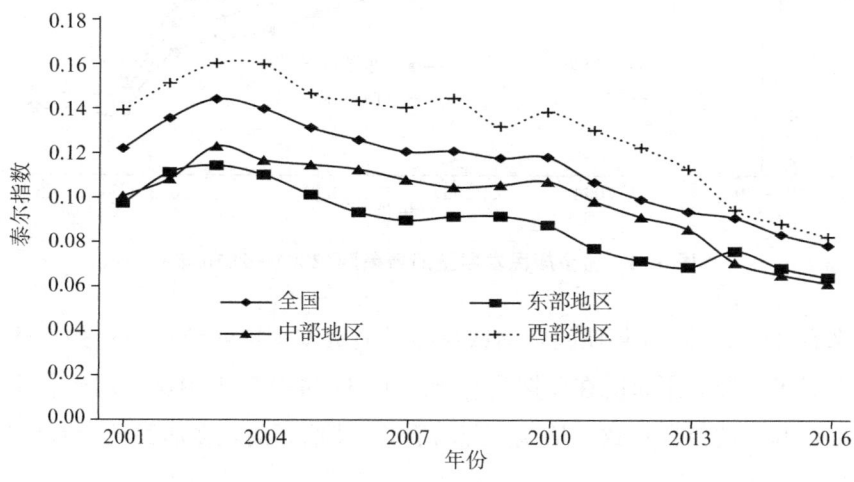

图 7-2　城乡居民生存型消费差距(2001—2016 年)

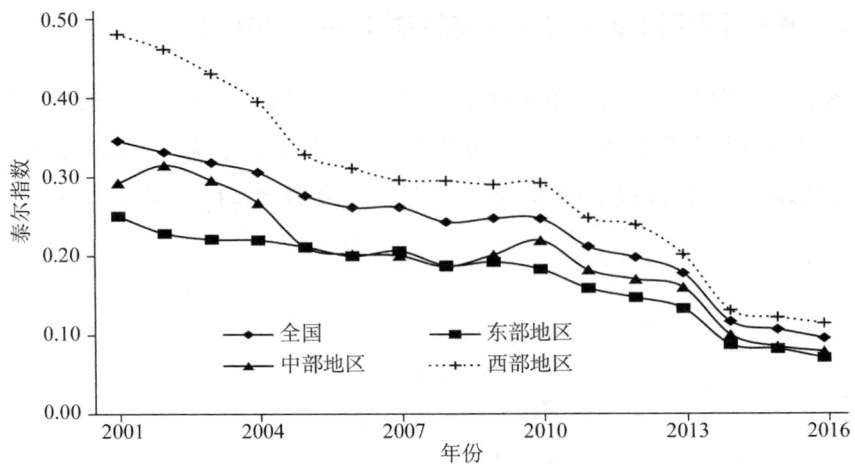

图 7-3 城乡居民享受型消费差距（2001—2016 年）

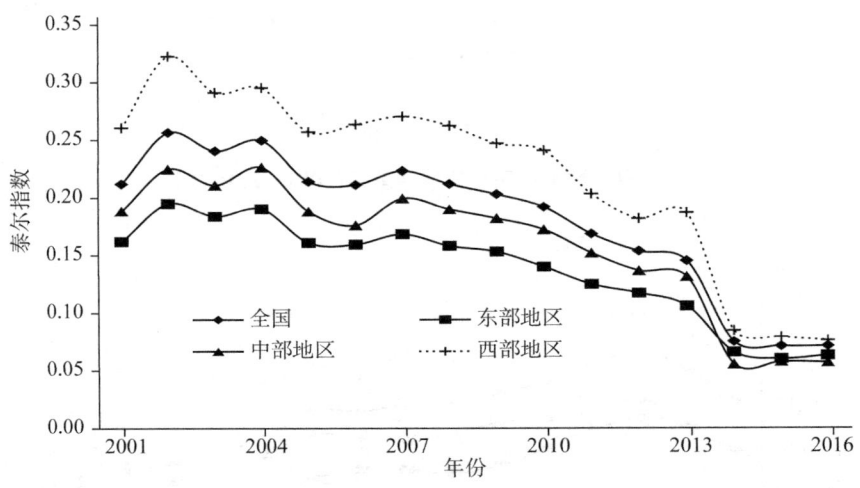

图 7-4 城乡居民发展型消费差距（2001—2016 年）

差距来看，2001—2016 年期间中国城乡居民消费差距均处于缩小趋势①，表明中国城乡居民消费差距状况在此期间有所改善，这和表 7-1 中城乡居民各类消费支出变化幅度的差异一致。从地区分布看，西部地区的城乡居民消费差距最大，

---

① 消费类型的划分和界定及城乡消费差距计算方法见下文计量分析部分。

其次是中部地区,再次是东部地区,表明经济越发达的地区,城乡居民消费差距越小。同时,生存型、享受型和发展型等结构性消费差距也表现出类似的特征。从城乡居民消费的结构性差距来看,差距最大的是享受型消费差距,其次是发展型消费差距,再次是生存型消费差距。而在 2001—2016 年期间,中国城乡居民间的各类消费差距中下降最快的是享受型消费差距,其次是发展型消费差距,再次是生存型消费差距。由此可见,各类消费差距间具有明显的收敛性特征。

7.2.3　互联网普及率与城乡居民消费差距关系的统计性描述(2001—2016 年)

图 7-5 展示了 2001—2016 年中国的 31 个省(自治区、直辖市)互联网普及率和城乡居民消费差距的散点图及其拟合关系。分析可知,无论是城乡居民消费的总体差距,还是生存型、享受型和发展型等城乡居民消费的结构性差距,互

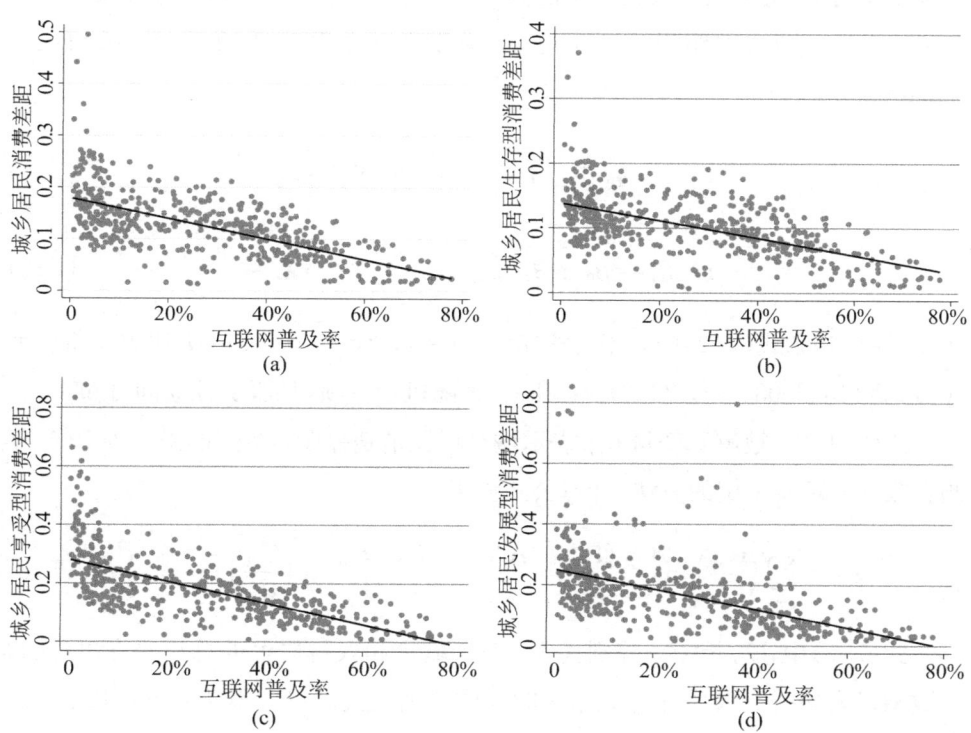

图 7-5　互联网普及和城乡居民消费差距的拟合关系

联网普及率均与其成负相关关系,和上文理论模型的结果相一致。但该结论仅为统计性描述的结果,并不能精确反映二者之间的关系。原因在于,导致中国城乡居民消费差距的因素是十分复杂的,在没有加入相关控制变量的情况下,这种拟合关系可能是"失真"的[277]。基于此,下文将采用计量经济学方法,进一步更精确地探析中国互联网普及和城乡居民消费差距之间的关系。

7.3 模型和数据

7.3.1 模型及变量选择

互联网普及率和城乡居民消费差距之间具有较复杂的关系,同时二者的某些影响因素也是相互影响和相互联系的,采用单一方程很难将二者之间的相互关系刻画出来,还可能导致较严重的内生性问题。因此,本书同时将互联网普及率和城乡居民消费差距视为内生变量,构建联立方程模型(The Simultaneous Equations Model):

$$Cg_{it} = \alpha_0 + \alpha_1 INT + \alpha_j \sum_{j=2}^{n} X_{it} + \varepsilon_{it} \qquad (7-1)$$

$$INT_{it} = \beta_0 + \beta_1 Cg_{it} + \beta_j \sum_{j=2}^{n} Y_{it} + \lambda_{it} \qquad (7-2)$$

式(7-1)和式(7-2)中,i代表省市区($i=1,2,3,\cdots,31$),t代表年份($t=2001,2002,2003,\cdots,2016$),$\varepsilon_{it}$ 和 λ_{it} 为随机误差项,且服从独立同分布。

式(7-1)中,被解释变量Cg表示城乡居民消费差距,借鉴泰尔[14]于1967年测算收入差距所采用的方法,计算公式如下:

$$Cg_t = \sum_{j=1}^{2}\left(\frac{C_{jt}}{C_t}\right)\ln\frac{C_{jt}/P_{jt}}{C_t/P_t} = \left(\frac{C_{1t}}{C_t}\right)\ln\frac{C_{1t}/P_{1t}}{C_t/P_t} + \left(\frac{C_{2t}}{C_t}\right)\ln\frac{C_{2t}/P_{2t}}{C_t/P_t} \qquad (7-3)$$

式(7-3)中,C_{1t}和C_{2t}分别代表t时期城市和农村居民的总消费支出(人口总数乘以人均消费水平);C_t代表t时期的总消费支出,P_{1t}和P_{2t}分别代表t时期城市和农村人口数,P_t代表t时期总人口数。另外,根据前文分析,中国城乡居民的不同类型消费支出变化具有明显的差异,考虑城乡居民消费的结构性差距是十分必要的。因此,进一步将城乡居民消费差距分为城乡居民生存型消费(包括衣着支出、食品支出和居住支出)差距、城乡居民享受型消费(包括交通运输支出、通信支出和家庭设备支出)差距与城乡居民发展型消费(包括文教娱乐消费支出和医疗保健消费支出)差距三种类型,其计算方法同式(7-3)。

式(7-1)的核心解释变量是互联网普及率,通过"互联网使用人数/总人口数"计算得到。X 是一组控制变量,依据城乡居民消费差距的相关理论和文献,主要包括以下四个变量:①城乡收入差距。根据约翰·梅纳德·凯恩斯(John Maynard Keynes)的绝对收入理论,收入是影响居民消费的核心变量。一般来说,城乡收入差距越大,城乡居民消费差距也越大[271]。同样地,选取泰尔指数测量城乡收入差距。②市场化水平。经济所有制结构的多元化与市场化改革是中国改革开放以来一个重要的变化[173]。长期以来,由于中国实行"城市导向型"政策和严格的户籍管理制度,农村劳动力很难直接转移到国有企业任职,而随着国有经济非国有化及各地区乡镇企业的繁荣,广大的农村剩余劳动力转移到非国有企业,收入水平得到了显著的提高,从而对城乡居民消费差距产生重要的影响。并且,国资国企改革也是深入推进中国式现代化的重要举措,有利于促进城乡劳动力和产品的跨区域流动,促进资源的配置效率提升。与第 4 章一致,本书借鉴刘晓光、张勋和方文全[196]的方法,采用规模以上国有及国有控股工业企业总产出占全部规模以上工业企业总产出的比重来衡量。③第三产业增加值占地区生产总值比重。随着国家产业结构的优化升级,现代服务业所占比重不断增加,促进农村剩余劳动力转移到城市部门,给城乡收入差距和消费差距带来重要影响。④政府财政支出。中国实行的分税制财政管理体制使得地方政府行为在经济活动中扮演着重要角色,但是学界未就政府财政支出和城乡居民消费差距的关系形成一致的结论[173,278],下文将政府财政支出占地区生产总值比重作为替代变量来衡量政府的财政支出水平。

式(7-2)是研究城乡居民消费差距对互联网普及率的影响的方程。被解释变量是互联网普及率,核心解释变量是城乡居民消费差距。变量 Y 是一组控制变量,依据已有文献,本书主要控制了经济因素和人口因素变量。具体包括:①人口城镇化水平。经济增长对互联网发展的影响被众多研究所证实[21,279],本书采用人口城镇化水平来衡量地区的经济增长水平。主要考虑在于:一方面人口城镇化过程伴随着居民收入水平和人力资本的不断提升,有利于增加人们接入互联网技术的机会[252,280];另一方面,人口向城镇的聚集也有利于发挥信息技术投资的规模效应,提高全民的信息化技术水平。本书以城镇常住人口数占总人口比重来测算人口城镇化水平。②人口结构。中国正处于建设"数字中国"的关键时期。然而,近年来人口老龄化问题不断加重,与年轻人相比,老年人接受新鲜事物的速度较慢,因而考虑人口结构变化对互联网普及率的影响是十分必要的。相应地,采用老龄人口抚养比来衡量人口老龄化水平。

7.3.2 数据来源及说明

与第4章一致,本章所有变量的时间段选取为2001—2016年。选取地域为中国的31个省(自治区、直辖市)(由于数据限制,不包括香港特别行政区、澳门特别行政区和台湾省)。相关数据源于历年《中国统计年鉴》、《中国人口统计年鉴》、《中国人口和就业统计年鉴》、中国互联网信息中心和中经网数据库。同时,居民消费和收入等变量都以2001年为基期的不变价格进行了相应处理。另外,需要说明的是,由于2005年以前各省份城镇人口统计口径有差异,本章同样采用第5章的方法修正得到2001—2004年人口城镇化数据。变量的统计性描述结果如表7-2所示,可以看出,各变量都有较大的变化区间,较好地反映了中国各省份存在的差异。对解释变量进行VIF检验,结果显示VIF值都满足要求,表明解释变量之间不存在严重的多重共线性。

表7-2　　　　　　　　变量的描述性统计

变量	观察值	均值	标准差	最小值	最大值
城乡居民消费差距(总体)	496	0.126 3	0.061 9	0.013 6	0.495 2
城乡居民生存型消费差距	496	0.102 3	0.047 1	0.006 9	0.371 0
城乡居民享受型消费差距	496	0.183 0	0.116 3	0.007 6	0.877 8
城乡居民发展型消费差距	496	0.166 0	0.115 2	0.012 7	0.851 9
互联网普及率	496	0.266 2	0.200 5	0.004 6	0.777 7
城乡收入差距(泰尔指数)	496	0.136 4	0.063 4	0.019 1	0.351 5
市场化水平	496	0.448 9	0.206 0	0.095 9	0.901 4

(续表)

变量	观察值	均值	标准差	最小值	最大值
第三产业增加值占地区生产总值比重	496	0.423 0	0.083 5	0.283 0	0.802 3
政府财政支出	496	0.224 4	0.175 0	0.077 2	1.379 2
人口城镇化水平	496	0.491 9	0.155 3	0.193 9	0.896 0
人口结构	496	0.123 0	0.026 1	0.067 0	0.219 0

7.4 估计结果及分析

7.4.1 总体性估计结果及分析

由联立方程模型的阶条件和秩条件识别结果可知，本研究所构建的联立方程模型中的两个方程均为过度识别，适合两阶段最小二乘法（Two Stage Least Square，2SLS）和三阶段最小二乘法（Three-stage Least Square，3SLS）估计。3SLS 将 2SLS 和似不相关回归（Seemingly Unrelated Regressions，SUR）结合起来，充分考虑了各方程的内生性和扰动项相关性问题，因而其估计结果相对于 2SLS 更加有效，回归结果如表 7-3 所示。

表 7-3　　　　　　　　　　总体性估计结果

解释变量	2SLS		3SLS		迭代式 3SLS	
	被解释变量					
	城乡居民消费差距	互联网普及率	城乡居民消费差距	互联网普及率	城乡居民消费差距	互联网普及率
	(1)	(2)	(3)	(4)	(5)	(6)
互联网普及率	−0.081 9***	—	−0.062 9***	—	−0.060 7***	—
	(0.012 8)		(0.011 9)		(0.011 8)	
城乡收入差距	0.832 0***	—	0.733 2***	—	0.719 6***	—
	(0.045 8)		(0.042 6)		(0.042 5)	
市场化水平	0.033 1**	—	0.046 8***	—	0.047 9***	—
	(0.014 1)		(0.012 6)		(0.012 3)	

(续表)

解释变量	2SLS		3SLS		迭代式 3SLS	
	被解释变量					
	城乡居民消费差距	互联网普及率	城乡居民消费差距	互联网普及率	城乡居民消费差距	互联网普及率
	(1)	(2)	(3)	(4)	(5)	(6)
政府财政支出	−0.000 5	—	−0.055 3***	—	−0.063 0***	—
	(0.020 8)		(0.018 3)		(0.017 9)	
第三产业增加值占地区生产总值比重	0.017 8	—	−0.083 9***	—	−0.097 2***	—
	(0.031 2)		(0.027 7)		(0.027 1)	
城乡居民消费差距	—	−0.815 5***	—	−0.807 9***	—	−0.806 9***
		(0.202 3)		(0.195 3)		(0.196 5)
人口城镇化水平	—	2.667 0***	—	2.624 1***	—	2.618 7***
		(0.125 8)		(0.121 2)		(0.121 9)
人口结构	—	−2.003 3***	—	−1.396 7***	—	−1.320 4***
		(0.283 3)		(0.253 6)		(0.248 6)
常数项	0.015 0	−1.564 0***	0.071 7***	−1.623 5***	0.079 6***	−1.631 0***
	(0.016 9)	(0.113 9)	(0.014 8)	(0.109 4)	(0.014 5)	(0.110 0)
固定效应	控制	控制	控制	控制	控制	控制
观察值	496	496	496	496	496	496
R^2	0.907 9	0.840 0	0.907 5	0.838 4	0.906 7	0.838 0

注：括号内数值为标准误，"*""**""***"分别代表10%、5%和1%的显著水平。

表 7-3 同时列出了 2SLS、3SLS 和迭代式 3SLS 的联立方程模型估计结果。比较可见，三种估计方法的结果具有较高的一致性。3SLS 和迭代式 3SLS 估计结果的系数显著性相对于 2SLS 更高，3SLS 比迭代式 3SLS 估计结果的拟合优度略高。下文的分析基于 3SLS 估计的结果，即表 7-3 中模型(3)和模型(4)。

分析模型(3)的估计结果可知，互联网普及率对城乡居民消费差距的影响系数为−0.062 9，且在 1% 水平上显著，表明互联网普及率提高能够显著缩小城乡居民消费差距，这与第 3 章理论模型推导和统计性描述的结论一致。多年来，中国实行的城市导向型发展政策和严格的户籍管理制度导致中国出现了特殊的城乡"二元"经济结构，农村劳动力转移滞缓，滞留在农村的剩余劳动力生产效率低下，致使农村居民的收入水平远低于城市居民，难以充分满足自身生存和发展的消费需求。另外，农村地区由于交通等基础设施不够完善，生产和生活性消费产品种类单一，服务质量低下，加之金融服务体系不完善，金融抑制突出，无法充分释放和满足农村地区的消费需求。互联网是一种跨领域、多功能的综合性技术平台，能够不断加强社会的互联互通，促进城乡之间的资源优化配置和信息共享，为充分释放农村居民消费需求带来了活力，从而缩小城乡居民消费差距。

从其他影响城乡消费差距的因素来看：①城乡收入差距的系数在1%水平上显著为正，表明城乡收入差距的扩大会进一步拉大城乡居民消费差距，该结论和吴海江、何凌霄和张忠根[271]的研究发现一致。②市场化水平的系数在1%水平上显著为正，这和刘晓光、张勋和方文全[196]的研究结果一致，表明继续推动中国市场化进程，优化资源配置，鼓励非国有经济发展，对缩小城乡居民消费差距具有重要的现实意义。③第三产业增加值占地区生产总值系数在1%水平上显著为负，表明第三产业所占比重提高能够有效缩小城乡居民消费差距。④政府财政支出的系数在1%水平上显著为负，表明政府财政支出增加能够缩小城乡居民消费差距。该结论与蓝相洁和陈永成[278]的研究结果一致。因此，推动城镇化和劳动力转移，增加对农民的财政性转移支付，继续推行高质量的乡村振兴战略，多维度促进农民增收，缩小城乡收入差距，使农村居民"敢消费、能消费"，对于缩小城乡居民消费差距具有重要意义。

表7-3中模型(4)是互联网普及率方程的估计结果，分析可知：城乡居民消费差距对互联网普及率的影响系数显著为负，表明城乡居民消费差距扩大会进一步降低居民互联网普及率，扩大数字鸿沟，这也说明考虑互联网普及和城乡居民消费差距之间的内生性是合理的，联立方程模型设定恰当。人口城镇化水平的系数显著为正，表明人口城镇化水平提高有助于提升互联网普及程度。因此，进一步促进经济增长，提高人力资本水平，特别是农村地区居民的受教育程度，对破解数字鸿沟问题、提高中国信息化水平具有重要的政策意义。人口结构的系数在1%水平上显著为负，表明人口老龄化对"数字中国"建设产生了阻力。因此，在中国人口老龄化问题不断加剧的当下，专门制定针对老龄人口的信息化推广措施对于推进"数字中国"建设具有重要的现实意义。例如：针对老龄人口开展相关的信息化知识培训，设计便于老龄人口熟练使用的信息产品，等等。

7.4.2 结构性回归结果及分析

为了进一步分析互联网普及对城乡居民消费差距的影响路径,根据居民消费类型,分别将城乡居民生存型消费差距、城乡居民享受型消费差距和城乡居民发展型消费差距作为被解释变量,对联立方程模型进行 3SLS 估计,结果如表 7-4 所示。

表 7-4　　　　　　　结构性估计结果(3SLS)

解释变量	城乡居民生存型消费差距	互联网普及率	城乡居民享受型消费差距	互联网普及率	城乡居民发展型消费差距	互联网普及率
	(1)	(2)	(3)	(4)	(5)	(6)
互联网普及率	−0.051 5***	—	−0.088 2***	—	−0.063 7**	—
	(0.009 8)	—	(0.031 4)	—	(0.026 1)	—
城乡收入差距	0.524 7***	—	0.976 3***	—	1.153 3***	—
	(0.035 5)	—	(0.104 5)	—	(0.092 3)	—
市场化水平	0.006 3	—	0.173 5***	—	0.153 4***	—
	(0.010 6)	—	(0.031 2)	—	(0.027 3)	—
政府财政支出	0.000 2	—	−0.363 8***	—	−0.116 9***	—
	(0.015 5)	—	(0.046 9)	—	(0.039 5)	—
第三产业增加值占地区生产总值比重	−0.015 2	—	−0.229 4***	—	−0.285 8***	—
	(0.023 4)	—	(0.067 8)	—	(0.060 2)	—
城乡居民生存型消费差距	—	−0.746 7**	—	—	—	—
	—	(0.311 0)	—	—	—	—
城乡居民享受型消费差距	—	—	—	−0.504 9***	—	—
	—	—	—	(0.102 2)	—	—
城乡居民发展型消费差距	—	—	—	—	—	−0.547 8***
	—	—	—	—	—	(0.116 7)
人口城镇化水平	—	2.827 3***	—	2.481 1***	—	2.573 4***
	—	(0.118 6)	—	(0.134 6)	—	(0.123 9)

（续表）

解释变量	被解释变量					
	城乡居民生存型消费差距	互联网普及率	城乡居民享受型消费差距	互联网普及率	城乡居民发展型消费差距	互联网普及率
	（1）	（2）	（3）	（4）	（5）	（6）
人口结构	—	−1.660 7***	—	−1.416 2***	—	−1.606 2***
	—	（0.262 8）	—	（0.250 1）	—	（0.258 8）
常数项	0.031 9**	−1.766 7***	0.177 0***	−1.494 9***	0.153 3***	−1.546 4***
	（0.012 6）	（0.104 1）	（0.036 2）	（0.120 7）	（0.032 1）	（0.112 4）
固定效应	控制	控制	控制	控制	控制	控制
观察值	496	496	496	496	496	496
R^2	0.894 7	0.840 6	0.810 7	0.816 7	0.871 4	0.830 9

注：括号内数值为标准误，"*""**""***"分别代表10%、5%和1%的显著水平。

分析表7-4可知，互联网普及对城乡居民生存型消费差距和享受型消费差距的影响系数都在1%水平上显著为负，而对城乡居民发展型消费差距的影响系数在5%水平上显著为负。该结果表明，2001—2016年期间互联网普及对城乡居民消费差距的缩减作用是通过缩小城乡居民的生存型消费差距、享受型消费差距和发展型消费差距等多路径同时进行的。从互联网普及对城乡居民不同类型消费差距的影响差异来看，互联网普及对城乡居民享受型消费差距的影响最大，对城乡居民发展型消费差距的影响次之，对城乡居民生存型消费差距的影响最小，这也和前文对城乡居民消费差距的变化趋势的分析结果一致。

改革开放40多年来，中国农村居民收入水平得到了显著提高，广大农村居民迈向小康生活，其消费需求和消费观念也正在发生着潜移默化的转变。农村居民消费需求正逐渐由基本物质需求向教育、旅游等精神文化方面的需求拓展，而这些需求产品正是服务消费的重要组成部分。在传统市场中，服务业通常被认为是低效率的，因为服务消费很多时候需要生产和消费同时同地[274]。长期以来，城乡"二元"经济结构下城乡间要素和商品流通成本高，导致农村地区医疗、教育和休闲娱乐等服务型消费产品匮乏，加之农村居民传统消费观念根深蒂固，预防性储蓄动机较强，对进一步扩大农村地区消费需求和促进农村地区消费结构升级形成了巨大障碍。互联网技术的普及极大地提高了服务业的生产效率，改善了资源的配置效率，促进了远距离贸易和服务的全球化[281]。"互联网医疗""互联网教育"及"在线旅游"等行业的出现，促进了消费产品的跨区域和跨时间流通，正不断改变着传统商业格局，而共享经济、淘宝和拼多多等商业模式或平台的出现为农村居民提供了更加多样化的消费产品。特别是近年来，随着移动互联网技术的快速发展，智能手机上网成为农村居民最重要的上网方式之一，移动客户端能够为农村居民提供更加便捷和多样化的服务产品。例如，由腾讯微信、中国信通院和数字中国研究中心于2019年3月4日共同发布的《微信影响力报告》显示，2018年微信驱动信息消费总额达2 402亿元，并带动了4 198亿元的传统消费（如旅游消费和游戏消费），而45%的微信支付商户分布在农村地区。互联网正在为释放农村居民的消费需求和促进消费结构升级提供强大的动力，不但从生存型消费需求方面缩小城乡居民消费差距，而且从高层次消费，即享受型消费和发展型消费方面为改善城乡居民消费差距现状带来重要机遇。

7.4.3 分时间段的进一步讨论

互联网普及对城乡居民消费差距的影响是否随时间推移而有所变化，从而具有一定的阶段性特征，是需要进一步探讨的问题。在2001—2016年这一考察阶段，具有"节点"性质的年份是2008年。2008年全球金融危机爆发后，中国经济发展形势和财政货币政策发生了显著变化，可能对城乡居民消费产生了一定影响。因此，以2008年为界，将考察期分为2001—2008年和2009—2016年两个阶段分别进行回归，估计结果如表7-5所示。

可以看出：首先，2001—2008年期间互联网普及对城乡居民总体性消费差距及生存型消费差距、享受型消费差距均有显著的负向影响，而对城乡居民发展型消费差距的影响不显著。2009—2016年期间互联网普及对城乡居民总体性消费差距及生存型消费差距、发展型消费差距均有显著的负向影响，而对城乡居民享受型消费差距的影响不显著。其次，就影响系数看，2009—2016年期间互联网普及对城乡居民总体性消费差距及生存型消费差距、享受型消费差距的影响系数均小于2001—2008年。这表明随着时间推移，互联网普及对城乡居民总

表 7-5 分时间段的估计结果(3SLS)

解释变量	被解释变量							
	2001—2008 年				2009—2016 年			
	城乡居民消费差距 (1)	城乡居民生存型消费差距 (2)	城乡居民享受型消费差距 (3)	城乡居民发展型消费差距 (4)	城乡居民消费差距 (5)	城乡居民生存型消费差距 (6)	城乡居民享受型消费差距 (7)	城乡居民发展型消费差距 (8)
互联网普及率	−0.185 3***	−0.150 0***	−0.600 5***	−0.047 5	−0.115 7***	−0.067 0*	−0.095 0	−0.280 9*
	(0.045 5)	(0.037 0)	(0.118 8)	(0.084 9)	(0.040 5)	(0.039 5)	(0.085 1)	(0.146 3)
城乡收入差距	1.069 0***	0.854 0***	1.576 8***	1.609 3***	0.627 6***	0.320 3***	1.355 1***	0.741 7**
	(0.084 1)	(0.066 9)	(0.232 0)	(0.144 2)	(0.089 4)	(0.086 2)	(0.189 5)	(0.318 3)
市场化水平	0.064 5***	0.007 8	0.237 4***	0.211 3***	0.076 3***	0.058 7***	0.107 7**	0.155 4**
	(0.024 4)	(0.019 9)	(0.062 5)	(0.048 1)	(0.020 0)	(0.020 1)	(0.044 1)	(0.073 1)
政府财政支出	0.000 1	0.045 9	−0.143 2	−0.277 5***	0.009 2	−0.038 8	0.059 0	−0.287 0**
	(0.053 7)	(0.044 1)	(0.130 6)	(0.105 6)	(0.032 7)	(0.032 0)	(0.073 2)	(0.114 1)
第三产业增加值占地区生产总值比重	−0.044 9	−0.078 1	−0.103 0	−0.048 5	−0.094 9***	−0.036 3	−0.270 2***	−0.145 5
	(0.062 2)	(0.050 9)	(0.150 0)	(0.122 5)	(0.032 1)	(0.030 9)	(0.070 4)	(0.106 3)
常数项	0.041 1	0.063 4**	0.138 5	−0.016 0	0.110 5***	0.061 0***	0.172 8***	0.285 6***
	(0.036 5)	(0.029 8)	(0.088 6)	(0.071 7)	(0.020 7)	(0.021 0)	(0.044 4)	(0.084 0)
固定效应	控制	控制	控制	控制	控制	控制	控制	控制
观察值	248	248	248	248	248	248	248	248
R^2	0.909 8	0.904 2	0.804 1	0.917	0.949 7	0.926 9	0.897 8	0.824 4

注:括号内数值为标准误,"*""**""***"分别代表 10%、5%和 1%的显著水平。

体性消费差距及生存型消费差距、享受型消费差距的影响效果有所减弱,表现出边际递减规律,但对城乡居民发展型消费差距的影响效果有所增强。可能原因在于:一方面,2001—2016年期间中国居民消费结构中生存型消费占比一直维持在60%左右,而发展型消费占比一直在20%左右(表7-1)。同时,居民发展型消费主要包括文教娱乐消费和医疗保健消费,按照马斯洛需求层次理论,属于高级消费需求层次的发展型消费产品的使用和消费过程对消费者也有一定的要求,而农村居民在收入水平、消费层次和受教育程度等方面都还与城市居民有较大差距。另外一方面,2001—2008年期间农村地区的互联网普及程度还较低,信息化基础设施还不够完善。因此,在中国互联网发展的早期阶段,农村居民在发展型消费上不完全享有"互联网红利"。随着农村居民收入水平和人力资本水平的提升,农村居民对发展型消费的需求日益增加,并且互联网应用水平也不断增强,特别是政府陆续出台一系列发展农村电商、精准扶贫政策,提高互联网给农村居民带来的"技术红利",从而为2009—2016年期间城乡居民发展型消费差距缩小奠定了坚实的基础。同时,这也从侧面反映出互联网应用有利于农村居民的消费结构升级[272]。

7.4.4 稳健性检验与内生性讨论

为验证以上研究结果的稳健性,采用Salahuddin和Alam[133]、严成樑[236]以及刘成奎和徐啸[237]等的做法,用移动电话普及率代替互联网普及率,估计结果见表7-6和表7-7。通过与前文中基准模型的回归结果对比可知,核心变量的显著性和符号并无显著差异,表明前文的估计结果及其结论稳健。另外,本章还采用了其他方法进一步考察研究结果的稳健性,例如:①对于被解释变量,采用吴海江、何凌霄和张忠根[276]的做法,用"城乡居民消费差距=城镇居民消费支出/农村居民消费支出"的公式分别计算城乡居民总体性消费差距及城乡居民生存型、享受型和发展型等结构性消费差距,替代上文中的泰尔指数。②考虑到中国经济是典型的大国经济,各地区经济发展具有较大差异,进一步对城乡居民消费差距进行1%的断尾处理。③采用单一方程进行估计。以上步骤处理结果均表明核心变量的显著性和符号仍然没有发生太大变化,充分证明本章的估计结果是可靠的。

表 7-6　稳健性检验（全阶段）

解释变量	被解释变量							
	城乡居民消费差距	移动电话普及率	城乡居民生存型消费差距	移动电话普及率	城乡居民享受型消费差距	移动电话普及率	城乡居民发展型消费差距	移动电话普及率
	(1)	(2)	(3)	(4)	(5)	(6)	(7)	(8)
移动电话普及率	−0.040 7***	—	−0.031 6***	—	−0.062 8***	—	−0.040 6**	—
	(0.007 2)	—	(0.006 0)	—	(0.018 8)	—	(0.015 9)	—
城乡收入差距	0.729 3***	—	0.521 3***	—	0.954 2***	—	1.126 9***	—
	(0.042 2)	—	(0.035 7)	—	(0.103 7)	—	(0.092 0)	—
城乡居民消费差距	—	−1.261 7***	—	—	—	—	—	—
	—	(0.311 4)	—	—	—	—	—	—
城乡居民生存型消费差距	—	—	—	−1.044 7**	—	—	—	—
	—	—	—	(0.499 4)	—	—	—	—
城乡居民享受型消费差距	—	—	—	—	—	−0.907 4***	—	—
	—	—	—	—	—	(0.158 5)	—	—

（续表）

解释变量	城乡居民消费差距 (1)	移动电话普及率 (2)	城乡居民生存型消费差距 (3)	移动电话普及率 (4)	城乡居民享受型消费差距 (5)	移动电话普及率 (6)	城乡居民发展型消费差距 (7)	移动电话普及率 (8)
城乡居民发展型消费差距	—	—	—	—	—	—	—	−0.844 5 (0.187 4)
常数项	0.075 6*** (0.014 8)	−2.599 8*** (0.174 8)	0.039 4*** (0.012 7)	−2.862 9*** (0.167 2)	0.150 8*** (0.036 7)	−2.273 9*** (0.188 0)	0.149 6*** (0.031 9)	−2.494 9*** (0.180 8)
控制变量	控制	控制	控制	控制	控制	控制	控制	控制
固定效应	控制	控制	控制	控制	控制	控制	控制	控制
观察值	496	496	496	496	496	496	496	496
R^2	0.908 9	0.863 1	0.893 0	0.863 2	0.819 5	0.852 9	0.870 9	0.854 6

注：括号内数值为标准误，"*""**""***"分别代表10%、5%和1%的显著水平。

表 7-7　稳健性检验(分阶段)

解释变量	被解释变量							
	2001—2008 年				2009—2016 年			
	城乡居民消费差距	城乡居民生存型消费差距	城乡居民享受型消费差距	城乡居民发展型消费差距	城乡居民消费差距	城乡居民生存型消费差距	城乡居民享受型消费差距	城乡居民发展型消费差距
	(1)	(2)	(3)	(4)	(5)	(6)	(7)	(8)
移动电话普及率	-0.089 2***	-0.075 5***	-0.260 7***	-0.012 2	-0.061 4**	-0.041 1*	-0.052 7	-0.195 1**
	(0.023 6)	(0.019 3)	(0.060 4)	(0.045 6)	(0.025 2)	(0.023 8)	(0.047 2)	(0.092 5)
城乡收入差距	1.115 8***	0.898 7***	1.658 2***	1.611 8***	0.677 5***	0.353 3***	1.414 9***	0.845 6**
	(0.081 8)	(0.066 4)	(0.216 4)	(0.151 1)	(0.109 2)	(0.102 3)	(0.207 6)	(0.394 2)
市场化水平	0.067 8**	0.006 4	0.280 9***	0.227 7***	0.074 6***	0.052 5**	0.104 8***	0.096 7
	(0.026 8)	(0.022 0)	(0.067 8)	(0.053 2)	(0.017 3)	(0.017 8)	(0.038 6)	(0.064 5)
政府财政支出	0.012 7	0.054 8	-0.103 4	-0.238 3**	0.016 8	-0.015 8	0.103 8	-0.173 8
	(0.049 3)	(0.040 6)	(0.120 7)	(0.097 9)	(0.034 7)	(0.034 5)	(0.074 5)	(0.127 3)
第三产业增加值占地区生产总值比重	-0.038 6	-0.080 7	-0.049 4	0.004 0	-0.099 4***	-0.027 7	-0.269 0***	-0.068 2
	(0.064 7)	(0.053 3)	(0.158 2)	(0.128 4)	(0.030 2)	(0.029 0)	(0.062 3)	(0.103 3)
常数项	0.043 6	0.073 7**	0.098 1	-0.061 8	0.109 1***	0.057 9**	0.163 2***	0.284 2***
	(0.045 7)	(0.037 6)	(0.113 3)	(0.090 2)	(0.023 2)	(0.023 3)	(0.045 9)	(0.097 6)
固定效应	控制	控制	控制	控制	控制	控制	控制	控制
观察值	248	248	248	248	248	248	248	248
R^2	0.924 9	0.916 3	0.858 2	0.918 1	0.939 6	0.920 3	0.898 2	0.792 9

注:括号内数值为标准误,"*""**""***"分别代表 10%、5%和 1%的显著水平。

在部分相关的已有研究中,学者通常将互联网普及率视为外生变量,没有充分考虑互联网普及率和城乡居民消费差距之间可能存在的内生性问题。而实际上,一方面,马太效应是一种普遍性的经济现象,消费水平较高的居民往往收入水平较高,其接触互联网的机会可能较大且使用互联网的能力可能更高,即互联网普及率和城乡居民消费差距之间可能存在反向因果关系。另一方面,互联网普及对城乡居民消费差距的影响可能源于居民能力等某些不可观察的因素。以上这两种情况,均可能导致内生性问题的出现。第一种情况是解释变量与被解释变量之间的双向相互影响导致的,第二种情况是设定偏误(遗漏变量)导致的。本章在选择和设置计量模型时,已充分考虑内生性问题,没有采用单一方程,而是构建联立方程模型,在一定程度上缓解了内生性问题对估计结果的影响。

7.5 微观机理分析

上述分析基于省级面板数据,属于宏观视角的分析,无法从居民个体行为视角揭示互联网普及影响城乡居民消费差距的微观机理。故本章开展进一步的微观视角分析。根据经典的凯恩斯消费理论,收入是消费的核心决定因素。因此,本部分主要从互联网使用影响收入的视角揭示互联网普及影响城乡居民消费差距的微观机理。

7.5.1 数据来源与统计性描述

本部分采用 2015 年中国综合社会调查(Chinese General Social Survey,CGSS)的微观数据。该调查是由中国人民大学联合全国各地的学术机构共同执行的,从 2003 年开始,每年对全国一万多户家庭进行抽样调查。2015 年的 CGSS 覆盖中国的 28 个省、自治区、直辖市(不包括海南省、西藏自治区、新疆维吾尔自治区、香港特别行政区、澳门特别行政区和台湾省),包括 134 个县,487 个居(村)民委员会,共计收集 10 968 个样本,调查对象的年龄范围为 18~95 岁,数据具有较强代表性。

7.5.2 模型设立与变量选取

分别构建互联网使用影响个体收入和消费支出的计量模型:

$$\ln Income_{j,i} = \beta_0 + \beta_1 Internet_{j,i} + \chi X_{j,i} + \mu_{j,i} \tag{7-4}$$

$$\ln Consumption_{j,i} = \alpha_0 + \alpha_1 Internet_{j,i} + \eta Y_{j,i} + \varepsilon_{j,i} \tag{7-5}$$

其中,$Income_{j,i}$ 和 $Consumption_{j,i}$ 分别表示居民 i 在 2014 年的总收入和总消费支出(去掉收入和消费为 0 的样本),$j=1$ 或 2,代表城市居民或农村居民。核心解释变量 $Internet_i$ 为居民 i 的互联网使用情况,采用问卷中"过去一年,您对互联网的使用(包括手机上网)情况"这一问题来获取。根据受访者回答"从不""很少""有时""经常"或"非常频繁",设置一个二值虚拟变量(记作是否使用互联网),即:没有使用(从不)=0,使用过(很少、有时、经常或非常频繁)=1。X 和 Y 为一组个体特征和家庭特征的控制变量,包括性别、年龄(包括其平方项)、政治身份、民族、婚姻状况、健康水平及受教育水平等。本部分主要变量的统计性描述分析见表 7-8。

7.5.3 实证结果及分析

回归结果如表 7-9 所示,分析可知:首先,列(1)和列(2)结果表明,互联网使用对城市居民和农村居民收入水平提升都有显著的促进作用。具体来看,与不使用互联网的居民相比,城市居民使用互联网可以获得 45.8% 的收入溢价,农村居民可以获得 53.9% 的收入溢价。比较可见,互联网使用对农村居民的增收效应要大于城市居民,表明互联网使用在提高农村居民收入上具有"后发优势",有利于缩小城乡收入差距。

其次,根据列(3)和列(5)结果可知,若不控制收入因素,互联网使用对农村和城市居民消费水平提升都具有显著的促进作用。具体地,就互联网对城乡居民的消费效应来看,与不使用互联网的农村居民相比,使用互联网的农村居民的消费支出高出 38.6%(计算方法同第 4 章一致),消费支出增加幅度远大于城市居民(10.4%)。在控制收入因素后,分析列(4)和列(6)可知,互联网使用对城市居民消费支出的影响不显著,而对农村居民消费支出的影响显著为正。具体来

表7-8 主要变量的描述性统计

变量名称	变量定义	总样本 观察值	总样本 平均数	城市样本 观察值	城市样本 平均数	农村样本 观察值	农村样本 平均数
收入水平的对数	2014年个人总收入的对数	8 722	9.765 2	5 273	10.214 6	3 449	9.078 2
消费水平的对数	2014年家庭人均总消费的对数	3 054	9.009 9	1 787	9.360 8	1 267	8.515 0
是否使用互联网	没有使用=0,使用过=1	10 951	0.467 9	6 467	0.607 2	4 484	0.266 9
性别	男性=1,女性=0	10 968	0.468 1	6 470	0.462 3	4 498	0.476 4
年龄	受访者2015年的实际年龄	10 968	50.397 3	6 470	49.116 4	4 498	52.239 7
年龄的平方项	年龄的平方	10 968	2 825.388	6 470	2 713.326	4 498	2 986.58
民族	汉族=1,其他=0	10 948	0.922 3	6 466	0.945 7	4 482	0.888 4
党员	党员(包括民主党派成员)=1,其他=0	10 921	0.105 2	6 445	0.142 6	4 476	0.051 4
婚姻状况	已婚或同居=1,未婚、离婚或丧偶=0	10 968	0.784 3	6 470	0.762 8	4 498	0.815 3
受教育程度	没有受过任何教育=1,私塾、扫盲班或小学=2,初中=3,普通高中、中专、技校或职业高中=4,大学及以上=5	10 939	2.993 1	6 451	3.422 4	4 488	2.376 1
健康水平	很不健康=1,比较不健康=2,一般=3,比较健康=4,很健康=5	10 961	3.607 6	6 464	3.713 0	4 497	3.456 1

表 7-9　是否使用互联网对城乡居民的收入效应与消费效应

解释变量	被解释变量					
	收入水平的对数		消费水平的对数			
	城市	农村	城市		农村	
	（1）	（2）	（3）	（4）	（5）	（6）
是否使用互联网	0.377 3***	0.431 0***	0.099 2**	0.002 8	0.325 4***	0.187 3**
	（0.030 7）	（0.049 7）	（0.049 2）	（0.054 2）	（0.066 4）	（0.075 4）
收入水平的对数	—	—	不控制	控制	不控制	控制
其他控制变量	控制	控制	控制	控制	控制	控制
省份效应	控制	控制	控制	控制	控制	控制
观察值	5 236	3 401	1 779	1 489	1 250	986
R^2	0.337 9	0.412 7	0.232 0	0.283 4	0.161 7	0.214 8

注：括号内数值为标准误，"*""**""***"分别代表10%、5%和1%的显著水平。

看,与不使用互联网的农村居民相比,使用互联网的农村居民的消费支出高出20.6%,该效应是控制收入因素之后,互联网使用影响农村居民消费支出的"净效应"。由此可见,互联网使用能够缩小城乡居民消费差距,其作用机理有二:一是收入效应,即互联网使用对农村居民的收入效应要大于城市居民,缩小了城乡收入差距,从"消费得起"或"敢消费"的角度促进了农村居民消费;二是消费"净效应",即在控制收入因素后,互联网使用对农村居民消费的影响也大于对城市居民消费的影响。在城市消费环境较完善、商品供应较充分和城市居民消费品基本满足的情况下,互联网使用对城市居民消费支出的促进作用并不明显。然而,对广大农村和农村居民来说,在消费市场不完善、消费品匮乏和基本消费尚未得到充分满足的背景下,互联网使用促进了城乡消费市场的共通共享,为释放农村居民消费活力提供了可能和便利,从"消费得到"或"能消费"的角度促进了农村居民消费。

表 7-10　闲时互联网使用频率对城乡居民的收入效应与消费效应

解释变量	被解释变量					
	收入水平的对数		消费水平的对数			
	城市	农村	城市		农村	
	(1)	(2)	(3)	(4)	(5)	(6)
闲时互联网使用频率	0.1025***	0.1460***	0.0469***	0.0207	0.0951***	0.0468**
	(0.0088)	(0.0162)	(0.0134)	(0.0146)	(0.0206)	(0.0234)
收入水平的对数	—	—	不控制	控制	不控制	控制
其他控制变量	控制	控制	控制	控制	控制	控制
省份效应	控制	控制	控制	控制	控制	控制
观察值	5231	3389	1777	1488	1247	983
R^2	0.3364	0.4136	0.2354	0.2831	0.1583	0.2123

注：括号内数值为标准误，"*""**""***"分别代表10%、5%和1%的显著水平。

以上分析中的核心解释变量是"是否使用互联网"，为验证上述结论的可靠性，并考虑到不同居民的互联网使用频率可能存在差异，使用问卷中"闲时互联网使用频率"作为核心解释变量进行稳健性检验。按照有序原则，为CGSS问卷中闲时互联网使用频率的选项赋值：从不＝1；一年数次或更少＝2；一月数次＝3；一周数次＝4；每天＝5，回归结果见表7-10。对比可见，闲时互联网使用频率对城乡居民收入和消费支出的影响效果与表7-9仍然一致。

需要说明的是，互联网使用与居民收入和消费之间可能存在内生性问题。因此，本章还利用工具变量对估计结果的稳健性进行了额外的检验。具体地，分别使用"样本所在地级市互联网使用率"和"样本所在县的互联网使用率"作为工具变量。主要考虑在于，一个地区的互联网发展状况和居民自身互联网使用情况具有密切的联系，但地区层面的互联网发展状况却很难直接影响个体的收入和消费状况。从工具变量回归的结果来看：Hausman 检验和异方差稳健性的 DWH 检验表明，互联网使用是内生变量；而弱工具检验和 Hansen 检验表明，不存在弱工具变量问题，且工具变量满足排他性约束（Exclusion Restriction）。分别采用 2SLS、有限信息最大似然（Limited Information Maximum Likehood,

LIML)法、GMM 和迭代 GMM 进行估计,结果表明,在考虑内生性问题后,上述结论依旧稳健。

7.6 本章小结

消费是收入的最终目的。因而,从消费视角考察互联网普及和城乡发展差距之间的关系,有助于我们深入理解数字时代互联网普及对城乡收入差距的影响。本章采用 2001—2016 年中国省级面板数据,基于联立方程模型检验了互联网普及对城乡居民消费差距的影响及作用路径。充分考虑内生性的稳健研究结果表明:在 2001—2016 年期间,互联网普及显著缩小了城乡居民消费差距,并且互联网普及对城乡居民消费差距的缩减效应是通过缩小城乡居民生存型消费差距、享受型消费差距和发展型消费差距等多维路径同时实现的。就时间趋势看,互联网普及对城乡居民消费差距的影响力度有所减弱,呈现边际递减的特征,但对发展型消费差距的影响还处在增强阶段。该结论表明,互联网普及对城乡居民消费差距的影响存在结构性差异,即互联网普及对发展型消费差距的影响更为重要和深远,并且互联网普及有利于农村居民消费结构升级。进一步微观实证分析发现,互联网普及缩小城乡居民消费差距的作用机理有二。一是收入效应,即互联网使用对农村居民的增收效应要大于城市居民,从而缩小城乡收入差距,是从"消费得起"或"敢消费"的角度促进了农村居民消费。二是消费"净效应",即在控制收入因素后,互联网使用对农村居民消费的影响也大于对城市居民消费的影响。互联网为农村居民消费提供了可能和便利,从"消费得到"或"能消费"的角度促进了农村居民消费。研究同时发现,城乡收入差距、国有企业比重、产业结构和政府财政支出等因素也对城乡居民消费差距有重要影响,并且经济因素和人口结构因素变化同样对互联网普及有显著影响。

第8章 互联网使用和农村居民收入差距感知

经济新常态下,中国社会的主要矛盾已经转变为"人民日益增长的美好生活需要和不平衡不充分的发展之间的矛盾",表明缩小区域发展差距对当下中国经济社会可持续发展具有重要的现实意义。在中国特殊的城乡"二元"经济结构下,城乡发展差距成为中国社会不平衡发展现状的重要表现形式,城乡收入差距的扩大给城乡融合发展带来了巨大的挑战,也会加剧社会不平等感知和降低公众容忍度,最终阻碍社会和谐发展。因此,缩小城乡收入差距成为解决中国社会发展不平衡问题的重要组成部分。然而,收入差距不仅包括客观收入差距(以城乡居民实际收入差距水平为衡量指标),也包括居民的主观收入差距,即个人对收入差距的感知。以往的文献表明,与客观收入差距相比,主观收入差距对公众容忍度的影响更加明显和直接[282]。在前几章中,本书分析了以互联网为代表的信息技术的发展与扩散对客观层面上的中国城乡收入差距的作用效果及影响机制、贡献程度及收敛性影响,本章将着重探讨互联网使用对农村居民收入差距感知的影响。

8.1 理论机制和研究假设

人类行为不仅取决于个人偏好和资源绝对富裕状况,也依赖人们对未来、他人行为和经济状况的预期与信念[283]。自"幸福—收入之谜"或伊斯特林悖论(Easterlin Paradox)提出以来,相对收入状况对个人幸福生活的重要性受到学术界的广泛关注。大量研究表明,收入差距扩大对民众的幸福感和健康都会产生负面影响[284-285]。然而,经济社会活动中的每一参与个体通常并不能掌握其所在国家或地区的收入分布状况的完全信息,个人对收入分配的主观感知在很大程度上依赖其自身经历及从与他人交流、媒体和其他非正式渠道获得的信息。并且,即使人们处于相同的收入分配状况,他们对收入不平等的感知也因其自身的社会经济地位和个人特征而有所不同[286]。因此,单纯采用客观收入不平等指标难以反映个体对收入不平等感知的异质性及其产生的经济社会影响[287]。

在数字时代,互联网成为公众获取信息的最主要渠道,信息技术使人们获取信息的成本大大降低,也扩大了信息传播的范围,增加了信息扩散的影响深度。如今,人们可以通过访问互联网随时随地获得其所需要的有效信息,各类社交媒体的出现也使社会各阶层的互动频率显著提高。网络正在变革人类的生产、生活方式,也塑造着人们看待事物的态度,而这都可能影响人们对社会收入不平等状况的主观感知。本章基于信息传播和获取视角,借鉴社会心理学中的负面偏见理论和社会比较理论来分析互联网使用对农村居民收入差距感知的影响。

8.1.1 负面偏见理论

负面偏见是心理学和信息传播过程中的一个重要的现象,指社会个体(公众)对负面信息或新闻有更强的偏好。特别是,与正面信息(或中性信息)相比,负面信息对个体大脑的情绪处理的影响更强烈且更持久[288-292]。为什么人们会更加关注负面信息?根据生物进化理论,在历史发展长河中,人类具备了对危险信号作出快速反应的本能,因此负面偏见反映了个体对环境的自我适应,是一种识别和规避潜在危险的本能[293]。此外,相关研究表明,即使是处于婴儿期的个体,其负面偏见反应仍然明显[294-297]。例如,Baltazar、Shutts 和 Kinziler[298]通过三次实验调查证实,儿童对威胁性社会行为有深刻的记忆,而 Hamlin、Wynn 和 Bloom[299]也发现,即使是三个月大的婴儿,在社会行为评估中也表现出明显的负面偏见。并且,还有研究表明,负面偏见具有年龄差异,中老年人负面偏见程度比年轻人更低,因为中老年人具有更复杂的情绪,也更有能力整合自身的情绪和认知,并采取相应的情绪调节策略[300-301]。

当前,网络已经成为公众获取信息的最主要渠道。为了增加点击量,自媒体或网络编辑常常报道耸人听闻的政治事件或者负面新闻,例如贪污腐败、环境污染等。Garz[302]发现媒体对失业方面的负面新闻的关注大于对正面新闻的关注。在前数字时代,政府部门对传统媒体(如电视、报纸)具有强大的话语权和控制力,媒体通常更倾向于报道正面信息。而在数字时代,互联网的发展使得每一个体都可以同时成为新闻的接受者、传播者和制造者,互联网使大众媒体更加"私有化""多元化"和"碎片化"[303-305]。此外,互联网时代要求个体能够在海量信息中快速找到自身感兴趣的和有用的信息,因而网络编辑更加倾向于报道负面信息以吸引网民眼球和增加信息点击量。根据负面偏见理论,这些负面信息往往能够吸引大量的社会关注并引发广泛讨论。例如,2015 年 2 月 28 日,雾霾纪录片《穹顶之下》在互联网上传播,在不到一天的时间内点击量就超过一千万次,并在各大社交媒体平台中被持续讨论,一度成为社会热点话题。

因此，负面偏见效应导致网民在使用互联网时可能会更加关注与收入差距扩大相关的负面报道，这些负面报道会影响网民对收入差距现状的感知。特别是改革开放以来，随着中国总体经济发展水平的提升，人民生活质量得到了显著的提升，公众对社会福利和社会公平的关注度日益提高，收入分配状况成为近年来备受关注的主要民生问题之一。人们会更加关注与其日常生活关系紧密的收入分配问题的相关报道，并积极参与相关问题的互动和讨论。

负面信息往往对受众有着强烈的情感召唤作用，从而导致个体主观判断出现偏差[306]，强化个体对贫富分化不公的感知。大量的文献证实，负面偏见与抑郁、焦虑和消极的世界观有密切的联系，如 Wu 等[307]，Krompinger 和 Simons[308]，Beck[309]以及 Koster 等[310]的研究。根据抑郁的绝望理论（Hopelessness Theory of Depression），当处于消极的认知环境中时，人们往往在遇到负面事件时增加对其的消极评价并高估负面事件的发生概率[311-313]。因此，根据以上分析，由于网民可能更加关注网络上与收入分配相关的负面信息，互联网使用会增强农村居民对贫富分化不公的感知。

8.1.2 社会比较理论

社会比较理论是美国著名社会心理学家利昂·费斯廷格（Leon Festinger）[314]于 1954 年提出的，该理论强调，个体在缺乏客观标准的情况下，往往以他人的状况为参照来评判自身的能力或观点。在前数字时代，人类获取信息的渠道和方式是有限的，因而人们通常更倾向于选择与自己熟悉的人或住在附近的人进行比较，社会比较的群体有限且大多和自身生活状况相似。而在数字时代，互联网逐渐取代了传统媒体（如报纸和书籍），成为人们获取信息最普遍的渠道之一。互联网极大地降低了信息传播的成本，提高了信息传播的速度，扩大了信息传播的范围，实现了远程通信，人们使用电脑或手机即可随时随地浏览或查询自己需要的信息。在社交方面，各种互联网平台和应用程序都可以根据注册用户的特点和需求精准匹配人群，极大地减少了信息不对称，增加了社交互动的强度。因此，与前数字时代相比，数字时代下人们的比较对象发生了巨大的变化。通过各种互联网平台和应用程序，人们可以很容易地了解自己所在国家其他居民甚至其他国家或地区居民的生活状况。"分享"已经成为数字时代各类社交网站和平台(如 Facebook、微博和微信)的核心功能之一。并且,分享个人日常生活中的每一个细节成为数字时代每个公民的重要日常活动之一。例如,调查数据显示,76.2%的人在社交网络上分享信息,21%的人关注别人分享的信息,尽管他们自己根本不分享信息,只有 2.8%的人既不分享信息也不阅读别人分享的信息①。因此,由于社会比较范围的扩大和强度的提高,人们可能会对自己的生活状况更加失望和不满,尤其是那些生活条件较差的人[76]。

互联网使人们能够获得更多关于他人生活状况的信息,这可能会增加人们的物质愿望,降低人们的对自身收入水平的满意度,最终增强他们对贫富分化不公的感知,因为人们可能会把自己和那些生活更奢侈的人比较。Clark 和 Senik[315]的一项研究表明,大多数欧洲人承认收入比较是重要的,并且收入比较的强度也与较低的主观幸福感相关。Lohmann[316]采用欧盟关于收入和生活状况的调查数据进行研究,发现与不使用互联网的人相比,使用互联网的人对其增加的收入的满意度更低。Lee[317]对 199 名大学生在社交网站上的社会比较行为进行了分析,发现增加其使用脸书的频率会提高用户在脸书上的社会比较频率,并且社会比较强度与负面情绪之间也存在着密切的联系。

中国已经成为世界第二大经济体,2023 年人均 GDP 已达到 89 358 元。过去几年,在全球新冠疫情的挑战下,中国经济更是展现出了非凡的韧性与恢复力,有效应对了疫情带来的冲击,并实现了快速复苏,持续释放出强劲的发展潜力,为全球经济的稳定与增长作出了重要贡献。然而,不可否认的是,中国居民收入水平仍然和西方发达国家有较大差距。而在中国内部,收入差距问题仍然严峻,中等收入群体占主体的"橄榄型"收入结构体系还未形成,正如时任总理李克强在十三届全国人大三次会议闭幕后的答记者会上指出"中国仍然有 6 亿人每月收入仅为 1 000 元左右"。具体到城乡差距,在收入水平上,农村居民与城市居民有明显差距,而在医疗、教育和基础设施服务方面,城乡发展鸿沟也较为明显。根据社会比较理论,互联网使用可以为农村居民提供更多他人或其他地区(如城市地区)收入状况的信息,这可能会增大农村居民在收入分配相关方面

---

① 资料源于搜狐网,参见:http://www.sohu.com/a/283402253_576442。

的社会比较强度和范围,从而降低他们对自身收入水平的满意度,并增强其对贫富分化不公的感知。因此,基于上述负面偏见理论和社会比较理论的相关论述,本书提出如下假设:

互联网使用会增强农村居民的贫富分化不公感知,即与农村非网民相比,农村网民对收入差距现状具有更消极的主观评价。

8.2 数据来源、变量设定和描述性分析

本章使用的数据源于2018年的CFPS,数据的详细信息见第5章,本章不做赘述。为考察互联网使用对农村居民收入差距感知的影响,将样本限定为拥有农村户口的受访者,基准模型所涉及的变量设定如下:

(1) 被解释变量:收入差距感知。该变量反映了农村居民对当前中国社会贫富分化程度的主观感受,在CFPS中通过问题"总的来说,您认为贫富差距问题在我国有多严重"来获取。为受访者从"不严重"到"非常严重"的回答赋值0~10,即收入差距感知为一个有序变量,赋值越高代表受访者认为贫富差距问题越严重。此外,在稳健性检验部分,本书还根据受访者对自身收入在本地地位的主观评价情况来衡量收入差距感知(定义为本地收入地位感知)。一般来说,受访者对自身收入在本地地位的评分越低,受访者越有可能认为其所在地区收入不平等问题严重。该变量同样为一个有序变量,将受访者从"很低"到"很高"的回答赋值1~5。

(2) 核心解释变量:是否使用互联网。该变量是一个二值变量,即受访者使用互联网为1(包括使用手机上网和使用电脑上网),否则为0。控制变量(协变量)方面,为排除其他因素对受访者收入不平等感知的影响,主要控制以下变量:性别(男性为1,否则为0),年龄(受访者2018年的实际年龄),政治信仰(中国共产党党员为1,否则为0),宗教信仰(信仰宗教为1,否则为0),健康状况(不健康=1,一般=2,健康=3,很健康=4,非常健康=5),受教育年限,婚姻状况(已婚=1,否则为0)和收入水平(家庭人均收入水平)。此外,还在模型中加入了一系列省份虚拟变量,以控制省份层面的固定效应。需要说明的是,考虑到老年人互联网使用率较低,且为了排除因农村居民处于未成年及退休阶段其收入状况对个体收入差距感知的影响,仅使用60岁及以下的成年样本,即18~60岁的样

本。对于回答诸如"不知道""不确定"的样本予以剔除。此外,同时删除所有变量的缺失值,最终获得 13 676 个有效样本。

主要变量的描述性分析如表 8-1 所示,可以看出:样本收入差距感知的平均值为 7.13,大于中间水平,表明中国农村居民主观的贫富分化程度较高;样本中互联网使用率为 57%,高于 2018 年全国农村互联网普及率(38.4%)[①],主要原因在于考察样本并不包括 60 岁以上人口;男性样本占比 49%,男女比例接近 1∶1,而样本的平均年龄为 41 岁;样本中中共党员比例和信仰宗教的比例分别为 1% 和 3%,已婚人口比例为 83%;样本农村居民的平均年收入为 21 900 元,平均受教育年限为 7.4 年,可见农村居民的平均受教育水平较低,不足初中毕业水平。

表 8-1　　　　　　　　　　变量的描述性统计

变量	平均值	标准差	最小值	最大值
收入差距感知	7.13	2.43	0	10
是否使用互联网	0.57	0.50	0	1
性别	0.49	0.50	0	1
年龄	41.44	11.58	18	60
政治信仰	0.01	0.09	0	1
宗教信仰	0.03	0.16	0	1
健康状况	3.08	1.22	1	5
受教育年限	7.40	4.52	0	22
婚姻状况	0.83	0.37	0	1
收入水平(千元)	21.90	67.04	0	5 660
本地收入地位感知	2.90	1.05	1	5

图 8-1 展现了农村居民的收入差距感知,从中可以看出,大多数样本的收入差距感知分值都高于或等于 5,而大于 25% 的调查对象对其主观收入差距的评价 10 分,即超过四分之一的受访农村居民认为中国社会目前的贫富分化问题非常严重。进一步,图 8-2 展现了使用互联网的农村居民(网民)和不使用互联网的农村居民(非网民)的收入差距感知平均值。结果显示,农村网民的收入差距感知平均值为 7.40,高于农村非网民的收入差距感知平均值(6.78)。

---

① 数据源于《中国数字乡村发展报告(2019)》,参见 https://www.cac.gov.cn/2019-12/06/c_1577166445543765.htm。

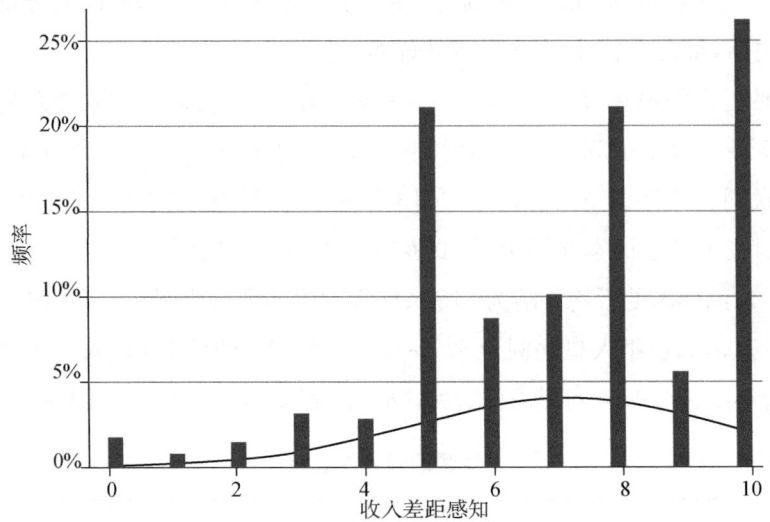

图 8-1　农村居民的收入差距感知分布图

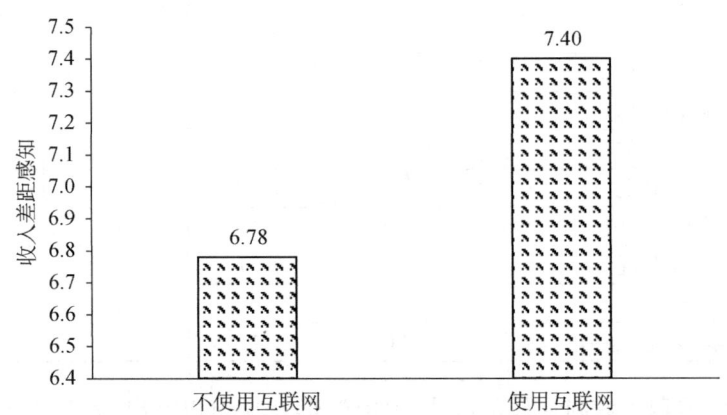

图 8-2　使用互联网和不使用互联网的农村居民的收入差距感知均值

表 8-2 报告了细分样本中网民和非网民农村居民收入差距感知平均值的差异。可以看出，无论是不同性别人群，还是按照户口、婚姻状况、受教育年限、年龄和健康状况划分的细分人群，网民和非网民农村居民的收入差距感知都表现出明显的一致性特征，即网民农村居民的收入不平等感知强度都要大于非网民农村居民。本章将进一步采用计量经济学方法深入考察互联网使用对农村居民收入不平等感知的影响效果，并试图识别二者之间的内在联系机制。

表 8-2 　细分样本中网民和非网民农村居民的收入差距感知均值差异

	非网民	网民	全样本
性别			
男性	6.96	7.53	7.30
女性	6.63	7.28	6.97
婚姻状况			
已婚	6.76	7.41	7.11
未婚	6.92	7.38	7.27
受教育年限			
受教育年限 0~9 年	6.74	7.28	7.01
受教育年限 10~12 年	7.28	7.62	7.55
受教育年限大于 12 年	7.51	7.70	7.69
年龄			
年龄 18~30 岁	6.90	7.44	7.39
年龄 31~44 岁	6.77	7.44	7.26
年龄 45~60 岁	6.77	7.30	6.94
健康状况			
不健康	6.85	7.60	7.12
一般	6.67	7.28	6.95
健康	6.87	7.49	7.26
很健康	6.82	7.35	7.17
非常健康	6.55	7.21	6.94
平均收入以上	6.79	7.52	7.33
平均收入以下	6.77	7.36	7.08

8.3　实证结果及分析

8.3.1　基准模型

由于被解释变量收入差距感知是一个 0~10 的有序变量，采用 Ordered Probit 对基准模型进行估计，结果如表 8-3 中列(1)至列(5)所示。其中，列(1)仅考虑互联网使用对农村居民收入差距感知的影响，列(2)至列(5)依次加入

表 8-3 互联网使用对农村居民收入差距感知的影响

变量	因变量:收入差距感知						
	Ordered Probit					OLS	Ordered Logit
	(1)	(2)	(3)	(4)	(5)	(6)	(7)
是否使用互联网	0.236 1***	0.201 7***	0.150 3***	0.146 9***	0.146 4***	0.338 8***	0.257 9***
	(0.018 7)	(0.022 2)	(0.022 9)	(0.023 0)	(0.023 0)	(0.052 2)	(0.039 7)
性别	—	0.132 0***	0.118 6***	0.122 6***	0.122 7***	0.257 6***	0.214 8***
		(0.018 0)	(0.018 1)	(0.018 3)	(0.018 3)	(0.041 3)	(0.031 0)
年龄	—	−0.002 0**	−0.000 2	−0.001 0	−0.001 0	−0.002 6	−0.001 9
		(0.000 9)	(0.001 0)	(0.001 1)	(0.001 1)	(0.002 5)	(0.001 9)
政治信仰	—	0.052 0	0.010 3	0.017 3	0.017 9	−0.001 4	0.101 9
		(0.106 3)	(0.105 7)	(0.105 7)	(0.105 7)	(0.240 7)	(0.159 1)
宗教信仰	—	0.064 5	0.068 7	0.070 8	0.071 2	0.138 0	0.139 3
		(0.058 1)	(0.058 2)	(0.058 3)	(0.058 3)	(0.131 2)	(0.097 9)
健康状况	—	—	−0.043 2***	−0.043 7***	−0.043 7***	−0.098 9***	−0.077 0***
			(0.008 2)	(0.008 2)	(0.008 2)	(0.018 6)	(0.014 3)

(续表)

变量	因变量:收入差距感知						
	Ordered Probit					OLS	Ordered Logit
	(1)	(2)	(3)	(4)	(5)	(6)	(7)
受教育年限	—	—	0.023 0***	0.023 3***	0.023 2***	0.061 1***	0.037 5***
			(0.002 5)	(0.002 5)	(0.002 5)	(0.005 9)	(0.004 4)
婚姻状况	—	—	—	0.051 9**	0.052 5**	0.115 4*	0.096 4**
				(0.026 3)	(0.026 3)	(0.059 5)	(0.044 4)
收入水平	—	—	—	—	0.000 1	0.000 1	0.000 1
					(0.000 1)	(0.000 3)	(0.000 2)
常数项	—	—	—	—	—	6.881 0***	—
						(0.270 3)	
省份	控制	控制	控制	控制	控制	控制	控制
观察值	13 676	13 676	13 676	13 676	13 676	13 676	13 676

注:括号内数值为稳健标准误,"*""**""***"分别代表10%、5%和1%的显著水平。

控制变量。可以看出,核心解释变量是否使用互联网的系数在各列中均为正且绝对值依次降低,但都在1%水平上显著,表明互联网使用和农村居民收入差距感知之间存在显著的正相关关系。该结论与研究假设一致,证实互联网使用会增强农村居民对收入差距的负面感知。列(6)进一步采用OLS估计,而列(7)则采用Ordered Logit进行估计。结果显示,互联网使用仍然对农村居民收入差距感知有显著的正向影响,在一定程度上表明估计结果稳健。

8.3.2 稳健性和内生性讨论

为验证上述估计结果的可靠性,进一步开展如下分析:

(1)稳健性检验方面,采用替代变量法重新对模型进行估计。首先,根据受访者上网方式的不同,构建是否使用手机上网和是否使用电脑上网两个变量来分别替代核心解释变量(是否使用互联网),估计结果如表8-4所示。可以看出,是否使用手机上网和是否使用电脑上网两个变量的系数都为正,但是否使用电脑上网对农村居民收入差距感知的影响并不显著。可能的原因在于,随着移动电话的普及,特别是智能手机的发展,使用手机上网已经成为中国民众最主要的上网方式。并且,使用手机发布朋友圈动态、浏览微博信息和刷抖音视频已经成为农村居民日常生活中的重要活动,因而互联网使用对农村居民收入差距感知的影响效应主要源于使用手机上网。

表8-4 互联网使用对农村居民收入差距感知的影响(稳健性检验一)

变量	收入差距感知(Ordered Probit)	
	(1)	(2)
是否使用手机上网	0.146 1***	—
	(0.022 6)	—
是否使用电脑上网	—	0.012 0
	—	(0.026 0)
控制变量	控制	控制
省份	控制	控制
观察值	13 676	13 676

注:括号内数值为稳健标准误,"*""**""***"分别代表10%、5%和1%的显著水平。

其次，重新构建农村居民收入差距感知变量来替代因变量。具体地，将收入差距感知设置为一个二值变量，设定当受访者对收入差距的评价高于某一值时为1，否则为0。依次将该阈值设置为5~9，估计结果如表8-5所示。可以看出，当不断改变收入差距感知的阈值时，核心解释变量是否使用互联网的系数一直显著为正，表明互联网使用能够增大农村居民汇报较高收入差距感知的概率。

表8-5　互联网使用对农村居民收入差距感知的影响（稳健性检验二）

变量	因变量：收入差距感知（Probit）				
	（1）	（2）	（3）	（4）	（5）
是否使用互联网	0.184 5***	0.174 7***	0.157 6***	0.099 5***	0.090 6***
	(0.028 7)	(0.027 7)	(0.027 3)	(0.028 6)	(0.029 5)
控制变量	控制	控制	控制	控制	控制
省份	控制	控制	控制	控制	控制
观察值	13 676	13 676	13 676	13 676	13 671

注：括号内数值为稳健标准误，"*""**""***"分别代表10%、5%和1%的显著水平。

最后，进一步采用受访者对自身在本地收入水平的评价来衡量其对收入差距的主观感知，Ordered Probit估计结果如表8-6中列（1）所示。同样地，分别根据阈值3和4将农村居民本地收入地位感知设置为一个二值变量，采用Probit的估计结果分别如列（2）和列（3）所示。结果显示，各模型中互联网使用对农村居民本地收入地位感知都有显著的负向影响，即与农村非网民相比，农村网民对自身收入在本地的地位的评分更低。总体来看，采用替代变量法的估计结果表明，本章的基准回归结论是稳健的。

表8-6　互联网使用对农村居民收入差距感知的影响（稳健性检验三）

变量	因变量：本地收入地位感知（Ordered Probit）		
	（1）	（2）	（3）
是否使用互联网	−0.057 0**	−0.160 8***	−0.289 4***
	(0.023 7)	(0.030 6)	(0.039 9)

(续表)

变量	因变量:本地收入地位感知(Ordered Probit)		
	(1)	(2)	(3)
控制变量	控制	控制	控制
省份	控制	控制	控制
观察值	13 676	13 676	13 676

注:括号内数值为稳健标准误,"*""**""***"分别代表10%、5%和1%的显著水平。

(2)内生性方面。核心解释变量互联网使用可能是内生的,这可能源于收入差距感知也会影响个体的互联网使用行为,即存在反向因果关系。例如,当个人感到贫富分化严重时,可能会通过网络来发泄自我情绪,反映社会问题并与他人互动。另外,当低收入者难以在现实世界得到物质满足时,也可能会借助互联网在虚拟世界中寻求精神满足,例如玩电子游戏和刷抖音视频等。考虑到内生性可能对实证结果造成的估计偏差,本书进行以下处理:

第一,由于CFPS是一个追踪调查数据,因此使用受访者2016年互联网使用情况对基准模型进行回归,估计结果如表8-7所示。主要考虑在于,个体当前的收入差距感知一般对其过去的互联网使用行为没有影响。第二,只使用2018年受访样本中在2016年不使用互联网的样本进行回归,估计结果如表8-8所示。

表8-7 2016年互联网使用情况对农村居民收入差距感知的影响(内生性讨论一)

变量	因变量:收入差距感知(Ordered Probit)	
	(1)	(2)
2016年的互联网使用情况	0.283 9***	0.185 0***
	(0.020 0)	(0.029 0)
控制变量	不控制	控制
省份	控制	控制
观察值	11 846	8 969

注:括号内数值为稳健标准误,"*""**""***"分别代表10%、5%和1%的显著水平。

表8-8　互联网使用对农村居民收入差距感知的影响(内生性讨论二)

变量	因变量:收入差距感知(Ordered Probit)	
	(1)	(2)
是否使用互联网	0.182 5***	0.151 4***
	(0.032 1)	(0.035 5)
控制变量	不控制	控制
省份	控制	控制
观察值	5 104	5 104

注:括号内数值为稳健标准误,"*""**""***"分别代表10%、5%和1%的显著水平。

表8-7结果显示,受访者2016年互联网使用情况对其收入差距感知具有显著的正向影响,与基准模型结论一致。并且,比较可以发现,表8-7中核心解释变量的系数略大于基准模型,表明互联网使用对农村居民收入差距感知有长期的影响。同样,只使用2018年受访样本中在2016年不使用互联网的样本进行回归,表8-8结果显示,互联网使用仍然对农村居民收入差距感知有显著的正向影响,再次表明本研究的基本结论是可靠的。此外,综合使用2016年和2018年的CFPS数据,通过平衡面板数据重新估计,结果仍然稳健[①]。

8.4　机制检验

按照8.2小节的论述,本书认为互联网使用和农村居民收入差距感知之间的正相关关系源于负面偏见效应及互联网使用增加了农村居民进行社会比较的强度和范围。然而,由于数据限制,本书难以从负面偏见效应和社会比较视角直接考察互联网使用对农村居民收入差距感知的影响机制。因此,本书试图从其他视角间接检验互联网使用对农村居民收入差距感知的作用机理。

首先,通常来说,受教育程度高的人群在面对不同类型的信息时有更高的理解力

---

① 采用2016年和2018年的两期平衡面板数据,只使用2016年不使用互联网的样本进行固定效应回归相当于DID估计,有助于解决内生性问题。

和包容性。例如,van Elsas[318]、Nie、Junn 和 Stehlik-Barry[319]以及 Golebiowska[320]都强调受过良好教育的人拥有更好的政治理解力。Borgonovi[321]研究发现,受过良好的教育与对移民较高的信任感和包容性有密切的关系。换言之,如果负面偏见效应存在,则互联网使用对受教育水平较低的居民收入差距感知的影响更强,因为他们在面对负面信息时可能更容易失去理性判断。鉴于此,根据受访者受教育年限将样本分为三部分:受教育年限 0~9 年、受教育年限 10~12 年和受教育年限 13 年及以上,估计结果如表 8-9 所示。结果显示,对于不同受教育水平的人群,互联网使用的系数都为正,但互联网使用对受教育年限 13 年及以上的群体的影响不显著。此外,比较发现互联网使用对受教育年限 9 年及以下的农村居民的收入差距感知影响效果略大。按照中国各阶段教育的常规年限(小学 6 年、初中和高中各 3 年)来看,上述结论表明,互联网使用对高中及以下受教育水平的农村居民收入差距感知有显著的正向影响,而对大学及以上受教育水平的农村居民收入差距感知的影响不显著,这意味着互联网使用对农村居民收入差距感知的影响随着其受教育水平提升而减弱,符合负面偏见效应。

表 8-9　互联网使用对农村居民收入差距感知的影响(机制检验一)

变量	因变量:收入差距感知(Ordered Probit)		
	(1)	(2)	(3)
是否使用互联网	0.146 2***	0.145 0**	0.078 3
	(0.024 2)	(0.073 8)	(0.188 5)
控制变量	控制	控制	控制
省份	控制	控制	控制
观察值	10 756	1 721	1 199

注:括号内数值为稳健标准误,"*""**""***"分别代表 10%、5%和 1%的显著水平。

其次,社会比较机制渠道强调互联网作为个体获取信息的渠道能够使个体更多地了解他人的生活状况,从而增加个体社会比较的强度和频率。因此,本书在基准模型的基础上加入反映互联网对个体信息获取的重要性变量,以及该变量与是否使用互联网的交互项,交互项系数越大,表明互联网对个体信息获取越重要,互联网使用对农村居民收入差距感知的负面影响就越强,在一定程度上表明社会比较效应机制存在。在 CFPS2018 中,互联网对个体信息获取的重要性变量(简称网络信息获取)是一个有序分类变量,为受访者从"非常不重要"到"非常重要"的回答赋值 1~5,估计结果如表 8-10 中列(1)所示。

表 8-10　互联网使用对农村居民收入差距感知的影响(机制检验二)

变量	因变量:收入差距感知(Ordered Probit)		
	(1)	(2)	(3)
是否使用互联网	−0.092 8*	0.148 1***	0.195 8***
	(0.049 9)	(0.038 9)	(0.047 8)
网络信息获取	0.048 2***	—	—
	(0.010 8)		
传统媒体信息获取	—	−0.010 1	—
		(0.014 0)	
他人转告信息获取	—	—	0.057 0***
			(0.011 1)
是否使用互联网 * 网络信息获取	0.050 4***	—	—
	(0.015 0)		
是否使用互联网 * 传统媒体信息获取	—	−0.000 8	—
		(0.018 1)	
是否使用互联网 * 他人转告信息获取	—	—	−0.015 1
			(0.015 1)
控制变量	控制	控制	控制
省份	控制	控制	控制
观察值	13 671	13 672	13 669

注:括号内数值为稳健标准误,"*""**""***"分别代表 10%、5%和 1%的显著水平。

结果显示,加入网络信息获取及其与是否使用互联网的交互项后,是否使用互联网的系数显著为负,但网络信息获取及其与是否使用互联网的交互项的系数都显著为正,表明农村居民越依赖互联网获取信息,互联网使用对农村居民主观收入差距感知的正向影响越大。作为对比,本书在基准模型中加入期刊和报纸等传统媒体对个人信息获取的重要性(记作传统媒体信息获取)及其与是否使用互联网的交互项,如表8-10中列(2)所示。此外,本书还构建了他人转告对个人信息获取的重要性(记作他人转告信息获取),并在基准模型中加入他人转告信息获取及其与是否使用互联网的交互项,估计结果如表8-10中列(3)所示。需要说明的是,同网络信息获取一样,上述两个变量均为1~5的有序变量,即将受访者从"非常不重要"到"非常重要"的回答赋值1~5。在列(2)中,是否使用互联网的系数仍然显著为正,而传统媒体信息获取及其与互联网使用的交互项的系数都不显著。在列(3)中,互联网使用的系数仍然为正,但是否使用互联网与他人转告信息获取的交互项的系数显著为负且不显著。通过以上比较可以看出,与传统媒体不同,互联网对农村居民信息获取越重要,互联网使用对农村居民收入差距感知的正向影响越强烈。因此,上述结果在一定程度上支持社会比较效应机制。

最后,根据著名的梅特卡夫定律(Metcalfe's Law),网络具有很强的外部性,网络所产生的价值与联网的用户规模具有密切的联系。随着一个地区网民规模的扩大,人们可能会因为他人的联网而获得更多的信息(包括负面信息)交流机会,也倾向于获得更多用于进行社会比较的信息。因此,互联网使用对农村居民收入差距感知的影响也可能具有"网络效应",即互联网使用对网民规模大的地区的农村居民收入差距感知的影响更明显。鉴于此,根据受访者所在省份互联网普及率(互联网使用人数比上地区总人口)的中位数将样本所在地区分为高互联网普及率地区和低互联网普及率地区两部分,估计结果如表8-11中列(1)和列(2)所示。结果显示:互联网使用对高互联网普及率地区和低互联网普及率地区农村居民收入差距感知都有显著的正向影响,但在高互联网普及率地区影响效果更大。考虑到随着智能手机的普及,使用移动电话成为人们最主要的上网渠道之一,进一步根据受访者所在省份的移动电话普及率将样本所在地区分为高移动电话普及率地区和低移动电话普及率地区两部分,估计结果如列(3)和列(4)所示。同样,结果表明,互联网使用对高移动电话普及率地区的农村居民收入差距感知的正向影响更强。

表 8-11　互联网使用对农村居民收入差距感知的影响(机制检验三)

变量	因变量:收入差距感知(Ordered Probit)			
	高互联网普及率地区	低互联网普及率地区	高移动电话普及率地区	低移动电话普及率地区
	(1)	(2)	(3)	(4)
是否使用互联网	0.171 7***	0.122 0***	0.170 4***	0.121 8***
	(0.034 0)	(0.031 3)	(0.032 6)	(0.032 5)
控制变量	控制	控制	控制	控制
省份	控制	控制	控制	控制
观察值	6 809	6 867	7 259	6 417

注:括号内数值为稳健标准误,"*""**""***"分别代表10%、5%和1%的显著水平。

8.5　本章小结

本书第4章至第7章主要从客观收入差距视角讨论互联网普及和城乡收入差距的关系。然而,公众主观收入差距对经济社会发展的影响也同等重要,甚至直接关乎公众的集体性社会行为和社会和谐。基于负面偏见理论和社会比较理论,本章的目的在于考察互联网使用对农村居民收入差距感知的影响。利用2018年的CFPS数据研究发现:第一,互联网使用对农村居民收入差距感知有显著的正向影响,即与非网民农村居民相比,网民农村居民对社会贫富分化程度的负面感知更强烈;第二,互联网使用对受教育水平低的农村居民的收入差距感知的正向影响更强;第三,与传统媒体不同,互联网对农村居民的信息获取越重要,互联网使用对其收入差距感知的正向影响越明显。此外,本章还进一步证实互联网使用对农村居民收入差距感知的正向影响存在网络效应。

第 9 章　城乡数字鸿沟的特征、现状及影响因素研究[①]

[①] 本章节部分观点和内容发表于学术期刊,参见:张家平,程名望,龚小梅.中国城乡数字鸿沟特征及影响因素研究[J].统计与信息论坛,2021,36(12):92-102.

本书第 4 章至第 7 章已就互联网普及对中国城乡收入差距的影响、作用机理及收敛性进行了实证分析,并从消费视角考察了互联网普及对城乡居民发展差距的影响效果,而第 8 章进一步从主观收入差距考察了微观视角下互联网使用对农村居民收入差距感知的影响。上述几章内容基本完成了本书的预期目标。从研究结论的客观角度来看,互联网普及有利于促进中国劳动力资源的优化配置,提高市场化程度,从而缩小城乡收入差距和城乡居民消费差距。不过,政策制定部门也应关注网络普及对城乡居民主观收入差距可能产生的负面影响,而这涉及如何引导城乡居民对待网络信息及如何使城乡居民能够鉴别互联网信息以更好地服务其生产生活。同时,从互联网使用对城乡收入差距的贡献来看,城乡之间的数字鸿沟仍然是影响城乡收入差距的一个重要因素。因此,本章试图进一步就中国城乡数字鸿沟的特征和变化趋势进行描述,并对数字鸿沟的影响因素展开分析,从而把握中国城乡数字鸿沟的内在规律,为"十四五"期间进一步缩小城乡数字鸿沟的信息化发展战略的制定提供一定的决策参考。

根据第 2 章对数字鸿沟影响因素相关文献的分析可知,社会人口学和经济学因素是影响数字鸿沟的关键要素。因此,借鉴 Grishchenko[26]的做法,本章着重从社会人口学和经济状况等方面讨论不同人群间的城乡数字鸿沟现状、特征及变化趋势。此外,本章还进一步关注城乡居民内部的数字鸿沟状况及互联网使用的影响因素,着重解决以下几方面问题:

① 中国城乡数字鸿沟的现状如何?变化趋势是怎样的?
② 不同群体间的城乡数字鸿沟现状如何?
③ 城乡居民内部的数字鸿沟现状如何?影响因素又包括哪些?

9.1 数据来源

本章使用的数据源于 CGSS,该数据详细介绍见第 7 章,此处不做赘述。为考察中国城乡数字鸿沟的动态变化趋势,本章选取了 2010 年、2012 年、2013 年、2015 年和 2017 年共五年的调查数据,主要考虑的社会人口学和经济因素包括:性别、年龄、民族、政治身份、健康状况、婚姻状况、受教育水平、区域及收入状况等。针对上述各类因素,剔除存在缺失值的样本,考虑到年龄大于 80 岁的样本由于年龄和身体原因使用互联网的能力有限,将该年龄段的样本剔除,最终获得51 556个有效样本。样本的主要描述性统计结果如表9-1所示。

表9-1　　　　　　　　　　样本的描述性统计

样本	百分比
城乡状况	
城市	60.60%
农村	39.40%
性别	
男性	49.60%
女性	50.40%
民族	
汉族	91.75%
少数民族	8.25%
政治身份	
党员(中国共产党党员或民主党派成员)	11.57%
非党员	88.43%
婚姻状况	
已婚	80.16%
未婚(包括离异或丧偶)	19.84%
年龄	
25岁以下	6.22%
25~34岁	14.65%
35~44岁	19.47%
45~54岁	21.67%
55~64岁	20.11%
65岁及以上	17.88%
受教育水平	
未上学	11.83%

(续表)

样本	百分比
小学	23.16%
初中	29.47%
高中	18.83%
大学及以上	16.71%
健康状况	
不健康	18.13%
一般	23.05%
健康	58.82%
地区	
东部	40.77%
中部	33.96%
西部	25.27%
年份	
2010年	19.21%
2012年	20.09%
2013年	19.23%
2015年	19.23%
2017年	22.24%

可以看出,样本中城市样本占比为60.60%,而男性样本和女性样本基本各占一半,汉族样本占比为91.75%,党员(中国共产党党员或民主党派成员)样本占比为11.57%,大多数受访者已婚,未婚(包括离异和丧偶)样本仅占19.84%,调查样本中大多数年龄大于34岁,而34岁及以下样本仅占20.87%。较多样本只受过初中教育,受教育水平初中及以下的样本占比超过60%,最高学历为高中和大学及以上的样本分别占比18.83%和16.71%。超过一半的样本认为自己身体状况健康(58.82%),40.77%的样本来自东部地区,中部地区和西部地区样本分别占33.96%和25.27%,五个年份的样本量分布较为均匀,每个年份约各占20%。

9.2 城乡数字鸿沟的特征分析

9.2.1 互联网使用层面的城乡数字鸿沟

本章首先考察城乡居民在互联网使用方面的数字鸿沟,将这方面的数字鸿沟定义为不同人群在互联网使用率上的差异。具体地,本书采用比值法来衡量城乡居民在互联网使用方面的数字鸿沟,即:

$$Divide_i = \frac{Internet_{i,u}}{Internet_{i,r}} \qquad (9-1)$$

式(9-1)中,$Divide$ 为城乡数字鸿沟水平,$Internet$ 为互联网使用率水平,i 代表第 i 类人群(根据社会人口学或经济学特征区分),u 和 r 分别代表城市样本和农村样本。

表 9-2 列出了城市样本中不同人群互联网使用率状况,可以看出:①总体来看,2010—2017 年期间城市居民的互联网使用率显著提升,由 2010 年的 47.67% 提升到 2017 年的 72.26%,全样本中有近 60%(59.13%)的样本使用互联网。②从各细分样本来看,各类人群的互联网使用率都有了较大幅度的提升。值得注意的是,25 岁以下、受过大学教育及收入水平较高的样本的互联网使用率提升幅度相对较小,主要原因在于这三类人群在考察阶段初期就已经具有较高的互联网使用率。③城市居民内部存在明显的数字鸿沟。例如,男性互联网使用率略高于女性,汉族互联网使用率也略高于少数民族(2017 年除外);党员与非党员的互联网使用率有明显差异,总体上党员互联网使用率比非党员约高 10 个百分点;对于不同婚姻状况的城市居民来说,未婚人群的互联网使用率高于已婚人群;健康人群的互联网使用率明显高于不健康人群,不同年份健康人群和不健康人群互联网使用率的比值都在 2 以上(2017 年除外);不同年龄城市居民间互联网使用率具有明显差异,总体上随着年龄的增长而下降,全样本中 25 岁以下和 25~34 岁两个年龄段人群的互联网使用率都高于 90%;随着受教育水平的提高,城市居民互联网使用率上升,大学及以上受教育水平的城市样本的互联网使用率超过 90%(92.70%);不同收入水平的城市样本互联网使用率

具有明显差异,与区域之间的互联网使用率的差异也一致,即经济发达的东部地区城市样本的互联网使用率要高于经济相对欠发达的中西部地区城市样本。

表9-2　　　　　　　　　城市居民的互联网使用率状况

	2010年	2012年	2013年	2015年	2017年	全样本
全样本	47.67%	53.94%	56.50%	62.59%	72.26%	59.13%
男性	51.98%	56.17%	59.84%	65.77%	74.20%	61.86%
女性	43.59%	51.56%	52.98%	59.85%	70.55%	56.52%
党员	60.88%	62.24%	64.94%	70.39%	79.79%	67.64%
非党员	44.84%	52.26%	55.10%	61.33%	71.00%	57.59%
汉族	48.25%	54.60%	56.71%	62.75%	72.13%	59.48%
少数民族	39.43%	44.69%	53.19%	59.88%	74.93%	53.65%
已婚	45.28%	52.37%	54.66%	61.03%	71.86%	57.39%
未婚	57.59%	59.85%	63.29%	67.75%	73.47%	65.26%
不健康	18.01%	20.51%	22.63%	32.26%	43.52%	28.18%
健康	57.43%	63.56%	65.12%	71.50%	80.99%	68.18%
25岁以下	92.07%	96.33%	97.61%	99.31%	99.46%	97.17%
25~34岁	80.43%	89.48%	93.55%	96.66%	99.26%	92.11%
35~44岁	56.94%	69.72%	75.34%	82.11%	94.91%	75.16%
45~54岁	39.01%	47.44%	50.35%	60.89%	76.43%	55.53%
55~64岁	23.93%	28.83%	28.62%	40.33%	54.18%	36.15%
65岁及以上	14.08%	12.59%	11.50%	22.28%	32.16%	19.93%
未上学	4.05%	5.84%	6.19%	8.85%	22.34%	10.00%
小学	11.10%	14.88%	16.74%	27.09%	35.41%	21.54%
初中	33.26%	40.73%	45.31%	55.05%	66.48%	48.70%
高中	58.29%	65.37%	70.31%	74.44%	85.01%	70.77%
大学及以上	88.20%	91.23%	90.90%	94.50%	96.77%	92.70%
中等收入及以上	72.34%	70.64%	72.26%	74.16%	80.86%	74.92%

(续表)

	2010 年	2012 年	2013 年	2015 年	2017 年	全样本
中等收入以下	36.22%	40.74%	39.36%	47.60%	57.52%	43.32%
东部地区	55.09%	60.66%	64.04%	68.84%	76.00%	65.68%
中部地区	42.50%	46.20%	47.19%	54.50%	63.83%	50.98%
西部地区	35.40%	47.10%	48.89%	57.65%	70.73%	51.84%

表9-3列出了农村样本中不同人群的互联网使用率状况,结果表明:①与城市居民相比,农村居民的互联网使用率较低,但考察阶段农村居民的互联网使用率稳步提高,由2010年的11.74%上升到2017年的36.05%。②和城市居民类似,农村居民内部也存在明显的数字鸿沟。其中,男性的互联网使用率高于女性,党员的互联网使用率高于非党员,未婚人群的互联网使用率高于已婚人群,健康人群的互联网普及率要明显高于非健康人群;农村居民互联网使用率随着年龄上升而下降,考察期间65岁及以上农村样本五年的互联网使用率分别为0.18%、1.06%、2.9%、3.48%和3.82%,整体仅为2.53%,可见农村老年人口互联网使用率非常低。当前,中国已经逐渐进入老龄化社会,促进老龄人口的信息化水平提升将直接关系到"数字中国"建设质量的提高。此外,未上学的农村居民的互联网使用率非常低,总体仅为2.38%。与城市样本类似,收入水平较高或经济发展较好地区的农村居民互联网使用率高于收入水平较低或经济发展欠佳地区的农村居民。

表 9-3　　　　　　农村居民的互联网使用率状况

	2010 年	2012 年	2013 年	2015 年	2017 年	全样本
全样本	11.74%	16.97%	22.70%	27.12%	36.05%	23.02%
男性	13.55%	18.47%	24.32%	30.53%	37.39%	24.73%
女性	9.83%	15.28%	21.01%	23.89%	34.76%	21.26%
党员	18.49%	21.45%	32.85%	29.86%	45.65%	29.20%
非党员	11.32%	16.65%	22.14%	26.97%	35.49%	22.64%
汉族	11.66%	17.31%	23.03%	27.83%	35.67%	23.21%

(续表)

	2010 年	2012 年	2013 年	2015 年	2017 年	全样本
少数民族	12.35%	14.49%	20.25%	21.23%	38.70%	21.63%
已婚	10.06%	15.62%	20.38%	25.13%	36.83%	21.53%
未婚	22.16%	24.52%	34.87%	36.57%	32.70%	30.63%
不健康	2.12%	3.11%	5.23%	8.37%	15.14%	7.23%
健康	17.38%	25.56%	31.58%	37.57%	52.92%	32.36%
25 岁以下	67.29%	85.39%	93.67%	94.35%	97.42%	87.38%
25～34 岁	33.12%	56.81%	64.60%	80.86%	90.51%	64.18%
35～44 岁	12.53%	20.90%	28.69%	45.86%	71.55%	32.10%
45～54 岁	3.55%	9.27%	11.44%	18.90%	37.90%	16.90%
55～64 岁	1.78%	3.17%	5.06%	6.10%	14.06%	6.14%
65 岁及以上	0.18%	1.06%	2.90%	3.48%	3.82%	2.53%
未上学	0.36%	0.81%	2.04%	3.04%	5.76%	2.38%
小学	3.23%	6.30%	8.53%	11.47%	23.00%	10.59%
初中	18.83%	27.11%	36.31%	43.12%	53.40%	35.75%
高中	34.75%	48.17%	52.94%	62.60%	68.65%	53.87%
大学及以上	83.08%	82.56%	89.42%	90.65%	93.13%	88.99%
中等收入及以上	17.00%	23.52%	27.70%	34.58%	47.03%	30.18%
中等收入以下	6.28%	8.03%	15.69%	16.47%	23.34%	13.94%
东部地区	16.73%	24.06%	26.21%	38.78%	42.09%	29.43%
中部地区	11.88%	17.76%	23.03%	27.23%	35.58%	23.35%
西部地区	8.66%	12.25%	20.38%	20.10%	33.60%	19.06%

根据式(9-1),表 9-4 列出了中国城乡间互联网使用层面的数字鸿沟状况。总体来看,中国城乡居民间的数字鸿沟较大,考察阶段为 2.57,特别是在 2010 年高达 4.06,表明城乡居民在互联网使用程度上具有较大差异。从数字鸿沟的变化趋势来看,2010—2017 年期间城乡数字鸿沟呈缩小趋势,到 2017 年数字鸿沟减小到 2。与之类似,在考察阶段不同人群间的城乡数字鸿沟都呈缩小趋势。

表 9-4　　城乡数字鸿沟状况

	2010年	2012年	2013年	2015年	2017年	全样本
全样本	4.06	3.18	2.49	2.31	2.00	2.57
男性	3.84	3.04	2.46	2.15	1.98	2.50
女性	4.43	3.37	2.52	2.50	2.03	2.66
党员	3.29	2.90	1.98	2.36	1.75	2.32
非党员	3.96	3.14	2.49	2.27	2.00	2.54
汉族	4.14	3.15	2.46	2.25	2.02	2.56
少数民族	3.19	3.08	2.63	2.82	1.94	2.48
已婚	4.50	3.35	2.68	2.43	1.95	2.67
未婚	2.60	2.44	1.82	1.85	2.25	2.13
不健康	8.48	6.59	4.33	3.86	2.87	3.90
健康	3.30	2.49	2.06	1.90	1.53	2.11
25岁以下	1.37	1.13	1.04	1.05	1.02	1.11
25~34岁	2.43	1.57	1.45	1.20	1.10	1.44
35~44岁	4.54	3.34	2.63	1.79	1.33	2.34
45~54岁	10.99	5.12	4.40	3.22	2.02	3.29
55~64岁	13.44	9.11	5.65	6.61	3.85	5.88
65岁及以上	78.22	11.85	3.96	6.40	8.41	7.88
未上学	11.30	7.18	3.03	2.91	3.88	4.20
小学	3.43	2.36	1.96	2.36	1.54	2.03
初中	1.77	1.50	1.25	1.28	1.24	1.36
高中	1.68	1.36	1.33	1.19	1.24	1.31
大学及以上	1.06	1.11	1.02	1.04	1.04	1.04
中等收入及以上	4.25	3.00	2.61	2.14	1.72	2.48
中等收入以下	5.77	5.07	2.51	2.89	2.46	3.11
东部地区	3.29	2.52	2.44	1.78	1.81	2.23
中部地区	3.58	2.60	2.05	2.00	1.79	2.18
西部地区	4.09	3.85	2.40	2.87	2.10	2.72

进一步,通过分析细分样本间的城乡数字鸿沟发现:男性人群中的城乡数字鸿沟为2.50,略小于女性人群。可能原因在于,与城市女性相比,受传统文化(如重男轻女等家庭观念)影响的农村女性在经济上更依赖男性,受教育水平较低;党员人群中的城乡数字鸿沟为2.32,小于非党员人群(2.54),这表明党员作为重要的政治身份有利于缩小城乡居民的数字鸿沟;汉族和少数民族的城乡数字鸿沟差异不大,特别是总体来看,少数民族的城乡数字鸿沟(2.48)略小于汉族(2.56),这与中国政府推行的民族平等政策有着密切的联系;已婚人群中的城乡数字鸿沟虽然减小幅度较大,但是在2010年和2012年都比较大,分别为4.50和3.35,未婚人群的城乡数字鸿沟在2010—2013年期间呈缩小趋势,而在2013年后有所扩大;健康状况和城乡数字鸿沟有密切的联系,不健康的人群中的城乡数字鸿沟接近4(3.9),明显高于健康人群,这表明"健康中国"建设对改善中国城乡数字鸿沟状况意义非凡;不同收入水平人群间城乡数字鸿沟也具有差异,相比较而言,低收入人群的城乡数字鸿沟更大,这可能与农村低收入人群受教育水平低有较大的关系;考察期间内,东部地区、中部地区和西部地区的城乡数字鸿沟分别为2.23、2.18和2.72。相比较而言,西部地区城乡数字鸿沟比东中部地区更大,可能原因在于西部地区的城乡发展鸿沟相对较大。

此外,结合表9-4和图9-1可知,不同年龄人群间的城乡数字鸿沟差异明显。总体来看,随着年龄的增长,城乡间存在数字鸿沟的情况更加严重。可能原因在于:老年人口适应技术的能力及健康状况通常都不如年轻人口,因而老年人使用互联网在很大程度上依赖其年轻家属的指导,但在农村家庭中,很多年轻人都在外打工,空心化程度严重,更加剧了老年人口信息化程度较低的状况。结合表9-4和图9-2可知,不同受教育水平人群的城乡数字鸿沟也具有明显差异。其中,未受教育及只受过小学教育人群的城乡数字鸿沟最大,考察期间内这两类人群的城乡数字鸿沟分别为4.20和2.03。初中及以上受教育水平的各类人群的城乡数字鸿沟都小于1.5,且城乡数字鸿沟随着受教育水平的提高而减小。可能原因在于,互联网使用环境对低受教育水平人群信息化知识和技能获取的影响较大,而城市中移动支付等信息技术的应用更加普及,城市居民在日常生活中需要具备一定的互联网使用技能,这也能提高信息化知识的外溢性。

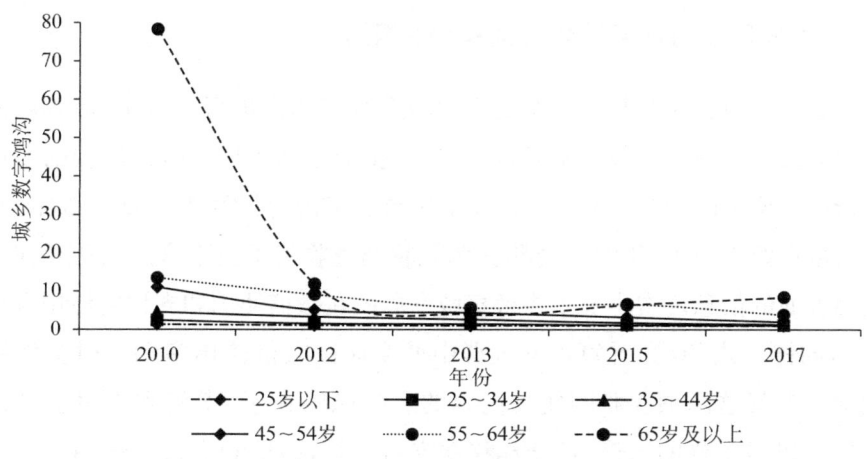

图 9-1 不同年龄人群的城乡数字鸿沟变化趋势

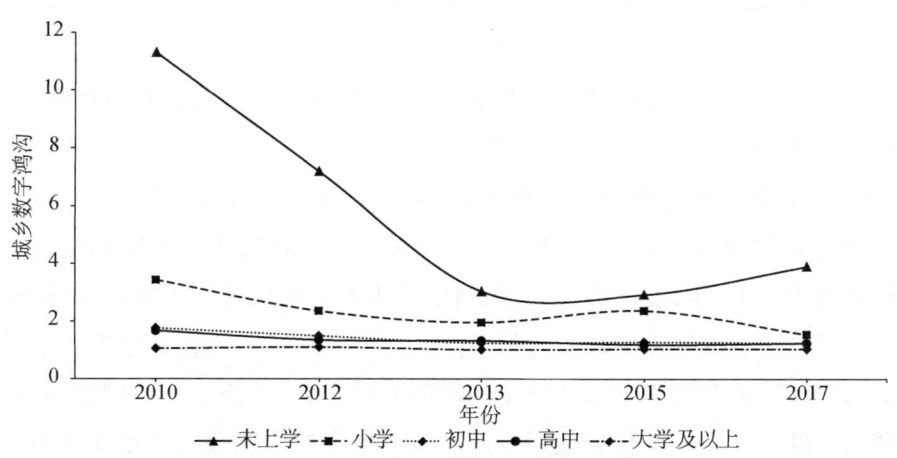

图 9-2 不同受教育水平人群的城乡数字鸿沟变化趋势

以上分析表明:一方面,城市居民内部和农村居民内部都存在明显的数字鸿沟;另一方面,城乡居民之间也存在明显的数字鸿沟。通过表 9-4 可以发现,城乡数字鸿沟大于 3 的人群为:身体状况为不健康的人群、年龄在 44 岁以上的人群、未上学的人群及低收入人群。因此,为进一步缩小城乡数字鸿沟,政府部门应持续改善农村居民的健康水平,增强对高龄人口的信息化培训并营造良好的信息化环境,加大对农村地区的教育投资,并稳步提升农村居民的收入水平。

9.2.2 互联网使用内容层面的城乡数字鸿沟

本章以上内容对互联网使用层面的城乡数字鸿沟进行了分析,但人们使用互联网的目的及内容有很大差异,这会进一步加剧城乡居民数字鸿沟的多样性和复杂性。鉴于此,本小节进一步从互联网使用内容层面考察城乡数字鸿沟。使用的数据源于 2017 年的 CGSS,因为该轮调查收集了更丰富的受访者在互联网使用方面的信息。本小节主要考察城乡居民在微信使用和支付宝使用方面的差距[①],同样按式(9-1)计算不同人群中城乡居民微信使用率和支付宝使用率的比值。选择这两项互联网使用内容的主要原因在于:微信和支付宝已经成为中国居民最主要的通信、社交和移动支付工具,微信和支付宝使用也是农村居民参与非农就业等活动(如经营电商和自主创业)必不可少的技能。需要说明的是,为尽量保留更多样本量,本部分并没有剔除年龄 80 岁以上的受访样本。

表 9-5 列出了城乡居民在微信和支付宝使用层面的数字鸿沟情况,从全样本来看,城市居民微信和支付宝使用率分别为 51.6% 和 43.76%,远高于农村居民(微信和支付宝使用率分别为 20.47% 和 13.78%),对应的城乡数字鸿沟分别为 2.52 和 3.17。相比较而言,城乡居民之间的微信数字鸿沟比支付宝数字鸿沟更小。可能原因在于:微信已成为农村居民使用的集娱乐、通信和移动支付等功能于一体的最主要的 App 之一,对农村居民日常生产生活的影响更加广泛。从各类人群城乡数字鸿沟的差异来看,与前文互联网使用类似,不健康人群在微信和支付宝使用方面的城乡数字鸿沟明显大于健康人群。同样地,年龄段越高,城乡居民在微信和支付宝使用层面的数字鸿沟越大。随着受教育水平的提高,城乡居民在微信和支付宝使用层面的数字鸿沟呈缩小趋势,而低收入人群在微信和支付宝使用层面的城乡数字鸿沟要大于高收入人群。

[①] 需要说明的是,2017 年的 CGSS 并没有直接询问受访者是否使用微信和支付宝,本书通过受访者对"过去 12 个月,您是否使用微信支付或者支付宝的移动支付功能"这一问题的回答来间接获取。

表 9-5　城乡居民微信和支付宝使用率及其城乡数字鸿沟状况

	城市居民		农村居民		城乡数字鸿沟	
	微信	支付宝	微信	支付宝	微信	支付宝
全样本	51.60%	43.76%	20.47%	13.78%	2.52	3.17
不健康	18.55%	13.32%	5.07%	2.96%	3.66	4.50
健康	64.32%	56.16%	33.98%	23.60%	1.89	2.38
25 岁以下	97.15%	92.26%	88.95%	76.24%	1.09	1.21
25～34 岁	96.26%	88.25%	76.75%	59.14%	1.25	1.49
35～44 岁	82.98%	68.47%	40.71%	22.64%	2.04	3.02
45～54 岁	49.59%	37.83%	12.85%	6.01%	3.86	6.30
55～64 岁	21.83%	15.59%	3.41%	1.81%	6.39	8.62
65 岁及以上	5.98%	4.18%	0.42%	0.25%	14.28	16.64
未上学	10.54%	7.63%	1.60%	0.96%	6.60	7.97
小学	14.64%	8.79%	6.41%	2.99%	2.28	2.94
初中	39.35%	28.97%	32.77%	20.06%	1.20	1.44
高中	60.30%	50.16%	48.29%	35.45%	1.25	1.41
大学及以上	86.07%	80.03%	85.95%	78.38%	1.00	1.02
中等收入及以上	58.88%	50.64%	27.26%	18.37%	2.16	2.76
中等收入以下	37.88%	30.78%	12.07%	8.10%	3.14	3.80

9.3　城乡居民互联网使用的影响因素研究

本节采用计量经济学方法,就城乡居民互联网使用的影响因素进行实证分析,从而更精确地识别各类因素对城乡居民互联网使用的影响效果及其差异,进而为缩小城乡数字鸿沟的信息化战略的制定提供一定的经验证据。

9.3.1 变量选择

本部分所使用的数据同样源于2017年的CGSS,各变量的设定情况如下:

(1)因变量。与上文一致,因变量分别为受访者是否使用互联网、微信和支付宝,这三个变量都为虚拟变量,即使用为1,否则为0。

(2)自变量。首先,本部分主要兴趣点之一在于考察城乡因素对城乡居民互联网使用的影响,将城乡因素变量设置为一个虚拟变量,即受访者为城市居民为1,否则为0。其次,关于其他影响城乡居民互联网使用的因素方面,除上述分析中涉及的社会人口学和经济因素(性别:男性为1,女性为0;年龄;年龄的平方项;民族:汉族为1,少数民族为0;政治身份:中国共产党党员或民主党派成员为1,否则为0;健康状况:不健康=0,健康=1;婚姻状况;受教育年限:未接受过任何教育=0,小学=6,初中=9,高中=12,大学=16,研究生及以上=19;收入水平:上年收入水平加1的对数),本书还在模型中加入了父母受教育年限用以控制家庭层面的一些其他经济状况。此外,考虑到个体所处上网环境对其是否接触互联网的影响,在模型中还控制了上网环境变量,该变量为一个虚拟变量,当最近半年受访者家庭的其他成员使用过互联网(包括使用电脑、手机和智能穿戴等设备上网)为1,否则为0。最后,模型中还加入了一系列省份虚拟变量,用以控制省份层面的固定效应。

9.3.2 估计结果

采用Probit模型的估计结果如表9-6中列(1)~列(9)所示,其中列(1)至列(3)为全样本的估计结果,而列(4)至列(9)进一步列出了分样本的估计结果。从全样本的估计结果来看:城乡因素变量对居民使用互联网、微信和支付宝都具有显著的正向影响,表明城乡差异是导致中国城乡数字鸿沟的一个重要因素。一方面,城乡居民在使用数字技术的能力方面存在显著差异。以2017年的CGSS数据为例,城市居民样本的人均受教育年限大约为农村居民样本受教育年限的1.61倍。另一方面,城乡地区在数字技术接触和应用环境方面也存在显著差异,如城市通常具有完善的信息化基础设施及更多样化的数字技术应用环境。

表9-6　城乡居民互联网使用的影响因素研究

	全样本			农村			城市		
	是否使用互联网(1)	是否使用微信(2)	是否使用支付宝(3)	是否使用互联网(4)	是否使用微信(5)	是否使用支付宝(6)	是否使用互联网(7)	是否使用微信(8)	是否使用支付宝(9)
城乡因素	0.501*** (0.045)	0.424*** (0.048)	0.488*** (0.049)	—	—	—	—	—	—
性别	-0.031 (0.038)	-0.026 (0.039)	-0.033 (0.038)	0.034 (0.063)	0.141* (0.074)	0.059 (0.077)	-0.065 (0.049)	-0.086* (0.048)	-0.059 (0.044)
年龄	-0.106*** (0.012)	-0.082*** (0.012)	-0.068*** (0.010)	-0.109*** (0.020)	-0.097*** (0.021)	-0.096*** (0.020)	-0.096*** (0.018)	-0.079*** (0.015)	-0.060*** (0.013)
年龄的平方项	0.000*** (0.000)	0.000 (0.000)	0.000 (0.000)	0.000** (0.000)	0.000 (0.000)	0.000 (0.000)	0.000** (0.000)	0.000 (0.000)	-0.000 (0.000)
民族	-0.009 (0.082)	0.084 (0.090)	-0.086 (0.081)	-0.170 (0.120)	-0.001 (0.146)	-0.140 (0.133)	0.005 (0.123)	0.061 (0.124)	-0.075 (0.108)
政治身份	0.350*** (0.063)	0.151** (0.066)	-0.026 (0.062)	0.354*** (0.123)	0.528*** (0.146)	0.064 (0.157)	0.349*** (0.074)	0.071 (0.072)	-0.037 (0.067)
婚姻状况(以离异或丧偶为基准) 未婚	0.231** (0.113)	-0.197* (0.114)	0.024 (0.106)	0.166 (0.184)	-0.114 (0.211)	-0.031 (0.212)	0.237 (0.148)	-0.216 (0.140)	0.041 (0.124)

(续表)

	全样本			农村			城市		
	是否使用互联网	是否使用微信	是否使用支付宝	是否使用互联网	是否使用微信	是否使用支付宝	是否使用互联网	是否使用微信	是否使用支付宝
	(1)	(2)	(3)	(4)	(5)	(6)	(7)	(8)	(9)
已婚	0.131**	−0.087	0.049	0.105	0.009	0.079	0.151**	−0.096	0.052
	(0.061)	(0.073)	(0.078)	(0.124)	(0.162)	(0.176)	(0.070)	(0.083)	(0.086)
健康状况	0.126***	0.145***	0.160***	0.194***	0.116*	0.033	0.085*	0.151***	0.196***
	(0.037)	(0.039)	(0.039)	(0.059)	(0.069)	(0.077)	(0.048)	(0.047)	(0.045)
受教育年限	0.108***	0.100***	0.107***	0.109***	0.116***	0.124***	0.109***	0.096***	0.103***
	(0.006)	(0.006)	(0.006)	(0.011)	(0.014)	(0.015)	(0.007)	(0.007)	(0.007)
收入水平	0.027***	0.033***	0.033***	0.020**	0.019**	0.031***	0.031***	0.039***	0.035***
	(0.005)	(0.006)	(0.006)	(0.008)	(0.010)	(0.010)	(0.007)	(0.007)	(0.007)
母亲受教育年限	0.032***	0.022***	0.017***	0.029***	0.026**	0.013	0.033***	0.020***	0.018***
	(0.007)	(0.006)	(0.006)	(0.011)	(0.012)	(0.012)	(0.008)	(0.007)	(0.007)
父亲受教育年限	0.024***	0.031***	0.024***	0.030***	0.031***	0.034***	0.023***	0.033***	0.021***
	(0.005)	(0.005)	(0.005)	(0.008)	(0.010)	(0.010)	(0.007)	(0.007)	(0.006)
上网环境	0.930***	0.742***	0.609***	0.891***	0.742***	0.493***	0.974***	0.760***	0.683***
	(0.048)	(0.061)	(0.063)	(0.077)	(0.096)	(0.097)	(0.062)	(0.080)	(0.081)
省份	控制	控制	控制	控制	控制	控制	控制	控制	控制
伪R^2	0.566	0.596	0.547	0.519	0.556	0.499	0.535	0.573	0.511
对数伪似然	−3 154	−2 939	−3 109	−1 229	−889	−787	−1 899	−2 015	−2 301

注:括号内数值为标准误。"*""**""***"分别代表10%、5%和1%的显著水平。

与预期一致，研究结果还证实年龄、政治身份、健康状况、个人收入和受教育水平等因素都对城乡居民互联网使用有重要的影响。并且，父母受教育水平也能够显著影响个人的互联网使用行为，这表明受教育水平不仅能够直接影响数字鸿沟，也会通过代际传递影响下一代数字鸿沟状况。此外，上网环境对城乡居民是否使用互联网、微信和支付宝都有显著的正向影响，这也符合研究预期。

从分样本结果来看，各因素对城乡居民互联网使用的影响系数的正负方向基本一致。影响效果方面，值得注意的是，健康状况对农村居民互联网使用的正向影响要大于城市居民，受教育水平对农村居民使用微信和支付宝的影响要略大于城市居民，而上网环境对城市居民使用互联网、微信和支付宝的影响都要大于农村居民。作为人力资本的重要组成部分，健康和受教育水平对于农村居民的数字能力至关重要，正如前文发现不健康和受教育水平低的人群的城乡数字鸿沟更加明显。此外，由于城市现代商业服务和信息基础设施完善，数字技术应用广泛，人口密集，有利于发挥信息技术资本投资的规模效应。并且，整体来看，与农村居民相比，城市居民的受教育水平和数字化素养更高，可能更容易受到亲属和同伴网络使用行为及外在环境的影响。因此，从这一点来看，提高农村地区人力资本水平、改善农村信息化环境和增强农民信息化素养对数字时代缩小城乡数字鸿沟具有重要的现实意义。

9.4 本章小结

本章的主要目的在于考察中国城乡数字鸿沟的现状、特征及其影响因素，从而为旨在通过"数字中国"建设缩小城乡收入差距的公共政策的制定提供一定的决策参考，进而最大化发挥数字红利。通过分析2010年、2012年、2013年、2015年和2017年的CGSS数据发现：总体来看，中国城乡之间存在明显的数字鸿沟，但城乡数字鸿沟不断缩小。不同人群中的城乡数字鸿沟具有明显差异，特别是不健康、年龄大、收入水平低和受教育水平低的人群，其城乡数字鸿沟更明显。对城乡居民互联网使用因素的实证分析结果表明，城乡差异是造成城乡居民数字鸿沟的重要原因，而城乡居民互联网使用行为也受到其政治身份、健康状况、个人收入、受教育水平（包括父母受教育水平）和上网环境等因素的共同影响。

第 10 章　总　结

10.1 主要研究结论

本书首先基于城乡"二元"经济结构理论,从农业生产率、农村发展观念、农村劳动力非农就业、农村转移劳动力的心理成本及城市管理效率和供给能力等方面论述了互联网普及对城乡劳动力转移的影响。通过构建涉及互联网普及的城乡"二元"经济结构的数理模型,从理论上证实互联网普及能够缩小中国城乡收入差距,并且互联网普及可以通过促进劳动力转移来调节城乡收入分配。其次,本书采用计量经济学和统计学方法,就互联网普及对中国城乡收入差距的影响效果及作用机制进行了多维度和多视角的实证检验,从而为有针对性的信息化干预政策的制定提供实证证据。总结起来,本书的主要结论如下:

(1)从全国来看,互联网普及能够显著缩小城乡收入差距,而从地区层面来看,互联网普及对城乡收入差距的缩减效应在东部地区、中部地区和西部地区依次递增。对移动电话普及率进行稳健性检验发现,移动电话普及率对西部地区城乡收入差距具有显著的负向影响,对东部地区和中部地区的影响不显著。基于2015年的CSS数据,在充分考虑样本的分布特征和选择性偏差等问题后,发现现阶段互联网普及缩小城乡收入差距的直接表现为:互联网使用对农村居民收入的影响要大于城镇居民。

(2)影响机制分析表明:宏观层面上,无论是从短期还是长期来看,互联网普及都能够显著促进劳动力转移,并且互联网普及能够通过促进劳动力转移来缩小城乡收入差距;微观层面上,互联网使用能够显著提高农村劳动力的非农就业水平和自雇就业水平。异质性分析表明:互联网使用对女性非农就业的影响比男性更大,对高中及以上受教育水平的农村劳动力非农就业的影响大于初中及以下受教育水平的农村劳动力,对40岁以上农村劳动力非农就业的影响要大于40岁及以下农村劳动力。

(3)互联网发展对城乡收入差距的贡献度和收敛性影响分析表明:互联网发展对中国城乡收入差距的总贡献为-16.7%。其中,宏观层面的互联网普及率贡献为-26.57%,个体层面上的互联网使用在收入回报率方面的差异对城乡收入差距的贡献为-7.22%,城乡数字鸿沟对城乡收入差距的贡献为17.09%,

表明缩小城乡数字鸿沟迫在眉睫;中国城乡收入差距存在 δ-收敛,但不存在绝对 β-收敛。与此同时,中国城乡收入差距存在依互联网普及和移动电话普及的条件收敛,表明互联网普及和移动电话普及都有利于减弱中国各地区间城乡收入差距的差异性和非均衡性,实现区域协调发展。

(4) 互联网普及对城乡消费层面发展差距的影响结果表明:互联网普及显著缩小了城乡居民消费差距,并且是通过缩小城乡居民生存型消费差距、享受型消费差距和发展型消费差距多维路径实现的。就时间趋势看,互联网普及对城乡居民消费差距的缩减效应有所减弱,存在边际递减现象。进一步采用中国综合社会调查的微观实证分析发现,互联网普及缩小城乡居民消费差距的作用机理是"收入效应"和"消费净效应",二者分别从"消费得起"和"消费得到"的角度促进了农村居民消费。

(5) 互联网使用和农村居民主观收入差距关系的研究结果表明:互联网使用显著提高了农村居民的负面收入差距感知,即与农村非网民相比,农村网民认为中国社会的贫富分化程度更严重。本书通过负面偏见理论和社会比较理论对互联网使用影响农村居民主观收入差距的机制进行了解释,并通过实证分析进一步证实互联网使用对中国高中及以下受教育水平人群的收入差距感知具有显著的负面影响,且对于初中及以下受教育水平人群的影响效果更强。与传统媒体不同,互联网对农村居民信息获取越重要,互联网使用对其收入差距感知的负面影响就越强烈。并且,互联网使用对农村居民收入差距感知的正向影响存在"网络效应"。因此,互联网的普及可能会加剧农村居民在收入分配方面的消极认知,进而成为威胁社会和谐的潜在因素。

(6) 城乡数字鸿沟的分析表明:总体来看,中国城乡之间存在明显的数字鸿沟,但城乡数字鸿沟不断缩小;不同人群中的城乡数字鸿沟具有明显差异,特别是健康状况差、年龄大、收入水平低和受教育水平低的人群,其城乡数字鸿沟更大;本书进一步证实城乡差异是造成城乡数字鸿沟的主要原因之一,而提高农村地区人力资本水平不仅可以直接缩小城乡数字鸿沟,也有助于改善代际传递造成的城乡数字鸿沟状况。此外,本书还发现城乡居民互联网使用行为受其政治身份、健康状况、收入水平和上网环境等社会经济学因素的共同作用。

10.2 政策启示

基于本书的主要发现,提出以下政策建议:

第一,进一步加快建设"信息高速公路",促进"数字中国"高质量发展。信息化作为中国现代化进程的重要组成部分,是决定中国经济发展潜力和资源优化配置的重要因素,信息化发展为缩小城乡鸿沟带来了重要机遇,而不是成为扩大城乡鸿沟的威胁。因此,应进一步完善信息化战略的顶层设计,推动农业信息化和乡村信息化基础设施建设,利用信息化促进中国统一市场的形成,逐步降低和消除地区间的市场分割,发挥信息红利,实现劳动力要素的自由流通,促进城乡融合发展。另外,互联网技术的应用有利于农村劳动力实现非农就业,有利于增加农村人口的创业概率和创业收入,但科学、有效地利用信息技术对农村居民来说仍然存在众多挑战,应持续提升农村居民的信息知识素养水平,开展针对就业人口的互联网培训工作,增强其信息技术利用能力。最后,依托互联网的共享经济理念,建立完善的社会就业服务体系,扶持互联网共享经济下的多元就业和创业,稳步推动"互联网+"战略以使传统产业改造升级,充分利用信息技术红利提高经济运行效率。

第二,重视城乡数字鸿沟及中国区域内的数字鸿沟问题。城乡数字鸿沟已经成为发挥信息技术红利的重要障碍,影响城乡之间和跨区域的资源要素流通。数字鸿沟的产生,归根结底是因为社会各群体在收入、公共福利和权利等方面存在不平等和差距,使其在信息化过程中获取信息的机会、加工信息的能力出现了"马太效应"。因此,缩小数字鸿沟和缩小收入差距之间是可以形成良性互动的,通过完善收入分配制度,促进社会各群体在享有公共福利方面的公平性,改革阻碍资源要素流通和导致不平等的相关政策(如户籍制度),促进全民共享信息化发展成果。

第三,加强数字时代人力资本投资。提高全社会人力资本水平对于数字时代社会经济发展来说具有多重意义。首先,人力资本是影响信息化发展水平的重要因素,互联网等信息技术的接入和应用都具有一定的人力资本门槛,提高人力资本水平有利于充分发挥信息技术红利。其次,提高农村人力资本水平是缩小城乡数字鸿沟的重要措施。随着受教育水平的提高,中国城乡数字鸿沟呈缩小趋势。因此,如何促进城乡居民平等和公平地享受教育资源以缩小城乡教育鸿沟,仍然是数字时代中国公共政策需要面对的重要议题。此外,人力资本也是数字时代影响公民数字信息鉴赏能力、网民认知和社会风险的重要因素。互联网使用会通过引发负面偏见效应和社会比较效应扩大公众对收入差距的负面偏见,为公共社会治理带来了重大挑战。提高人力资本水平有利于让公众更加客观地对待网络信息,提高公众鉴别网络信息的能力,引导公众形成正确的财富价值观,促进社会和谐。最后,人力资本还会通过代际传递影响城乡数字鸿沟和收入差距。因此,提高农村人力资本水平对于缩小代际传递层面的城乡鸿沟也具有重要的现实意义。

第四,做好老龄化社会下的信息化战略工作。中国正在向老龄化社会逐步迈进,截至2022年,中国60岁以上老年人口已经超过2.8亿人。老龄人口通常由于身体、人力资本水平等方面的原因,适应互联网技术的能力较差。特别是农村老龄人口,因家中年轻子女通常外出打工而留守农村,缺少年轻人的陪伴,无法通过年轻人的教授学会使用互联网,从而长期处于互联网的边缘之外。老龄化不仅对互联网普及产生了负面影响,缩小老龄人口中的城乡数字鸿沟也成为解决数字鸿沟问题的重中之重。因此,"十四五"期间政府部门应该加强对老年人口(特别是农村老年人口)的信息化知识培训工作。并且,信息化产品、服务和应用也应该考虑到老龄人口的需求,如设计易于老龄人口掌握的信息化设备和产品。

第五,利用数字平台强化政府的回应性,健全网络舆情治理体系,以科技赋能提升农村居民或低收入人群的获得感和幸福感。正如本书研究发现,在数字时代,网络平台已成为影响农村居民非农就业、融入城市生活的重要桥梁,同时也是塑造其收入分配相关社会感知的关键力量。为此,政府部门应进一步完善数字平台赋能提升政府回应性的机制设计,从而持续提升政府的公共服务水平,助力推动农村、农业现代化和城乡融合发展。例如,通过构建集信息收集、分析和反馈于一体的数字化政府服务平台,确保农村居民、城市中的低收入人群在就业、收入和社会保障等方面的诉求能够迅速上传至决策层,并得到有效回应。利用大数据、人工智能等技术,精准识别农村居民的现实需求,定制化推送助农政策、就业培训和金融服务等信息资源,及时了解并解决农村居民在乡村振兴和城镇化进程中遇到的难题。同时，为更好促进农村转移劳动力市民化，政府部门可充分利用数字技术提升公共服务的供给能力，帮助农村转移劳动力提升职业技能，使他们能够便捷地享受到与城市居民同等的基本公共服务，从而增强其在城市生活的适应力和满意度，促进社会公平正义。此外，政府部门还应优化网络舆情监测体系和快速响应机制，对涉及农村居民收入、就业和社会保障等方面的网络言论进行实时跟踪与分析，及时发现并妥善处理可能引发社会不满的舆情事件。建立更加开放的数据共享机制，确保农村网民能够获得准确、全面的城乡发展信息，减少由于信息不对称造成的负面感知，持续提高农村居民在中国现代化进程中的幸福感。

10.3　未来展望

中国城乡发展鸿沟是一个复杂的经济社会问题，是历史原因、制度和社会环境等多种因素综合作用的结果。因而，缩小城乡收入差距是一项长期且复杂的工程。本书从劳动力转移视角探讨了互联网普及对中国城乡收入差距的影响，可为通过信息化策略推动城乡融合发展提供一定的解决思路。受数据、时间和方法等多方面的限制，本书仍然存在一些不足。当然，本书可作为对这一问题的初步探索，未来的相关研究可以下几方面进一步完善。

第一，研究互联网普及影响城乡收入差距的其他机制。本书仅从劳动力转移一个视角考察了互联网普及对中国城乡收入差距的影响机理，难以全面识别信息化和城乡收入差距之间的复杂关系。因此，未来研究可进一步从更多角度识别互联网普及对城乡收入分配的作用机理，如促进城乡基本权益平等化、产业结构升级和经济增长等角度。

第二，就互联网普及对劳动力转移的影响机制展开实证分析。本书只是从农业生产率、农村发展观念、农村劳动力非农就业、农村转移劳动力的心理成本及城市管理效率和供给能力等方面定性地论述了互联网普及对劳动力转移的影响机制，而在实证部分，也仅评价了互联网普及对劳动力转移的作用效果，并未进一步深入实证分析互联网普及对劳动力转移的作用机制。因此，未来研究可以就以上几个影响机制分别展开相关的实证分析。

第三，实证分析互联网使用对公众城乡收入差距感知的影响。限于数据，本书并没有直接考察互联网使用对公众城乡收入差距感知的影响，而仅探讨了互联网使用对农村居民总收入差距感知的作用效果。未来研究可以设计相关问卷，获取更加详细的数据，以更深入和细致地对这一问题展开分析。同时，未来研究还可以进一步实证检验互联网使用对公众城乡收入差距感知的影响机制。

第四，关注城乡居民使用互联网的能力和目的对收入分配的影响。虽然本书就互联网普及和中国城乡收入差距之间的关系开展了诸多有益探索，但本书主要考察了互联网接入或个体是否使用互联网对城乡居民收入分配的影响。随着农村数字化的普及，简单采用互联网接入指标已难以全面、准确评估信息技术对城乡居民收入分配的综合影响。未来研究可进一步关注个体互联网使用的内容、使用互联网的能力对城乡居民收入分配的影响，以及探讨某一领域的互联网技术应用（如电商、社交网络和金融科技）如何影响城乡收入差距。

参 考 文 献

[1] HAO Y, XU Y, ZHANG J, et al. Relationship between forest resources and economic growth: empirical evidence from China[J]. Journal of Cleaner Production, 2019, 214: 848-859.

[2] ZHENG W, WALSH P P. Economic growth, urbanization and energy consumption—a provincial level analysis of China[J]. Energy Economics, 2019, 80: 153-162.

[3] PRASAD E S. Is the Chinese growth miracle built to last?[J]. China Economic Review, 2009, 20(1): 103-123.

[4] 习近平. 决胜全面建成小康社会 夺取新时代中国特色社会主义伟大胜利——在中国共产党第十九次全国代表大会上的报告[EB/OL]. (2017-10-27)[2020-10-01]. http://www.xinhuanet.com/politics/19cpcnc/2017-10/27/c_1121867529.htm.

[5] 张应良, 徐亚东. 金融发展、劳动收入分配与城乡收入差距——基于省级面板数据的实证分析[J]. 改革, 2020(11): 135-146.

[6] XIE Y, ZHOU X. Income inequality in today's China[J]. PANS, 2014, 111(19): 6928-6933.

[7] CHEN J, FANG F, HOU W, et al. Chinese Gini Coefficient from 2005 to 2012, based on 20 grouped income data sets of urban and rural residents[J]. Journal of Applied Mathematics, 2015, 2015: 1-16.

[8] 高帆. 中国居民收入差距变动的因素分解: 趋势及解释[J]. 经济科学, 2012(3): 7-19.

[9] 杨灿明, 孙群力. 中国居民收入差距与不平等的分解——基于2010年问卷调查数据的分析[J]. 财贸经济, 2011(11): 51-56.

[10] ZHOU Y, SONG L. Income inequality in China: causes and policy responses[J]. China Economic Journal, 2016, 9(2): 186-208.

[11] 吴海江. 中国贸易开放对城乡居民收入差距的影响[D]. 杭州: 浙江大学, 2014.

[12] 王海龙. 政府投资和城乡收入差距: 理论和实证[D]. 合肥: 安徽大学, 2019.

[13] 洪兴建. 居民收入分配失衡的测度方法研究[M]. 北京: 经济科学出版社, 2010.

[14] THEIL H. Economics and information theory[M]. Amsterdam: North-Holland Publishing Company, 1967.

[15] 迟诚. 政府间转移支付对城乡收入差距影响的实证研究[D]. 济南: 山东大学, 2016.

[16] 王少平, 欧阳志刚. 中国城乡收入差距对实际经济增长的阈值效应[J]. 中国社会科学, 2008(2): 54-66+205.

[17] HARGITTAI E. Hurdles to information seeking: spelling and typographical mistakes

during users' online behavior[J]. Journal of the Association for Information Systems, 2006, 7(1): 52-67.

[18] 曾凡斌. 第二道数字鸿沟的影响因素研究——基于对大学生实证分析[J]. 江淮论坛, 2011(1): 134-144.

[19] PARK S R, CHOI D Y, HONG P. Club convergence and factors of digital divide across countries[J]. Technological Forecasting and Social Change, 2015, 96: 92-100.

[20] VICENTE M R, LÓPEZ A J. Assessing the regional digital divide across the European Union-27[J]. Telecommunications Policy, 2011, 35(3): 220-237.

[21] CRUZ-JESUS F, OLIVEIRA T, BACAO F. Digital divide across the European Union [J]. Information & Management, 2012, 49(6): 278-291.

[22] KYRIAKIDOU V, MICHALAKELIS C, SPHICOPOULOS T. Digital divide gap convergence in Europe[J]. Technology in Society, 2011, 33(3-4): 265-270.

[23] JAMES J. From the relative to the absolute digital divide in developing countries[J]. Technological Forecasting and Social Change, 2009, 76(8): 1124-1129.

[24] CUERVO M R V, MENÉNDEZ A J L. A multivariate framework for the analysis of the digital divide: evidence for the European Union-15[J]. Information & Management, 2006, 43(6): 756-766.

[25] SONG Z, WANG C, BERGMANN L. China's prefectural digital divide: spatial analysis and multivariate determinants of ICT diffusion[J]. International Journal of Information Management, 2020, 52: 102072.

[26] GRISHCHENKO N. The gap not only closes: resistance and reverse shifts in the digital divide in Russia[J]. Telecommunications Policy, 2020, 44(8): 102004.

[27] SHAKINA E, PARSHAKOV P, ALSUFIEV A. Rethinking the corporate digital divide: the compleme-ntarity of technologies and the demand for digital skills[J]. Technological Forecasting and Social Change, 2021, 162: 120405.

[28] MILLÁN J M, LYALKOV S, BURKE A, et al. 'Digital divide' among European entrepreneurs: which types benefit most from ICT implementation? [J]. Journal of Business Research, 2021, 125: 533-547.

[29] GONCALVES G, OLIVEIRA T, CRUZ-JESUS F. Understanding individual-level digital divide: evidence of an African country[J]. Computers in Human Behavior, 2018, 87: 276-291.

[30] CHIPEVA P, CRUZ-JESUS F, OLIVEIRA T, et al. Digital divide at individual level: evidence for Eastern and Western European countries[J]. Government Information Quarterly, 2018, 35(3): 460-479.

[31] SZELES M R. New insights from a multilevel approach to the regional digital divide in the European Union[J]. Telecommunications Policy, 2018, 42(6): 452-463.

[32] 胡鞍钢, 周绍杰. 新的全球贫富差距: 日益扩大的"数字鸿沟"[J]. 中国社会科学, 2002(3): 34-48+205.

[33] REDDICK C G, ENRIQUEZ R, HARRIS R J, et al. Determinants of broadband access

and affordability: an analysis of a community survey on the digital divide[J]. Cities, 2020, 106: 102904.

[34] ONO H, ZAVODNY M. Digital inequality: a five country comparison using microdata [J]. Social Science Research, 2007, 36(3): 1135-1155.

[35] SCHLEIFE K. What really matters: regional versus individual determinants of the digital divide in Germany[J]. Research Policy, 2010, 39(1): 173-185.

[36] 兰青,鲁兴虎. 都市老年群体互联网使用差异及其影响因素探究——基于CFPS2016数据的实证研究[J]. 软科学,2019,33(1):104-108.

[37] 彭青云. 城市老年人互联网接入障碍影响因素研究[J]. 人口与经济,2018,230(5):74-82.

[38] ALI M A, ALAM K, TAYLOR B, et al. Do income distribution and socio-economic inequality affect ICT affordability? Evidence from Australian household panel data[J]. Economic Analysis and Policy, 2019, 64: 317-328.

[39] ZHANG X. Income disparity and digital divide: the Internet consumption model and cross-country empirical research[J]. Telecommunications Policy, 2013, 37(6-7): 515-529.

[40] TEWATHIA N, KAMATH A, ILAVARASAN P V. Social inequalities, fundamental inequities, and recurring of the digital divide: insights from India[J]. Technology in Society, 2020, 61: 101251.

[41] WU T F, CHEN M C, YEH Y M, et al. Is digital divide an issue for students with learning disabilities? [J]. Computers in Human Behavior, 2014, 39: 112-117.

[42] KIISKI S, POHJOLA M. Cross-country diffusion of the Internet[J]. Information Economics and Policy, 2002, 14(2): 297-310.

[43] CRUZ-JESUS F, VICENTE M R, BACAO F, et al. The education-related digital divide: an analysis for the EU-28[J]. Computers in Human Behavior, 2016, 56: 72-82.

[44] LI Y, RANIERI M. Educational and social correlates of the digital divide for rural and urban children: a study on primary school students in a provincial city of China[J]. Computers & Education, 2013, 60(1): 197-209.

[45] ZHAO S. Parental education and children's online health information seeking: beyond the digital divide debate[J]. Social Science & Medicine, 2009, 69(10): 1501-1505.

[46] EYNON R. Mapping the digital divide in Britain: implications for learning and education [J]. Learning, Media and Technology, 2009, 34(4): 277-290.

[47] BILLON M, CRESPO J, LERA-LOPEZ F. Do educational inequalities affect Internet use? An analysis for developed and developing countries[J]. Telematics and Informatics, 2021, 58: 101521.

[48] ROGERS E M. Diffusion of innovations[M]. 5th ed. New York: Free Press, 2003.

[49] 李雅楠,谢倩芸. 互联网使用与工资收入差距——基于CHNS数据的经验分析[J]. 经济理论与经济管理,2017(7):87-100.

[50] ZHANG J, CAI Z, CHENG M, et al. Association of Internet use with attitudes toward

food safety in China: a cross-sectional study[J]. International Journal of Environmental Research and Public Health, 2019, 16(21): 4162.

[51] YU R P, ELLISON N B, MCCAMMON R J, et al. Mapping the two levels of digital divide: Internet access and social network site adoption among older adults in the USA [J]. Information, Communication & Society, 2016, 19(10): 1445-1464.

[52] 程名望, 张家平. 新时代背景下互联网发展与城乡居民消费差距[J]. 数量经济技术经济研究, 2019(7): 22-41.

[53] MUMPOREZE N, PRIELER M. Gender digital divide in Rwanda: a qualitative analysis of socioeconomic factors[J]. Telematics and Informatics, 2017, 34(7): 1285-1293.

[54] HILBERT M. Digital gender divide or technologically empowered women in developing countries? A typical case of lies, damned lies, and statistics[J]. Women's Studies International Forum, 2011, 34(6): 479-489.

[55] CAMPOS R, ARRAZOLA M, DE HEVIA J. Economic crisis and benefits of the Internet: differentiated Internet usage by employment status[J]. Economics of Innovation and New Technology, 2017, 26(3): 269-294.

[56] CHAKRABORTY J, BOSMAN M M. Race, income, and home PC ownership: a regional analysis of the digital divide[J]. Race & Society, 2002, 5(2): 163-177.

[57] 程名望, 张家平. 互联网普及与城乡收入差距: 理论与实证[J]. 中国农村经济, 2019(2): 19-41.

[58] 王向楠. 互联网普及的价格效应——基于保险市场的数据[J]. 世界经济文汇, 2019(2): 56-75.

[59] STRASSMAN P A. The business value of computers: an executive's guide[M]. New Canaan: The Information Economics Press, 1990.

[60] WILLCOCKS L, LESTER S. Beyond the IT productivity paradox[J]. European Management Journal, 1996, 14(3): 279-290.

[61] AMENDOLA M, GAFFARD J L, SARACENO F. Technical progress, accumulation and financial constraints: is the productivity paradox really a paradox?[J]. Structural Change and Economic Dynamics, 2005, 16(2): 243-261.

[62] MARTÍNEZ D, RODRÍGUEZ J, TORRES J L. The productivity paradox and the new economy: the Spanish case[J]. Journal of Macroeconomics, 2008, 30(4): 1569-1586.

[63] 程名望, 张家平. ICT 服务业资本存量及其产出弹性估算研究[J]. 中国管理科学, 2019, 27(11): 189-199.

[64] KRUEGER A B. How computers have changed the wage structure: evidence from microdata, 1984-1989[J]. The Quarterly Journal of Economics, 1993, 108(1): 33-60.

[65] ZOGHI C, PABILONIA S W. Which workers gain from computer use?[J]. The Canadian Journal of Economics/Revue canadienne d'Economique, 2007, 40(2): 423-444.

[66] PABILONIA S W, ZOGHI C. Returning to the returns to computer use[J]. American Economic Review, 2005, 95(2): 314-317.

[67] DIMAGGIO P, BONIKOWSKI B. Make money surfing the web? The impact of Internet use on the earnings of US workers[J]. American Sociological Review, 2008, 73(2): 227-250.

[68] 陈玉宇,吴玉立.信息化对劳动力市场的影响:个人电脑使用回报率的估计[J].经济学(季刊),2008,7(4):1149-1166.

[69] ENTORF H, GOLLAC M, KRAMARZ F. New technologies, wages, and worker selection[J]. Journal of Labor Economics, 1999, 17(3): 464-491.

[70] OOSTERBEEK H, PONCE J. The impact of computer use on earnings in a developing country: evidence from Ecuador[J]. Labour Economics, 2011, 18(4): 434-440.

[71] HARGITTAI E, HINNANT A. Digital inequality: differences in young adults' use of the Internet[J]. Communication Research, 2008, 35(5): 602-621.

[72] 庄家炽,刘爱玉,孙超.网络空间性别不平等的再生产:互联网工资溢价效应的性别差异以第三期妇女地位调查为例[J].社会,2016(5):88-106.

[73] YOUNG B. A study on the effect of Internet use and social capital on the academic performance[J]. Journal of Asian Sociology, 2006, 35(1): 107-123.

[74] SHEN C X. Does school-related Internet information seeking improve academic self-efficacy? The moderating role of internet information seeking styles[J]. Computers in Human Behavior, 2018, 86: 91-98.

[75] 顾海.互联网医疗信息外溢对健康人力资本的传导机制——基于劳动力微观数据的中介效应研究[J].河北经贸大学学报,2019,40(6):82-89.

[76] CASTELLACCI F, TVEITO V. Internet use and well-being: a survey and a theoretical framework[J]. Research Policy, 2018, 47(1): 308-325.

[77] CASTELLACCI F, VIÑAS-BARDOLET C. Internet use and job satisfaction[J]. Computers in Human Behavior, 2019, 90: 141-152.

[78] PÉNARD T, POUSSING N. Internet use and social capital: the strength of virtual ties[J]. Journal of Economic Issues, 2010, 44(3): 569-595.

[79] SEO Y W, CHAE S W, LEE K C. The impact of absorptive capacity, exploration, and exploitation on individual creativity: moderating effect of subjective well-being[J]. Computers in Human Behavior, 2015, 42: 68-82.

[80] 李飚.互联网与创业——基于北京市青年创业数据的实证研究[J].经济与管理研究,2018,39(5):114-129.

[81] 程名望,张家平,李礼连.互联网发展、劳动力转移和劳动生产率提升[J].世界经济文汇,2020(5):1-17.

[82] CRANDALL R, LEHR W, LITAN R. The effects of broadband deployment on output and employment: a cross-sectional analysis of US data[R]. Washington D. C.: Brookings Institution, 2007.

[83] FABRITZ N. The impact of broadband on economic activity in rural areas: evidence from German municipalities[R]. IFO Working Paper, 2013.

[84] 周冬.互联网覆盖驱动农村就业的效果研究[J].世界经济文汇,2016(3):76-90.

[85] 毛宇飞,曾湘泉.互联网使用是否促进了女性就业——基于CGSS数据的经验分析[J]. 经济学动态,2017(6):21-31.

[86] 马俊龙,宁光杰.互联网与中国农村劳动力非农就业[J].财经科学,2017(7):50-63.

[87] 周洋,华语音.互联网与农村家庭创业——基于CFPS数据的实证分析[J].农业技术经济,2017(5):111-119.

[88] KUHN P, SKUTERUD M. Internet job search and unemployment durations[J]. American Economic Review, 2004, 94(1): 218-232.

[89] STEVENSON B. The Internet and job search[R]. NBER Working Paper, 2009.

[90] MANG C. Online job search and matching quality[R]. IFO Working Paper, 2012.

[91] CAMPOS R, ARRAZOLA M, DE HEVIA J. Online job search in the Spanish labor market[J]. Telecommunications Policy, 2014, 38(11): 1095-1116.

[92] ZHENG S, DUAN Y, WARD M R. The effect of broadband internet on divorce in China[J]. Technological Forecasting and Social Change, 2019, 139: 99-114.

[93] BARTIKOWSKI B, LAROCHE M, JAMAL A, et al. The type-of-internet-access digital divide and the well-being of ethnic minority and majority consumers: a multi-country investigation[J]. Journal of Business Research, 2018, 82: 373-380.

[94] COLEMAN L O, HALE T M, COTTEN S R, et al. The impact of information and communication technology (ICT) usage on psychological well-being among urban youth[J]. Sociological Studies of Children and Youth, 2015, 19: 267-291.

[95] SIMS T, REED A E, CARR D C. Information and communication technology use is related to higher well-being among the oldest-old[J]. The Journals of Gerontology: Series B, 2017, 72(5): 761-770.

[96] GANJU K K, PAVLOU P A, BANKER R D. Does information and communication technology lead to the well-being of nations? A country-level empirical investigation[J]. MIS Quarterly, 2016, 40(2): 417-430.

[97] ASAM A E, SAMARA M, TERRY P. Problematic internet use and mental health among British children and adolescents[J]. Addictive Behaviors, 2019, 90: 428-436.

[98] LONGSTREET P, BROOKS S, GONZALEZ E S. Internet addiction: when the positive emotions are not so positive[J]. Technology in Society, 2019, 57: 76-85.

[99] MEI S, YAU Y H C, CHAI J, et al. Problematic Internet use, well-being, self-esteem and self-control: data from a high-school survey in China[J]. Addictive Behaviors, 2016, 61: 74-79.

[100] CHEN S K. Internet use and psychological well-being among college students: a latent profile approach[J]. Computers in Human Behavior, 2012, 28(6): 2219-2226.

[101] 张京京,刘同山.互联网使用让农村居民更幸福吗?——来自CFPS2018的证据[J].东岳论丛,2020,41(9):172-179.

[102] 鲁元平,王军鹏.数字鸿沟还是信息福利——互联网使用对居民主观福利的影响[J]. 经济学动态,2020,708(2):61-75.

[103] 彭希哲,吕明阳,陆蒙华.使用互联网会让老年人感到更幸福吗?——来自CGSS数据

的实证研究[J]. 南京社会科学, 2019(10): 57-68.

[104] 祝仲坤, 冷晨昕. 互联网使用对居民幸福感的影响——来自CSS2013的经验证据[J]. 经济评论, 2018(1): 78-90.

[105] 冷凤彩, 曹锦清. 互联网使用具有幸福效应吗——来自"中国家庭追踪调查"的分析[J]. 广东财经大学学报, 2018, 33(3): 4-12.

[106] ZHANG J, YAN Q, GUO W, et al. Rainbow over the Internet: how Internet use curtails homophobia in China[J]. Technology in Society, 2020, 62: 101300.

[107] VALENZUELA S, HALPERN D, KATZ J E. Social network sites, marriage well-being and divorce: survey and state-level evidence from the United States[J]. Computers in Human Behavior, 2014, 36: 94-101.

[108] CLAYTON R B. The third wheel: the impact of Twitter use on relationship infidelity and divorce[J]. Cyberpsychology, Behavior, and Social Networking, 2014, 17(7): 425-430.

[109] CLAYTON R B, NAGURNEY A, SMITH J R. Cheating, breakup, and divorce: is Facebook use to blame?[J]. Cyberpsychology, Behavior, and Social Networking, 2013, 16(10): 717-720.

[110] ZUCCO R, LAVANO F, ANFOSSO R, et al. Internet and social media use for antibiotic-related information seeking: findings from a survey among adult population in Italy[J]. International Journal of Medical Informatics, 2018, 111: 131-139.

[111] SUZIEDELYTE A. How does searching for health information on the Internet affect individuals' demand for health care services?[J]. Social Science & Medicine, 2012, 75(10): 1828-1835.

[112] RICE R E. Influences, usage, and outcomes of Internet health information searching: multi-variate results from the Pew surveys[J]. International Journal of Medical Informatics, 2006, 75(1): 8-28.

[113] YBARRA M L, SUMAN M. Help seeking behavior and the Internet: a national survey[J]. International Journal of Medical Informatics, 2006, 75(1): 29-41.

[114] DIAMOND L. Liberation technology[J]. Journal of Democracy, 2010, 21(3): 69-83.

[115] KHAN S, UMER R, UMER S, et al. Antecedents of trust in using social media for e-government services: an empirical study in Pakistan[J]. Technology in Society, 2021, 64: 101400.

[116] GLYPTIS L, CHRISTOFI M, VRONTIS D, et al. E-government implementation challenges in small countries: the project manager's perspective[J]. Technological Forecasting and Social Change, 2020, 152: 119880.

[117] TWIZEYIMANA J D, ANDERSSON A. The public value of e-government—a literature review[J]. Government Information Quarterly, 2019, 36(2): 167-178.

[118] LIANG Y, QI G, ZHANG X, et al. The effects of e-government cloud assimilation on public value creation: an empirical study of China[J]. Government Information Quarterly, 2019, 36(4): 101397.

[119] FENG D, WU X. Weibo interaction in the discourse of Internet anti-corruption: the case of "Brother Watch" event[J]. Discourse, Context & Media, 2018, 24: 99-108.

[120] KANYAM D A, KOSTANDINI G, FERREIRA S. The mobile phone revolution: have mobile phones and the Internet reduced corruption in Sub-Saharan Africa? [J]. World Development, 2017, 99: 271-284.

[121] GOEL R K, NELSON M A, NARETTA M A. The Internet as an indicator of corruption awareness[J]. European Journal of Political Economy, 2012, 28(1): 64-75.

[122] ELBAHNASAWY N G. E-government, internet adoption, and corruption: an empirical inve-stigation[J]. World Development, 2014, 57: 114-126.

[123] GONG X, ZHANG J, ZHANG H, et al. Internet use encourages pro-environmental behavior: evidence from China[J]. Journal of Cleaner Production, 2020, 256: 120725.

[124] DAVID M, AUBRY A, DERIGENT W. Towards energy efficient buildings: how ICTs can convert advances? [J]. IFAC-PapersOnLine, 2018, 51(11): 758-763.

[125] GOLDBACH K, ROTARU A M, REICHERT S, et al. Which digital energy services improve energy efficiency? A multi-criteria investigation with European experts[J]. Energy Policy, 2018, 115: 239-248.

[126] ASONGU S A, LE ROUX S, BIEKPE N. Enhancing ICT for environmental sustainability in sub-Saharan Africa[J]. Technological Forecasting and Social Change, 2018, 127: 209-216.

[127] ASONGU S A, LE ROUX S, BIEKPE N. Environmental degradation, ICT and inclusive development in sub-Saharan Africa[J]. Energy Policy, 2017, 111: 353-361.

[128] MORÁN A J, PROFAIZER P, ZAPATER M H, et al. Information and communications technologies (ICTs) for energy efficiency in buildings: review and analysis of results from EU pilot projects[J]. Energy and Buildings, 2016, 127: 128-137.

[129] JIANG Z, HAN J, LIU W, et al. Energy Internet—a new driving force for sustainable urban development[J]. Energy Procedia, 2018, 152: 1206-1211.

[130] HIGÓN D A, GHOLAMI R, SHIRAZI F. ICT and environmental sustainability: a global perspective[J]. Telematics and Informatics, 2017, 34(4): 85-95.

[131] MONZON A, GARCIA-CASTRO Á, VALDES C. Methodology to assess the effects of ICT-measures on emissions. The case study of Madrid[J]. Procedia Engineering, 2017, 178: 13-23.

[132] STEWART K. Assessing the carbon impact of ICT measures: a case study investigation using Latis model[J]. International Journal of Transportation Science and Technology, 2015, 4(3): 277-294.

[133] SALAHUDDIN M, ALAM K. Information and communication technology, electricity consumption and economic growth in OECD countries: a panel data analysis[J]. International Journal of Electrical Power & Energy Systems, 2016, 76: 185-193.

[134] SALAHUDDIN M, ALAM K. Internet usage, electricity consumption and economic growth in Australia: a time series evidence[J]. Telematics and Informatics, 2015, 32(4): 862-878.

[135] VAN HEDDEGHEM W, LAMBERT S, LANNOO B, et al. Trends in worldwide ICT electricity consumption from 2007 to 2012[J]. Computer Communications, 2014, 50: 64-76.

[136] LEWIS A. Economic development with unlimited supplies of labour[J]. The Manchester School, 1954, 22(2): 139-191.

[137] LEWIS W A. Theory of economic growth[M]. Homewood: Irwin, 1955.

[138] 程名望. 中国农村剩余劳动力转移: 机理、动因与障碍——一个理论框架与实证分析[D]. 上海: 上海交通大学, 2007.

[139] RANIS G, FEI J C H. A theory of economic development[J]. The American Economic Review, 1961, 51(4): 533-565.

[140] JORGENSON D W. Surplus agricultural labour and the development of a dual economy[J]. Oxford Economic Papers, 1967, 19(3): 288-312.

[141] TODARO M P. A model of labor migration and urban unemployment in less developed countries[J]. The American Economic Review, 1969, 59(1): 138-148.

[142] LIPTON M. Why poor people stay poor: a study of urban bias in world development[M]. Canberra: Australian National University Press, 1977.

[143] GUAN X, WEI H, LU S, et al. Assessment on the urbanization strategy in China: achievements, challenges and reflections[J]. Habitat International, 2018, 71: 97-109.

[144] LIPTON M. Urban bias: of consequences, classes and causality[J]. Journal of Development Studies, 1993, 29(4): 229-258.

[145] BATES R H. Markets and states in tropical Africa: the political basis of agricultural policies[M]. Berkeley: University of California Press, 2014.

[146] BEZEMER D, HEADEY D. Agriculture, development, and urban bias[J]. World Development, 2008, 36(8): 1342-1364.

[147] DEMONT M, RUTSAERT P, NDOUR M, et al. Reversing urban bias in African rice markets: evidence from Senegal[J]. World Development, 2013, 45: 63-74.

[148] FESSELMEYER E, LE K T. Urban-biased policies and the increasing rural-urban expenditure gap in Vietnam in the 1990s[J]. Asian Economic Journal, 2010, 24(2): 161-178.

[149] WANG S, TAN S, YANG S, et al. Urban-biased land development policy and the urban-rural income gap: evidence from Hubei Province, China[J]. Land Use Policy, 2019, 87: 104066.

[150] 张杰. 城市偏向对收入差距的影响: 劳动力流动的中介效应分析[J]. 经济问题探索, 2020(4): 54-68.

[151] 迟诚. 城市偏向型经济政策对城乡收入差距的影响[J]. 城市问题, 2015(8): 61-66.

[152] 刘吕吉,李桥.政府卫生支出城市偏向与中国城乡收入差距——理论分析与实证检验[J].贵州财经大学学报,2015(1):99-108.

[153] 陆铭,陈钊.城市化、城市倾向的经济政策与城乡收入差距[J].经济研究,2004(6):50-58.

[154] 陈斌开,陆铭,钟宁桦.户籍制约下的居民消费[J].经济研究,2010(S1):62-71.

[155] 蒋三庚,王莉娜,李林君.中国公共服务增量供给的户籍偏向:2007—2015年——基于省际差异测度视角[J].云南财经大学学报,2019(4):85-99.

[156] 宋福荣.城市流动人口与户籍人口基本公共服务均等化的途径[J].法制与社会,2019(19):125-126.

[157] 甘行琼,刘大帅.论户籍制度、公共服务均等化与财政体制改革[J].财政研究,2015(3):91-96.

[158] SONG Y. What should economists know about the current Chinese hukou system?[J]. China Economic Review, 2014, 29: 200-212.

[159] WANG C, AKGÜÇ M, LIU X, et al. Expropriation with hukou change and labour market outcomes in China[J]. China Economic Review, 2020, 60: 101391.

[160] 孟凡强,万海远,吴珊珊.所有制分割、户籍歧视与代际城乡工资差异[J].当代财经,2019,415(6):15-27.

[161] BOSKER M, DEICHMANN U, ROBERTS M. Hukou and highways the impact of China's spatial development policies on urbanization and regional inequality[J]. Regional Science and Urban Economics, 2018, 71: 91-109.

[162] LUO J, WANG X. Hukou identity and trust—evidence from a framed field experiment in China[J]. China Economic Review, 2020, 59: 101383.

[163] 黄天弘.城乡融合发展视域下户籍制度改革与农民职业分化互动探析[J].中州学刊,2020(9):62-67.

[164] 李学锋.城乡融合发展与新时代户籍制度改革[J].城市,2018(10):54-60.

[165] 钟腾,吴卫星,玛西高娃.金融市场化、农村资金外流与城乡收入差距[J].南开经济研究,2020(4):144-164.

[166] 温涛,冉光和,熊德平.中国金融发展与农民收入增长[J].经济研究,2005(9):30-43.

[167] 汪昌云,钟腾,郑华懋.金融市场化提高了农户信贷获得吗?——基于农户调查的实证研究[J].经济研究,2014,49(10):33-45+178.

[168] 张立军,湛泳.金融发展影响城乡收入差距的三大效应分析及其检验[J].数量经济技术经济研究,2006(12):74-82.

[169] 张一飞.人力资本对城乡收入差距的作用研究[D].北京:首都经济贸易大学,2018.

[170] 胡佳,杨运忠.财政分权及地方政府支出行为对城乡收入差距的影响[J].华东经济管理,2019,33(11):94-99.

[171] 郭平,周洁.财政分权、社会保障支出与城乡居民收入差距的实证分析[J].财经理论与实践,2016,37(5):88-93.

[172] 武小龙,刘祖云.中国城乡收入差距影响因素研究——基于2002—2011年省级Panel Data的分析[J].当代经济科学,2014,36(1):46-54.

[173] 陈斌开,林毅夫.发展战略、城市化与中国城乡收入差距[J].中国社会科学,2013(4):81-102+206.

[174] SU C W, LIU T Y, CHANG H L, et al. Is urbanization narrowing the urban-rural income gap? A cross-regional study of China[J]. Habitat International, 2015, 48: 79-86.

[175] 陶源.城镇化与城乡劳动收入差距——基于中国省级面板数据的实证研究[J].经济问题探索,2020(8):87-96.

[176] 余菊,邓昂.制度变迁、地方政府行为与城乡收入差距——来自中国省级面板数据的经验证据[J].经济理论与经济管理,2014(6):16-27.

[177] 李子叶,韩先锋,冯根福.中国城市化进程扩大了城乡收入差距吗——基于中国省级面板数据的经验分析[J].经济学家,2016(2):69-74.

[178] 欧阳金琼,王雅鹏.城镇化对缩小城乡收入差距的影响[J].城市问题,2014(6):94-100.

[179] 张东阳,彭志远.城镇化、对外开放与城乡收入差距关系研究[J].财经理论研究,2013(4):24-32.

[180] YUAN Y, WANG M, ZHU Y, et al. Urbanization's effects on the urban-rural income gap in China: a meta-regression analysis[J]. Land Use Policy, 2020, 99: 104995.

[181] SAHA A K, MISHRA V. Genetic distance, economic growth and top income shares: evidence from OECD countries[J]. Economic Modelling, 2020, 92: 37-47.

[182] SAYED A, PENG B. The income inequality curve in the last 100 years: what happened to the Inverted-U? [J]. Research in Economics, 2020, 74(1): 63-72.

[183] YANG Y, GREANEY T M. Economic growth and income inequality in the Asia-Pacific region: a comparative study of China, Japan, South Korea, and the United States[J]. Journal of Asian Economics, 2017, 48: 6-22.

[184] RUBIN A, SEGAL D. The effects of economic growth on income inequality in the US [J]. Journal of Macroeconomics, 2015, 45: 258-273.

[185] 邵红伟,靳涛.收入分配的库兹涅茨倒U曲线——跨国横截面和面板数据的再实证[J].中国工业经济,2016(4):22-38.

[186] 魏浩,赵春明.对外贸易对我国城乡收入差距影响的实证分析[J].财贸经济,2012(1):78-86.

[187] 何枫,徐桂林.FDI与我国城乡居民收入差距之间是否存在倒U形关系[J].国际贸易问题,2009(11):89-96.

[188] 阚大学,罗良文.外商直接投资、人力资本与城乡收入差距——基于省级面板数据的实证研究[J].财经科学,2013(2):110-116.

[189] 董洪梅,章磷,董大朋.老工业基地产业结构升级、城镇化与城乡收入差距——基于东北地区城市的实证分析[J].农业技术经济,2020(5):107-118.

[190] 陈安平,杜金沛.中国的财政支出与城乡收入差距[J].统计研究,2010,27(11):34-39.

[191] 董黎明,满清龙.地方财政支出对城乡收入差距的影响效应研究[J].财政研究,2017(8):43-55.

[192] 冯涛,吴茂光,张美莎.金融发展、产业结构与城乡收入差距——基于金融"脱实向虚"视角的分析[J].经济问题探索,2020(10):170-181.

[193] 吕诚伦,王学凯.金融发展会缩小收入分配差距吗?——基于城乡、行业与企业的三重视角[J].江西社会科学,2019(4):53-62.

[194] 邓创,徐曼.金融发展对中国城乡收入差距的非线性影响机制——基于规模和结构双重视角的研究[J].南京社会科学,2019(6):8-18.

[195] 叶志强,陈习定,张顺明.金融发展能减少城乡收入差距吗?——来自中国的证据[J].金融研究,2011(2):42-56.

[196] 刘晓光,张勋,方文全.基础设施的城乡收入分配效应:基于劳动力转移的视角[J].世界经济,2015(3):145-170.

[197] 姚耀军.金融发展、城市化与城乡收入差距——协整分析及其Granger因果检验[J].中国农村观察,2005(2):2-8+80.

[198] 周利,冯大威,易行健.数字普惠金融与城乡收入差距:"数字红利"还是"数字鸿沟"[J].经济学家,2020(5):99-108.

[199] 王业斌.普惠金融对城乡收入差距影响的实证研究——以广西为例[J].广西社会科学,2018(6):119-123.

[200] 宋晓玲.数字普惠金融缩小城乡收入差距的实证检验[J].财经科学,2017(6):14-25.

[201] 王笳旭,王淑娟,冯波.人口老龄化对城乡收入不平等的影响效应研究——基于中国二元经济结构演变的视角[J].南方经济,2017,36(9):118-134.

[202] 季晓旭.人口老龄化、房价与区域城乡收入差距——基于我国省际面板数据的实证研究[J].财经科学,2016(8):102-112.

[203] 张伟,陶士贵.人力资本与城乡收入差距的实证分析与改善的路径选择[J].中国经济问题,2014(1):70-80.

[204] 陈斌开,张鹏飞,杨汝岱.政府教育投入、人力资本投资与中国城乡收入差距[J].管理世界,2010(1):36-43.

[205] 余泳泽,潘妍.高铁开通缩小了城乡收入差距吗?——基于异质性劳动力转移视角的解释[J].中国农村经济,2019(1):79-95.

[206] 陈丰龙,徐康宁,王美昌.高铁发展与城乡居民收入差距:来自中国城市的证据[J].经济评论,2018(2):59-73.

[207] 王明康,刘彦平.旅游产业集聚、城镇化与城乡收入差距——基于省级面板数据的实证研究[J].华中农业大学学报(社会科学版),2019(6):78-88.

[208] 盛鹏飞.环境污染与城乡收入差距:作用机制与基于中国经济事实的检验[J].中国人口资源与环境,2017,27(10):56-63.

[209] 蒋含明.要素价格扭曲与我国居民收入差距扩大[J].统计研究,2013,30(12):56-63.

[210] 赖文燕.要素市场配置与我国城乡居民收入差距研究[J].当代财经,2012(5):17-25.

[211] 刘欢.工业智能化如何影响城乡收入差距——来自农业转移劳动力就业视角的解释[J].中国农村经济,2020(5):55-75.

[212] CLARK C, GORSKI P. Multicultural education and the digital divide: focus on race, language, socioeconomic class, sex, and disability[J]. Multicultural Perspectives,

2001, 3(3): 39-44.

[213] CHEN W, WELLMAN B. Charting and bridging digital divides: comparing socio-economic, gender, life stage, and rural-urban Internet access and use in eight countries [M]. DUTTON W H, KAHIN B, O'CALLAGHAN R, et al. Transforming enterprise: the economic and social implications of information technology. MA: MIT Press, 2004.

[214] CLARK C, GORSKI P. Multicultural education and the digital divide: focus on socioeconomic class background[J]. Multicultural Perspectives, 2002, 4(3): 25-36.

[215] FORMAN C, GOLDFARB A, GREENSTEIN S. The Internet and local wages: a puzzle[J]. American Economic Review, 2012, 102(1): 556-575.

[216] BAUER J M. The Internet and income inequality: socio-economic challenges in a hyperconnected society[J]. Telecommunications Policy, 2018, 42(4): 333-343.

[217] CANH N P, SCHINCKUS C, THANH S D, et al. Effects of the Internet, mobile, and land phones on income inequality and the Kuznets curve: cross country analysis[J]. Telecommunications Policy, 2020, 44(10): 102041.

[218] 邱泽奇,张樹沁,刘世定,等.从数字鸿沟到红利差异——互联网资本的视角[J].中国社会科学,2016(10):93-115+203-204.

[219] 毛宇飞,曾湘泉,胡文馨.互联网使用能否减小性别工资差距?——基于CFPS数据的经验分析[J].财经研究,2018,44(7):33-45.

[220] 张晓燕.互联网金融背景下普惠金融发展对城乡收入差距的影响[J].财会月刊,2016(17):94-97.

[221] 谭燕芝,李云仲,胡万俊.数字鸿沟还是信息红利:信息化对城乡收入回报率的差异研究[J].现代经济探讨,2017(10):88-95.

[222] 贺娅萍,徐康宁.互联网对城乡收入差距的影响:基于中国事实的检验[J].经济经纬,2019,36(1):25-32.

[223] 韩长根,张力.互联网普及对于城乡收入分配的影响——基于我国省际面板数据的系统GMM分析[J].经济问题探索,2017(8):18-27.

[224] GAO Y, ZANG L, SUN J. Does computer penetration increase farmers' income? An empirical study from China[J]. Telecommunications Policy, 2018, 42(5): 345-360.

[225] 曾庆芬.农业的弱质性与弱势性辨析[J].云南社会科学,2007(6):94-97.

[226] 马国建,邢健.农业弱质性视角下金融精准扶贫路径研究——以戴庄村为例[J].广西大学学报(哲学社会科学版),2017,39(2):69-73.

[227] 陆铭.大国大城:当代中国的统一、发展与平衡[M].上海:上海人民出版社,2016.

[228] 彭开丽."三权"分置背景下农户土地流转决策的形成机理与实证检验——基于湖北省672户农户的调研[J].南京农业大学学报(社会科学版),2020(2):116-127.

[229] STIGLER G J. The economics of information[J]. Journal of Political Economy, 1961, 69(3): 213-225.

[230] MCCALL J J. Economics of information and job search[J]. The Quarterly Journal of Economics, 1970, 84(1): 113-126.

[231] LUPPICINI R,SALEH R H. The role of online social networks for divorced Saudi women in the face of social,psychological,economic,and legal challenges[J]. Technology in Society,2017(51):142-152.

[232] 盖庆恩,朱喜,史清华. 劳动力市场扭曲、结构转变和中国劳动生产率[J]. 经济研究,2013(5):87-97.

[233] 龙海明,凌炼,谭聪杰,等. 城乡收入差距的区域差异性研究——基于我国区域数据的实证分析[J]. 金融研究,2015(3):83-96.

[234] 孙永强,万玉琳. 金融发展、对外开放与城乡居民收入差距——基于1978—2008年省际面板数据的实证分析[J]. 金融研究,2011(1):28-39.

[235] 雷根强,蔡翔. 初次分配扭曲、财政支出城市偏向与城乡收入差距——来自中国省级面板数据的经验证据[J]. 数量经济技术经济研究,2012(3):76-89.

[236] 严成樑. 社会资本、创新与长期经济增长[J]. 经济研究,2012(11):48-60.

[237] 刘成奎,徐啸. ICT发展是否增强地方政府财政回应性[J]. 经济理论与经济管理,2017(8):100-112.

[238] ARELLANO M,BOND S. Some tests of specification for panel data:Monte Carlo evidence and an application to employment equations[J]. The Review of Economic Studies,1991,58(2):277-297.

[239] DONG X Y,HAO Y. Would income inequality affect electricity consumption? Evidence from China[J]. Energy,2018,142:215-227.

[240] UDDIN M A,ALI M H,MASIH M. Political stability and growth:an application of dynamic GMM and quantile regression[J]. Economic Modelling,2017,64:610-625.

[241] BLUNDELL R,BOND S. Initial conditions and moment restrictions in dynamic panel data models[J]. Journal of Econometrics,1998,87(1):115-143.

[242] BOND S R. Dynamic panel data models:a guide to micro data methods and practice[J]. Portuguese Economic Journal,2002,1(2):141-162.

[243] 陈强. 高级计量经济学及Stata应用[M]. 2版. 北京:高等教育出版社,2014.

[244] 刘晓倩,韩青. 农村居民互联网使用对收入的影响及其机理——基于中国家庭追踪调查(CFPS)数据[J]. 农业技术经济,2018(9):123-134.

[245] 张璇,杨灿明. 行政腐败与城乡居民收入差距——来自中国120个地级市的证据[J]. 财贸经济,2015,36(1):77-89.

[246] SALEH N. Egypt's digital activism and the Dictator's Dilemma:an evaluation[J]. Telecommunications Policy,2012,36(6):476-483.

[247] ELBAHNASAWY,NASR G. E-government,Internet adoption,and corruption:an empirical investigation[J]. World Development,2014,57:114-126.

[248] 陆铭. 城市、区域和国家发展——空间政治经济学的现在与未来[J]. 经济学(季刊),2017,16(4):1499-1532.

[249] 赵爽,江心英,胡峰. 外商直接投资推动中国城镇化了吗?——基于时空变化分析和门槛效应检验[J]. 管理学刊,2020,33(3):38-47.

[250] 季晓旭. 人口老龄化、房价与区域城乡收入差距——基于我国省际面板数据的实证研

究[J].财经科学,2016(8):102-112.

[251] 郑小三,李小克.产业结构、固定资产投资与城乡收入差距——基于中部地区省级面板数据的实证分析[J].经济与管理,2012,26(7):71-79.

[252] HO C C, TSENG S F. From digital divide to digital inequality: the global perspective[J]. International Journal of Internet and Enterprise Management, 2006, 4(3): 215-227.

[253] SCHEERDER A, VAN DEURSEN A, VAN DIJK J. Determinants of Internet skills, uses and outcomes. A systematic review of the second-and third-level digital divide[J]. Telematics and Informatics, 2017, 34(8): 1607-1624.

[254] KOENKER R, BASSETT G W. Regression quantiles[J]. Econometrica, 1978, 46(1): 211-244.

[255] BARON R M, KENNY D A. The moderator-mediator variable distinction in social psychological research: conceptual, strategic, and statistical considerations[J]. Journal of Personality and Social Psychology, 1986, 51(6): 1173-1182.

[256] 周一星,田帅.以"五普"数据为基础对我国分省城市化水平数据修补[J].统计研究,2006(1):62-65.

[257] 张家平,程名望,韦昕宇,等.人口信息化与人口城镇化协调性及其时空演变[J].中国人口资源与环境,2018,28(12):168-176.

[258] BRÜLHART M, MATHYS N A. Sectoral agglomeration economies in a panel of European regions[J]. Regional Science and Urban Economics, 2008, 38(4): 348-362.

[259] HALKOS G E, PAIZANOS E A. The effect of government expenditure on the environment: an empirical investigation[J]. Ecological Economics, 2013, 91(7): 48-56.

[260] 刘一伟,刁力.社会资本、非农就业与农村居民贫困[J].华南农业大学学报(社会科学版),2018,17(2):61-71.

[261] 赵羚雅,向运华.互联网使用、社会资本与非农就业[J].软科学,2019,33(6):49-53.

[262] 韩叙,夏显力.社会资本、非正规就业与乡城流动人口家庭迁移[J].华中农业大学学报(社会科学版),2019(3):111-119+164.

[263] 方黎明,谢远涛.人力资本、社会资本与农村已婚男女非农就业[J].财经研究,2013,18(8):122-132.

[264] 刘一伟,汪润泉.收入差距、社会资本与居民贫困[J].数量经济技术经济研究,2017,34(9):75-92.

[265] 蒋乃华,卞智勇.社会资本对农村劳动力非农就业的影响——来自江苏的实证[J].管理世界,2007(12):158-159.

[266] OAXACA R. Male-female wage differentials in urban labor markets[J]. International Economic Review, 1973, 14(3): 693-709.

[267] BLINDER A S. Wage discrimination: reduced form and structural estimates[J]. Journal of Human Resources, 1973, 8: 436-455.

[268] 孙敬水,黄秋虹.中国城乡居民收入差距主要影响因素及其贡献率研究——基于全国

31个省份6 937份家庭户问卷调查数据分析[J].经济理论与经济管理,2013(6):5-20.

[269] MANKIW N G, ROMER D, WEIL D N. A contribution to the empirics of economic growth[J]. The Quarterly Journal of Economics,1992,107(2):407-437.

[270] BARRO R J. Economic growth in a cross section of countries[J]. Quarterly Journal of Economics,1991,106(2):407-443.

[271] 吴海江,何凌霄,张忠根.中国人口年龄结构对城乡居民消费差距的影响[J].数量经济技术经济研究,2014,31(2):3-19.

[272] 刘湖,张家平.互联网对农村居民消费结构的影响与区域差异[J].财经科学,2016(4):80-88.

[273] 祝仲坤,冷晨昕.互联网与农村消费——来自中国社会状况综合调查的证据[J].经济科学,2017(6):117-130.

[274] 江小涓.高度联通社会中的资源重组与服务业增长[J].经济研究,2017(3):4-17.

[275] 宋晓玲,侯金辰.互联网使用状况能否提升普惠金融发展水平?——来自25个发达国家和40个发展中国家的经验证据[J].管理世界,2017(1):172-173.

[276] 唐琦,夏庆杰,李实.中国城市居民家庭的消费结构分析:1995—2013[J].经济研究,2018(2):35-49.

[277] 程名望,盖庆恩,史清华.人力资本积累与农户收入增长[J].经济研究,2016,51(1):168-181.

[278] 蓝相洁,陈永成.民生性财政支出与城乡居民消费差距:理论阐释与效应检验[J].财政研究,2015(3):2-5.

[279] CHINN M D, FAIRLIE R W. ICT use in the developing world: an analysis of differences in computer and Internet penetration[J]. Review of International Economics,2010,18(1):153-167.

[280] NISHIJIMA M, IVANAUSKAS T M, SARTI F M. Evolution and determinants of digital divide in Brazil (2005-2013)[J]. Telecommunications Policy,2017,41(1):12-24.

[281] 江小涓,罗立彬.网络时代的服务全球化——新引擎、加速度和大国竞争力[J].中国社会科学,2019,278(2):68-91.

[282] 魏钦恭.收入差距,不平等感知与公众容忍度[J].社会,2020,40(2):204-240.

[283] KNELL M, STIX H. Perceptions of inequality[J]. European Journal of Political Economy,2020,65:101927.

[284] ZHANG Q, CHURCHILL S A. Income inequality and subjective wellbeing: panel data evidence from China[J]. China Economic Review,2020,60:101392.

[285] DU H, KING R B, CHI P. Income inequality is detrimental to long-term well-being: a large-scale longitudinal investigation in China[J]. Social Science & Medicine,2019,232:120-128.

[286] OSHIO T, URAKAWA K. The association between perceived income inequality and subjective well-being: evidence from a social survey in Japan[J]. Social Indicators Research,2014,116:755-770.

[287] KUHN A. The subversive nature of inequality: subjective inequality perceptions and attitudes to social inequality[J]. European Journal of Political Economy, 2019, 59: 331-344.

[288] ZHANG J, CHENG M, WEI X, et al. Internet use and the satisfaction with governmental environmental protection: evidence from China[J]. Journal of Cleaner Production, 2019, 212: 1025-1035.

[289] ZHANG L, CAO X, LIANG Q, et al. High-frequency repetitive transcranial magnetic stimulation of the left dorsolateral prefrontal cortex restores attention bias to negative information in methamphetamine addicts[J]. Psychiatry Research, 2018, 265: 151-160.

[290] BEBBINGTON K, MACLEOD C, ELLISON T M, et al. The sky is falling: evidence of a negativity bias in the social transmission of information[J]. Evolution and Human Behavior, 2017, 38(1): 92-101.

[291] HAJCAK G, OLVET D M. The persistence of attention to emotion: brain potentials during and after picture presentation[J]. Emotion, 2008, 8(2): 250-255.

[292] CARRETIÉ L, MERCADO F, TAPIA M, et al. Emotion, attention, and the 'negativity bias', studied through event-related potentials[J]. International Journal of Psychophysiology, 2001, 41(1): 75-85.

[293] KENSINGER E A. Negative emotion enhances memory accuracy: behavioral and neuroimaging evidence[J]. Current Directions in Psychological Science, 2007, 16(4): 213-218.

[294] PELTOLA M J, FORSSMAN L, PUURA K, et al. Attention to faces expressing negative emotion at 7 months predicts attachment security at 14 months[J]. Child Development, 2015, 86(5): 1321-1332.

[295] KINZLER K D, SHUTTS K. Memory for "mean" over "nice": the influence of threat on children's face memory[J]. Cognition, 2008, 107(2): 775-783.

[296] VAISH A, GROSSMANN T, WOODWARD A. Not all emotions are created equal: the negativity bias in social-emotional development[J]. Psychological Bulletin, 2008, 134(3): 383-403.

[297] CARVER L J, VACCARO B G. 12-month-old infants allocate increased neural resources to stimuli associated with negative adult emotion[J]. Developmental Psychology, 2007, 43(1): 54-69.

[298] BALTAZAR N C, SHUTTS K, KINZLER K D. Children show heightened memory for threatening social actions[J]. Journal of Experimental Child Psychology, 2012, 112(1): 102-110.

[299] HAMLIN J K, WYNN K, BLOOM P. Three-month-olds show a negativity bias in their social evaluations[J]. Developmental Science, 2010, 13(6): 923-929.

[300] ÖHMAN A, LUNDQVIST D, ESTEVES F. The face in the crowd revisited: a threat advantage with schematic stimuli[J]. Journal of Personality and Social Psychology,

2001, 80(3): 381-396.

[301] CARSTENSEN L L, PASUPATHI M, MAYR U, et al. Emotional experience in everyday life across the adult life span[J]. Journal of Personality and Social Psychology, 2000, 79(4): 644-655.

[302] GARZ M. Good news and bad news: evidence of media bias in unemployment reports [J]. Public Choice, 2014, 161(3-4): 499-515.

[303] MA J, DEDEO S. State power and elite autonomy in a networked civil society: the board interlocking of Chinese non-profits[J]. Social Networks, 2018, 54: 291-302.

[304] BAHRI L, CARMINATI B, FERRARI E. Decentralized privacy preserving services for online social networks[J]. Online Social Networks and Media, 2018, 6: 18-25.

[305] MARGARIS D, VASSILAKIS C, GEORGIADIS P. Query personalization using social network information and collaborative filtering techniques[J]. Future Generation Computer Systems, 2018, 78: 440-450.

[306] JOHNSON E J, TVERSKY A. Affect, generalization, and the perception of risk[J]. Journal of Personality and Social Psychology, 1983, 45(1): 20-31.

[307] WU Z, ZHONG X, PENG Q, et al. Negative bias in expression-related mismatch negativity (MMN) in remitted late-life depression: an event-related potential study[J]. Journal of Psychiatric Research, 2017, 95: 224-230.

[308] KROMPINGER J W, SIMONS R F. Electrophysiological indicators of emotion processing biases in depressed undergraduates[J]. Biological Psychology, 2009, 81(3): 153-163.

[309] BECK A T. The evolution of the cognitive model of depression and its neurobiological correlates [J]. American Journal of Psychiatry, 2008, 165(8): 969-977.

[310] KOSTER E H W, DE RAEDT R, GOELEVEN E, et al. Mood-congruent attentional bias in dysphoria: maintained attention to and impaired disengagement from negative information[J]. Emotion, 2005, 5(4): 446-455.

[311] SHOOK N J, FAZIO R H, VASEY M W. Negativity bias in attitude learning: a possible indicator of vulnerability to emotional disorders? [J]. Journal of Behavior Therapy and Experimental Psychiatry, 2007, 38(2): 144-155.

[312] ABRAMSON L Y, METALSKY G I, ALLOY L B. Hopelessness depression: a theory-based subtype of depression[J]. Psychological Review, 1989(96): 358-372.

[313] Beck A T. Cognitive models of depression[J]. Cognitive Psychotherapy International Quartery, 1987, 1: 5-37.

[314] FESTINGER L. A theory of social comparison processes[J]. Human Relations, 1954, 7(2): 117-140.

[315] CLARK A E, SENIK C. Who compares to whom? The anatomy of income comparisons in Europe[J]. The Economic Journal, 2010, 120(544): 573-594.

[316] LOHMANN S. Information technologies and subjective well-being: does the Internet raise material aspirations? [J]. Oxford Economic Papers, 2015, 67(3): 740-759.

[317] Lee S Y. How do people compare themselves with others on social network sites? The case of Facebook[J]. Computers in Human Behavior, 2014, 32: 253-260.

[318] VAN ELSAS E. Political trust as a rational attitude: a comparison of the nature of political trust across different levels of education[J]. Political Studies, 2015, 63(5): 1158-1178.

[319] NIE N H, JUNN J, STEHLIK-BARRY K. Education and democratic citizenship in America[M]. Chicago: University of Chicago Press, 1996.

[320] GOLEBIOWSKA E A. Individual value priorities, education, and political tolerance [J]. Political Behavior, 1995, 17(1): 23-48.

[321] BORGONOVI F. The relationship between education and levels of trust and tolerance in Europe [J]. The British Journal of Sociology, 2012, 63(1): 146-167.

后　记

　　本书是在笔者博士学位论文的基础上经多次修改和完善完成的,同时也是国家社会科学基金重大项目"区域协调发展视角下县域城乡融合发展的理论与政策研究"(项目编号:23ZDA034)、国家社会科学基金重点项目"城乡融合视角下推进以人为核心的新型城镇化研究"(项目编号:22AZD048)、上海市教育创新重大项目"新型城镇化视角下城乡融合发展理论与政策研究"(项目编号:2023SKZD03)、上海市哲学社会科学规划项目"消费视角下数字经济赋能城乡共富的内在机理及优化路径研究"(项目编号:2022ZJB007)、上海市浦江人才计划"数字经济赋能环境可持续性的作用效果及其机制研究"(项目编号:22PJC042)、中央高校基本科研业务费项目华东师范大学青年预研究课题"移动支付影响居民福利的机制、效应评估及政策优化"(项目编号:2023ECNU-YYJ04)、教育部人文社会科学青年项目"数字技术发展对城乡消费差距的影响——基于'宽带中国'试点政策的研究"(项目编号:23YJC630228)等课题的阶段性研究成果。书稿完成之际,再次翻阅,感慨万千。我深感博士学位论文的撰写和对博士在读期间研究成果的总结只是学术旅程的开始。我明白,这个过程中的每一个环节、每一个细节,都离不开众多良师益友的指导和帮助。值本书出版之际,特将博士学位论文致谢照录如下,以作后记。在此,衷心感谢在求学和工作中给予我帮助、关心和激励的各位老师、家人、同事、朋友和同学。

　　时光飞逝,转眼间我已经在同济大学嘉定校区度过了近四年的学习生活。回首过去,往事历历在目。2017年9月,初入"黄渡理工大学"[①]时,映入眼前的就是校园里包罗万象的美景。在这里,你可以在孔雀园欣赏到孔雀开屏那一瞬间的绚

[①] 同济大学嘉定校区在网络上被称为"黄渡理工大学",因为同济大学将大多数工科学院迁移到了嘉定校区(位于黄渡镇),再加上与同济大学四平路校区相隔30余公里,因此便有了这种说法。

丽多彩,你可以饭后闲时在天鹅湖感受天鹅"曲项向天歌,白毛浮绿水,红掌拨清波"的悠然自得,你可以站在嘉二路和中央大道的交汇处,"仰望星空"①,你还可以登上同济嘉定极为现代化的图书馆顶层眺望,寻找诗和远方。近四年时光里,同济的一草一木陪伴我走过1 000多个奋战在科研道路上的日日夜夜,见证了我在科研能力和人生观方面的转变。也正是同济大学嘉定校区这"生态宜居园",让我每感迷茫和惆怅之时拥有一片心灵的港湾。值此论文收尾之际,心中思绪万千,感慨无数,也满怀感恩之情。

感谢我的博士生导师程名望教授,他给予我一个通往梦想的舞台。回想2016年决定读博时,心中有好几个意向学校,但当在2016年11月28日下午第一次收到程老师回复——"简历已阅,同意报考。我是一个学者,欢迎有志于学术研究的同学加盟,一起探究中国经济问题,我们的梦想是做有情怀的经济学家"时,我就瞬间产生了一定要加入"名门望族"团队的决定。的确,在24岁这个年纪,没有什么比梦想更吸引人,更让人激动,也没什么比情怀更能激发内心的斗志。

程老师是一名真正的学者,他待人谦和,有一种"儒生"气质,和程老师相处四年,我从来没见过他发脾气,因此我们整个团队的氛围非常融洽,感谢程老师给我提供了一个自由的学习环境。2014年9月,我正式步入硕士研究生学习阶段,而那时的中国正进行着一场翻天覆地的信息化革命,支付宝、微信及"互联网+"、共享经济等一系列互联网商业模式和概念如雨后春笋般在中华大地上生根发芽,并迅速进入了10多亿中国居民生活的方方面面,改变了传统的生产和生活方式,并对人们的收入和消费等方面产生了深刻影响。我正是以此为契机,开始思考互联网发展对中国经济社会发展到底产生了怎样的影响。我在学习了宏观经济学、微观经济学、博弈论和计量经济学等一些基础课程后,便开始逐步开展我的研究工作。当我进入同济大学经济与管理学院攻读产业经济学博士学位,程名望老师在了解我的研究情况和经历后,也十分支持我继续沿着前期方向进行更加深入和系统性的研究,也正是得益于程老师的鼓励,我的博士学位论文写作得以顺利开展。在博士第二学期时,我决定开始写英文论文,可是当时我无论是外语功底还是对英

---

① 同济大学嘉定校区仰望星空楼中间镂空圆形的扁平长方体将两栋教学楼连为一体,在繁星点点的夜里,人们可以通过镂空圆形处向上仰望,观察整个夜空。这寓示着每个人其实都是世界上渺小的存在,只有不断奋力向上眺望,才能领悟宇宙的浩瀚。

文论文范式的掌握都比较欠缺，这也让我无数次感到无从下手，意欲放弃。但在程老师的鼓励下，我至今一直坚持既撰写英文学术论文，也在中文学术期刊发表研究成果。也正是在程老师极高的眼界的影响下，我才有幸在博士期间前往美国新泽西州立罗格斯大学(Rutgers, The State University of New Jersey)访学一年。程老师具有十分敏锐的科研天赋，他在互联网相关主题研究方面给予了我无数的灵感，并在我感到迷茫、困惑之时，为我传道解惑。程老师在学术方面的严谨态度，让我钦佩，且终生受益。还记得程老师第一次给我修改论文时就指出了正文中一条参考文献年份和尾注不一致的错误，这让我既感到羞愧，也受到鞭策。从此，不管是在论文初稿、退修阶段，还是在校对之时，我都不敢懈怠马虎，每次都是打印出来反反复复地修改和校对，尽可能减少错误和疏漏。程老师的为人，让我钦佩，老师虽已为"青年翘楚"，但仍然不忘初心，不忘自己是中国农民的儿子，一直围绕"三农"问题深入研究，勇于承担社会责任。程老师是一位有情怀的经济学家，他总是让我们把自己的研究与国家前途、社会需求相结合，脚踏实地，把论文写在祖国大地上。四年里，程老师一直关心我的生活，特别是在我出国访学这一年里，正值新冠疫情全球暴发，我时常感到无助和害怕，而程老师会经常询问我的生活状况，给我安慰，并给予我大量的帮助。临近毕业，我时常怀念博士一年级那段时光，因为那一年可能是程老师近几年来时间最充裕的一年，还记得那时候老师每周都会来嘉定校区给硕士研究生上课，因此那时我每周都能和老师共进午餐，畅聊人生。现在，我时常感觉到对程老师有所愧疚，因为我至今都没有在国内《管理世界》《经济研究》这样的顶级期刊上发表论文，也没有在《发展经济学杂志》(*Journal of Development Economics*)这样的国际期刊上发表研究成果，辜负了老师的期待。正是和程老师亦师亦友，才使得我在四年的学习时光中，一直充满希望，充满力量。"一日为师，终身为父"，不管将来身处何地，我都会铭记程老师的教诲，励志笃行，做一名有情怀的学者！

感谢新泽西州立罗格斯大学的刘明巍老师，刘老师为我提供了一次难得的访学机会，让我在博士期间有幸体验异国文化，结识更多优秀的人才。同时，刘老师也给予我很多学术上的指导和帮助。在新泽西州立罗格斯大学一年的访学生活让我终生难忘，特别感谢山东的张会荣老师、河北的郑云普老师(当然还有郑老师那可爱的儿子——郑泽西)和北京的高盼盼博士，让我一年的时光丰富多彩，至今我仍时常回想起和他们在新泽西州立罗格斯大学高尔夫球场、普林斯顿大学(特别是高等研究院)、桑迪岬和纽约玩耍的场景。感谢刘老师师门的其他访学老师和同学,他们是贾海龙老师、卞曰瑭老师、瞿皎皎老师、周恋老师、曹曼、杨正雄等。还要感谢我亲爱的室友王杰、汪鑫、胡金远、赵梓楠,好友余嘉星、张佳男等,以及无数在国外向我提供帮助的朋友,他们的陪伴让我在异国他乡不再孤单,充满幸福。

我还要感谢在攻读博士学位期间给予我帮助和教诲的其他老师和前辈,感谢经济与管理学院黎德福老师、唐海燕老师、吴凯凡老师、兀云波老师、陆薇老师、杨一笛老师、曹晓玲老师等,他们都给了我无私的帮助和关爱。感谢我的博士学位论文答辩委员会的各位老师,他们是:史清华老师、吴方卫老师、王弟海老师、林善浪老师和张超老师,五位老师都才华横溢,科研能力突出,对我博士学位论文提出了诸多宝贵的修改意见。

感谢同济大学为我提供的优越的学习条件,感谢经济与管理学院各位领导对我的关心与爱护,特别是在新冠疫情期间,学院第一时间组织人力物力,为我们在海外求学的师生送来抗疫物资,在那特殊时期真可谓雪中送炭!

感谢南京审计大学的俞宁教授,俞宁师叔才智过人,可谓青年才俊。他同时拥有国内顶尖大学(上海交通大学)和国外顶尖大学(斯坦福大学)的博士学位,对我在主流国际期刊上发表论文提供了很多的帮助和指导。感谢同门的其他师兄师姐和师弟师妹,他们在学习生活中给予了我耐心的帮助,并让我的博士生活丰富多彩,他们是:杨未然、陈春艳、张帅、张珩、王宙翔、贾晓佳、刘金典、李礼连、储震、韦昕宇、华汉阳、杨雪、张苑松、李代悦、张西业、梅丽、苏恩民、丁加艳、杨艳、何洋等。

感谢同济大学经济与管理学院 2017 级博士二班的全体同学,让我拥有一个快乐的大集体,大家不仅在学习上相互鼓励,而且在生活上相互帮助,让我的整个博士生活充满欢声笑语。特别要感谢的有:闫佳祺、汪峰、杨学辉、柳丕辉、刘宇、吴乔一康、崔宁、杜千卉、夏青、廖乐、毕小亮、欧阳娟、周建华、胡媛媛、马超、王俐、曹星、刘琼等。此外,我还要感谢同济大学的尹熙成、张振宇、段锗丰、司红运、华春翔、姚柱等同学,感谢你们的帮助与鼓励。

---

① 位于美国新泽西州东部纽约湾入口处,是一个半岛。在地理位置上,它扼守着哈德逊河的入海口,是一个重要的地标。此外,桑迪岬附近还有著名的灯塔和其他历史遗迹,吸引众多游客前往参观。

感谢中国人民大学中国扶贫研究院"扶贫研究博士论文奖学金"对我博士论文的资助,在"人大电商课题一期"这个大家庭中,我结识了许多志同道合的朋友,我们就同一研究方向尽情畅谈,相互学习。特别感谢王瑜师姐在我项目申请和开展过程中给予的无私帮助和指导。

感谢祖国和我的家人。求学二十三载,一路走来,幸逢太平盛世,祖国的强大和发展也让莘莘学子一直处于关爱和温暖之中,特别是在海外经历过新冠疫情暴发这个特殊时期,更让我深深感受到祖国永远是我们强大的后盾和依靠。未来,我将用自己所学报效祖国,为社会主义现代化建设贡献自己的绵薄之力。感谢含辛茹苦养育我的父母,求学多年,一直没能报答他们的养育之恩,将来我会努力报答他们!感谢我的弟弟,弟弟本科毕业就步入工作岗位,在我求学的这么多年里无怨无悔地帮我分担照顾父母的责任,好在弟弟凭借自己的努力在事业上也算小有成就。感谢我亲爱的妻子,她和我青梅竹马,从 21 岁和我在一起至今已有八个年头,八年间她一直对我给予包容和理解,特别在我博士学位论文写作过程中,一直给我鼓励。如今,她也选择了和我一样的科研道路,继续攻博,我会用我的一生来爱她!

最后,我要向所有给过我帮助却未被提及的人表示诚挚的感谢。感谢所有与我生命有过交集的人,愿你们生活愉快,幸福安康!

张家平

2024 年 6 月 1 日于华东师范大学中北校区